W0406341

Walter Veltroni
con Claudio Novelli

Roma

Storie per ritrovare la mia città

Rizzoli

Pubblicato per

Rizzoli

da Mondadori Libri S.p.A.
Proprietà letteraria riservata
© 2019 Mondadori Libri S.p.A., Milano

ISBN 978-88-17-10530-9

Prima edizione: giugno 2019

Realizzazione editoriale: Studio editoriale Littera, Rescaldina (MI)

Prefazione di Renzo Piano

Questo libro è un diario.

E così consiglio di leggerlo, proprio come un diario.

Capitolo per capitolo, uno al giorno.

Questo ho fatto io, e ho riscoperto, già lo sapevo, che un architetto e un sindaco hanno più cose in comune.

Innanzitutto la città: il primo la costruisce, il secondo la amministra.

L'architetto ne pensa gli spazi, ma è il sindaco che li carica di valori.

Tutti e due la edificano.

C'è poi un'altra cosa che li accomuna, ed è l'arte dell'ascolto.

Ascolto dei luoghi, delle persone, anche e soprattutto di chi parla poco e a bassa voce, perché spesso ha più cose da dire.

Non è un'arte facile quella dell'ascolto, così come non lo è quella del dibattito, perché non significa persuadere la gente delle proprie idee, ma capire quelle degli altri.

E capire, a sua volta, non vuol dire ubbidire, ma fare quello che è giusto per realizzare progetti migliori e amministrare bene la città.

Quella dell'ascolto, in questo diario, è un'arte che traspare in ogni pagina.

Infine, uno dei suoi capitoli, quello sull'Auditorium, l'ho vissuto di persona.

Quando sono a Roma ci torno spesso: mi nascondo dietro i pilastri e osservo la gente.

È Roberto Rossellini ad avermi insegnato a guardare gli edifici riflessi negli occhi di chi li guarda.

E credo che così abbia fatto anche Walter Veltroni sindaco: ha guardato la città riflessa negli occhi dei suoi concittadini.

Prefazione di Gigi Proietti

«Quando c'è la salute c'è tutto» diceva Petrolini e queste pagine che ho letto tutto d'un fiato mi hanno fatto pensare stranamente alla salute. Raccontano di un tempo romano ormai lontano dove in città si viveva un clima straordinario, la voglia di migliorare era maniacale, quasi a voler riparare, dove fosse possibile, gli antichi danni del passato, a gara con il tempo, e far percepire nuovo l'antico eliminando il vecchio. E questa è la salute, che quando c'è non te ne accorgi, non dici: «Toh, c'è la salute». Sembra tutto normale, al punto che a volte te ne lamenti pure: «Si fa troppo poco», e anche questo è normale.

La salute l'apprezzi, come si sa, quando non c'è più. La salute «va curata» giorno per giorno, più della malattia... ora per ora, come la democrazia... esercizio faticoso ma esaltante.

Finito di leggere mi assalgono le domande: ma *poi* che è successo? Perché ci siamo ammalati? Tutto si è fermato, ma quando è stato? Sarà possibile ricominciare? E smettere di vivere nell'eterna attesa di quel Godot che arriva sempre dopo la chiusura del sipario o siamo costretti a rassegnarci e col poeta dire: «Passò quel tempo Enea / e del tuo nome or mi rammento appena»? Be', io c'ero e mi rammento, ma ci voleva questa rinfrescata alla memoria per farci rivivere quasi increduli il pauroso numero di iniziative grandi, piccole, strutturali, culturali, raccontate con frenesia, come se le pagine non bastassero, quel clima serio, a volte preoccupato, ma spesso sorridente (e sorridente non è poco). Ho suggerito a Walter, a uso di chi volesse intraprendere la carriera di sindaco, un sottotitolo: VADETECUM.

Prefazione di Matteo Zuppi, vescovo di Bologna

Queste intense pagine di Veltroni sono come tanti capitoli dei tanti imprevedibili incontri e avvenimenti della sua avventura come sindaco di Roma. Ci aiutano a ripercorrere un pezzo importante della storia recente della Capitale, attraverso i suoi occhi e la sua passione per la città e la politica. Come ogni ricostruzione è personale e, in quanto tale, può essere oggetto di discussione, ma aiuta a capire la complessità dei problemi, delle sfide che ha dovuto affrontare e che ha fatto sue. Dobbiamo uscire dall'agonismo della politica ridotta ai «mi piace», vissuta come una campagna elettorale continua, in cui ci si confronta poco sui contenuti e sulle visioni e tutto viene usato per schierarsi, mentre ci si scontra brandendo semplificazioni e imponendo immagini più che soluzioni, e soluzioni ridotte a immagini. Il rischio è di amplificare sempre e in maniera stentorea ciò che divide, perdendo la capacità indispensabile di cercare quello che unisce al di là delle diverse sensibilità e finendo prigionieri di stereotipi superficiali, ma che danno identità. Leggiamo queste pagine per comprendere un uomo, la sua città, il suo sforzo per renderla migliore, la tanta umanità e le persone descritte.

L'attore principale del libro non è tanto Veltroni, le sue scelte e come le ha realizzate, ma la città. Roma. Veltroni volle fin dall'inizio non essere di parte, mosso dalla «voglia di dedicarmi alla mia città, di occuparmi di cose concrete, della vita delle persone in carne e ossa, dei loro problemi». E volle far festa non al Campidoglio («Non è un luogo di cui si possa appropriare, anche se solo per una notte, una singola parte») ma a piazza Santi Apostoli. Mi sembrano questi i principi che rendono interessante la lettura per tutti, perché il libro nasce dalla scelta, per la quale non esitò a rinunciare ad altre possibilità certamente più comode e meno rischiose, di stabilire un rapporto diretto con i cittadini: «Si ha l'occasione di fare cose concrete e di vedere i risultati delle proprie azioni, ma allo stesso tempo gli errori o l'inerzia sono sotto gli occhi di tutti, come è giusto che accada». Insomma è la gioia, a volte accompagnata dalla delusione di non realizzare i progetti desiderati e nei tempi necessari e possibili, di rispondere alle domande dei cittadini.

Veltroni mi sembra voglia dimostrare, a sé e ai romani, che vale la pena vivere e fare politica, cioè avere cura del bene comune e delle persone. Pur nell'ufficialità del suo ruolo, emerge la volontà di costruire legami autentici, di vera amicizia, duraturi nel tempo, non limitati nel contingente, come con i parenti delle vittime del disastro di via Ventotene. Per aiutare una città che sia davvero luogo di relazioni e non somma di individui, per impedire che diventi un pericoloso serbatoio di rancori che rendono tutti più elettrici e aggressivi, e per far sì che diventi un posto dove si impara e si vive l'arte di incontrarsi c'è bisogno di visione, di gestione e anche di tanta, indispensabile umanità. Non si può fare il sindaco di Roma come se fosse una città qualunque: c'è bisogno di una grande capacità umana che interpreti le caratteristiche della Capitale.

Papa Francesco chiede spesso di guardare la città in modo contemplativo e di confrontarsi con l'orizzonte concreto della vita. Occorre farlo, ripete con insistenza, partendo dalle periferie umane e geografiche, perché solo da queste si può comprendere tutto il resto. E senza precomprensioni, non da lontano, in maniera ideologica o indifferente. Non servono analisti distaccati o teorici che restano «al balcone» (a Roma diremmo sulla terrazza o nei salotti, buoni o meno che siano), ma uomini che incontrano le persone con le loro domande a volte contraddittorie, spesso nascoste e da interpretare ma non per questo meno vere, meno piene di sofferenza e di attesa. Per rendere migliore la città non servono protagonisti affannati e preoccupati del proprio piccolo, ma uomini capaci di sguardo largo, di comprensione intelligente, convinti che questo convenga a tutti e sia possibile per tutti. Proprio papa Francesco elogiò quanti «*contribuiscono con piccoli ma preziosi gesti concreti al bene di Roma*: cercano di compiere al meglio il loro dovere, si muovono nel traffico con criterio e prudenza, rispettano i luoghi pubblici e segnalano le cose che non vanno, stanno attenti alle persone anziane o in difficoltà, e così via. Questi e mille altri comportamenti esprimono concretamente *l'amore per la città*. Senza discorsi, senza pubblicità, ma con uno stile di *educazione civica praticata nel quotidiano*. E così cooperano silenziosamente al bene comune. Ugualmente sento una grande stima per i genitori, gli insegnanti e tutti gli educatori che, con questo medesimo stile, cercano di formare i bambini e i ragazzi al senso civico, a un'etica della responsabilità, educandoli a *sentirsi parte*, a *prendersi cura*, a *interessarsi* della realtà che li circonda. Queste persone, anche se non fanno notizia, sono la maggior parte della gente che vive a Roma. E tra di loro non poche si trovano in condizioni di strettezze economiche; eppure non si piangono addosso, né covano risentimenti e rancori, ma si sforzano di fare ogni giorno la loro parte per migliorare un po' le cose. [Sono] *artigiani del bene comune*, che amano la loro città non a parole ma con i fatti».

La città ha bisogno di artigiani del bene comune, capaci di affrontare situazioni diverse con umanità e intelligenza. Direi che Veltroni cerca di essere uno di questi. Come tante persone che incontriamo nel suo libro.

Al termine di una riunione a Villa Borghese, dove si era presentato improvvisamente attratto dal tema dell'ambiente, il papa dette ai romani un compito a casa. «Guardate un giorno la faccia delle persone quando andate per la strada: sono preoccupati, ognuno è chiuso in se stesso, manca il sorriso, manca la tenerezza, in altre parole l'amicizia sociale, ci manca questa amicizia sociale. Dove non c'è l'amicizia sociale sempre c'è l'odio, la guerra. [...] L'amicizia sociale si deve fare con il perdono – la prima parola –, col perdono. Tante volte si fa con l'avvicinarsi: io mi avvicino a quel problema, a quel conflitto, a quella difficoltà. [...] L'amicizia sociale si fa nella gratuità, [...] parola da non dimenticare in questo mondo, dove sembra che se tu non paghi non puoi vivere, dove la persona, l'uomo e la donna, che Dio ha creato proprio al centro del mondo, per essere pure al centro dell'economia, sono stati cacciati via e al centro abbiamo un bel dio, il dio denaro. [...] Gratuità che fa sì che io dia la mia vita così com'è, per andare con gli altri e fare che questo deserto diventi foresta. Gratuità, questa è una cosa bella!»

Senza l'amicizia, che papa Francesco chiama «sociale», il negativo si accumula e diventa pesante per tutti. La città può generare paura, qualche volta immotivata, spesso manipolata e amplificata dai toni, ma resta sempre un indicatore di disagio e dei problemi da affrontare. Se non c'è chi la sa interpretare, non compiacere o amplificare, la paura si traduce in modalità rivendicative e distruttive. Parlando proprio di Roma, papa Benedetto ricordava come «c'è in ogni uomo il desiderio di essere accolto come persona e considerato una realtà sacra, perché ogni storia umana è una storia sacra, e richiede il più grande rispetto». E aggiungeva: «La città, cari fratelli e sorelle, siamo tutti noi! Ciascuno contribuisce alla sua vita e al suo clima morale, in bene o in male. Nel cuore di ognuno di noi passa il confine tra il bene e il male e nessuno di noi deve sentirsi in diritto di giudicare gli altri, ma piuttosto ciascuno deve sentire il dovere di migliorare se stesso! I mass media tendono a farci sentire sempre spettatori, come se il male riguardasse solamente gli altri, e certe cose a noi non potessero mai accadere. Invece siamo tutti attori e, nel male come nel bene, il nostro comportamento ha un influsso sugli altri».

Artigiani del bene comune, attori. Ecco la sfida che deve coinvolgere tutti, a partire dal primo cittadino, per contribuire a costruire una città non di individui ma di persone e per sconfiggere il vero inquinamento che è quello dell'anima, di cuori che non si incontrano più e che rischiano di non avere riferimenti comuni, condivisi. È pericoloso «l'inquinamento dello spirito» diceva papa Benedetto, «quello che rende i nostri volti meno sorridenti, più cupi, che ci porta a non salutarci tra di noi, a non guardarci in faccia. La città è fatta di volti, ma purtroppo le dinamiche collettive possono farci smarrire la percezione della loro profondità. Vediamo tutto in superficie. Le persone diventano dei corpi, e questi corpi perdono l'anima, diventano cose, oggetti senza volto, scambiabili e consumabili».

Occorre rendere viva e umana una città che può diventare un deserto impossibile per tutti, attraversata da tanta solitudine, con un tessuto umano frammentato a cominciare dal degrado delle periferie, abbandonate e così poco rappresentate. «Non dobbiamo avere paura di andare nel deserto per trasformarlo in foresta; c'è vita esuberante, e si può andare ad asciugare tante lacrime perché tutti possano sorridere» invitava papa Francesco.

Questo libro raccoglie tante lacrime di sofferenza dei cittadini e Veltroni sembra metterle delicatamente in un piccolo contenitore per conservarle, perché preziose, distillato di tanta umanità. E con esse tanti sorrisi e gioie regalate.

Roma ci fa rivivere la città con le sue contraddizioni e con la possibilità di farne un luogo capace di rispondere alle sfide e anche di svolgere il suo ruolo di pace, con la presenza così particolare del successore di Pietro. Occorre, però, «partire dalla vita concreta delle persone», sapendo che «non esistono problemi piccoli, troppo piccoli perché il sindaco o un assessore non debbano trovare il tempo di occuparsene». La consapevolezza è che «una città cresce davvero solo se cresce tutta insieme, senza separazione tra centro e periferie, diffondendo qualità e sviluppo su tutto il territorio». Bisogna cercare quello che è davvero prezioso: «Essere una comunità unita, e non la somma di singole persone sole, perché questo significherebbe lasciar fuori o ai margini chi vive nel disagio, chi soffre o è più sfortunato». Questo comporta tantissime scelte, dal Piano regolatore generale a un Piano regolatore per le politiche sociali; dalla costruzione di una nuova linea della metropolitana alla semplificazione della burocrazia; dalla riqualificazione urbana alla tutela del diritto alla sicurezza; dalla sistemazione dei parchi a quella dei mercati; dall'illuminazione delle strade alla battaglia per smantellare i cartelloni pubblicitari abusivi; dall'impegno per avere più asili nido a quello per sbloccare le grandi opere che potranno contribuire a fare di Roma la capitale anche dello sviluppo produttivo del Paese.

Come ogni innamorato, Veltroni parla di lei descrivendone le persone ma anche menzionando le cose fatte e quelle riattivate, trasmesse alle giovani generazioni per rendere Roma città non solo del passato. Credo che Veltroni conservi anche il rammarico per quelle che si sarebbero potute fare, l'amara consapevolezza delle occasioni perdute, ma sempre cercando di ricucire una convivenza lacerata profondamente. Penso per esempio a «Valerio Verbano, che il 22 febbraio 1980 fu barbaramente ucciso appena tornato a casa, davanti ai genitori, per mano di neofascisti appartenenti ai Nar, che rivendicarono la sua uccisione, per quanto poi a quella sigla non seguirono mai i nomi dei colpevoli. Ma anche a ragazzi della parte politica opposta. Come Paolo Di Nella, il militante del Fronte della gioventù che una sera di febbraio del 1983 fu aggredito e colpito a morte da estremisti di sinistra in piazza Gondar, mentre affiggeva manifesti che pubblicizzavano una raccolta di firme per espropriare e riqualificare Villa Chigi. In quegli anni morirono molti giovani che avevano scelto la militanza politica. Pagarono con la vita l'assurdità di un tempo chiuso in una gabbia fatta di odio ideologico e di contrapposizione violenta. È doveroso ricordare. Gli uni e gli altri. E se qualcuno ancora non vede quanto sia "naturale" far questo, quanto sia semplicemente giusto intitolare una via della città a un ragazzo vittima di una violenza lontana, la risposta è proprio qui: nel fatto che finalmente quel tempo buio, il tempo delle ideologie e dell'odio, il tempo in cui da una parte e dall'altra si era costretti a piangere vittime di destra e di sinistra, è finito».

Il periodo raccontato è pieno di profondissimi cambiamenti. Del resto la città cambia continuamente, come cambiamo noi. Quando non si fa niente non si resta fermi: si va indietro, si peggiora. Penso che sia da cuore vecchio dire che Roma non è più quella di prima. Perché non è mai stata quella di prima! Eppure le città, e Roma in particolare, sono quelle di sempre, con la loro storia incredibile che si interseca continuamente con la cronaca. Storia e cronaca che domandano, però, una visione, perché senza questa si rischia di non aprire la città e trattarla come fosse una città qualunque. L'uomo non è un'isola. L'individualismo e la solitudine determinano relazioni malate e ci chiedono di accettare la sfida di una città a misura d'uomo. Occorre sempre cercarla nelle periferie, come anche nei luoghi più anonimi e nascosti (ma lo sono davvero? Sono loro invisibili o siamo noi che non vogliamo e non sappiamo più vedere?), lontani dalle case.

Sì, ha ragione papa Francesco che, in visita al Campidoglio alla fine di marzo del 2019, ha riconosciuto Roma «maestra di accoglienza». «Roma, città ospitale, è chiamata [...] a adoperare le sue energie per accogliere e integrare, per trasformare problemi e tensioni in opportunità d'incontro e di crescita.» Bisogna costruire una comunità di destino per i suoi abitanti. Esiste infatti il problema di una «società a pezzi», che la politica non ricompone, mentre spesso si sviluppa un dolente individualismo. Non possiamo smettere di cercare – come in occasione del convegno sui «mali di Roma» del 1974, voluto dall'allora vicario, cardinal Ugo Poletti, da monsignor Clemente Riva e da don Luigi Di Liegro – di leggere i «segni dei tempi» nella città, mai abituandoci ai mali per capire e costruire il bene.

Il libro di Walter ci restituisce la serena convinzione che tutto ciò è possibile. «Roma, perciò» ancora nelle parole di papa Francesco, «in un certo senso obbliga il potere temporale e quello spirituale a dialogare costantemente, a collaborare stabilmente nel reciproco rispetto; e richiede anche di essere creativi, tanto nella tessitura quotidiana di buone relazioni, come nell'affrontare i numerosi problemi che la gestione di un'eredità così immensa porta necessariamente con sé.» Con la passione di questo libro e con tanta e cara umanità.

Roma

Introduzione

«Roma è ingovernabile.» Non ci ho mai creduto.

È una città enorme, vero. Non mi stanco mai di ricordare che la superficie amministrata, in chilometri quadri, è superiore a quelle di Parigi, Berlino, Bruxelles e Stoccolma messe assieme.

È una città con quasi tre milioni di abitanti, vero. Roma è, in termini di popolazione, dieci volte l'Islanda ed è più popolosa della Lettonia, della Slovenia e del Qatar.

È una città capitale, sede delle istituzioni italiane e di quelle dello Stato Vaticano, vero.

È una città cresciuta a caso, strappata e vilipesa, stravolta e confusa dalla speculazione edilizia degli anni Cinquanta e Sessanta, dall'abusivismo sfrenato, dall'assenza di un Piano regolatore, vero.

Ma è una città meravigliosa, unica al mondo. Certamente per le ragioni che ciascuno, chiudendo gli occhi, può desumere dalla propria memoria della bellezza antica e moderna della città.

Ma, sfido lo stereotipo, lo è in primo luogo per la meraviglia della sua gente. Ho troppa orgogliosa fiducia nel valore della politica per non pensare che una comunità «sente» se è parte di un progetto generale che la riguarda, che la coinvolge, che la fa essere protagonista. Una città è un corpo vivo, non un insieme di mattoni e asfalto, non un'entità amorfa e fredda.

In questo libro ho raccolto le date fondamentali, almeno alcune, della mia esperienza amministrativa. L'ho fatto per un dovere nei confronti della nostra memoria collettiva. La memoria: una delle mie ossessioni civili. Queste pagine sono il racconto al presente di quei giorni, vissuti nello studio dove, da ragazzo, mi capitava di fermarmi fino a tarda sera con il sindaco che ho avuto come modello, Luigi Petroselli. Avevo vent'anni o poco più quando entrai nell'aula Giulio Cesare. Ricordo delle notti d'estate nello studio del sindaco quando Petroselli, finito il consiglio, si tratteneva con i più giovani tra noi: Renato Nicolini, Antonello Falomi, Piero Salvagni e il suo segretario, Amato Mattia.

Mi ricordo che una domenica mattina mi chiese di accompagnarlo a un'assemblea popolare nel quartiere di Val Melaina e poi allo stadio a vedere la Roma, lui che tifava rossonero, infine a cena. Voleva parlare e io volevo imparare. Lo vedevo trascinare la sua gamba, segnata da un episodio ischemico accaduto anni prima, e sputare l'anima inseguendo i mille problemi di una città enorme ed esigente, capace di chiederti tutto te stesso, come un canto di sirene.

Fare il sindaco di Roma è uno dei lavori più fantastici e infernali che, chi ha passione civile, possa svolgere. Governi una città-Stato ma ogni problema, anche il più piccolo, ti riguarda. Ovunque tu vada, bar o quartiere, qualcuno ha qualcosa da segnalarti o da chiedere.

Quando, per sette anni, l'ho fatto, ho capito come Petroselli sia potuto morire di lavoro.

Dei giorni, non ho vergogna a dirlo, piangevo dalla fatica. Quando, la sera alle nove, scoprivo di avere ancora cinque cose da fare e che le prime ore di riposo le avrei avute tre settimane dopo, sentivo che non era scontato farcela. Sono finito due volte in ospedale, una rischiando. Niente di eroico, sia chiaro. Ma siccome si è convinti che il potere corrisponda a privilegi e che chi fa politica in realtà si giri i pollici a ritmo regolare, mi verrebbe voglia di invocare la testimonianza dei cronisti che mi seguivano o dei fogli della mia agenda. E lo stesso è per chi – in ogni parte d'Italia, in Comuni grandi o piccoli – svolge la funzione definita non a caso, in modo corretto e poetico, di «primo cittadino».

È stato il lavoro più bello della mia vita, quello che più mi ha cambiato e più ha corrisposto alla ragione fondamentale della mia scelta di impegno civile e politico. Stare dalla parte degli ultimi, dei diritti, della libertà, della giustizia sociale e dell'onestà. Dimostrare che il potere si può usare non per proprio tornaconto ma per corrispondere a una visione della propria comunità, figlia di valori nei quali si crede. Posso dirla nel modo più banale: avere la gioia, mettendosi a dormire la sera, di aver migliorato la vita di qualcuno. Un quartiere di periferia al buio, una bambina con la celiachia che a scuola non ha il cibo giusto, un anziano solo che viene assistito.

Un essere umano la cui vita è migliorata grazie al tuo lavoro. Cosa di più si può immaginare di avere dall'esistenza?

Roma, dopo gli anni terribili del pentapartito, ha ripreso il suo cammino. Prima l'amministrazione di Francesco Rutelli e poi la mia hanno assicurato alla città un quindicennio di cambiamenti profondi, di buon governo, di recupero di ruolo nazionale e internazionale.

Parlo dei miei anni. Roma cresceva tre volte più della media nazionale e l'occupazione lo stesso, 10,3 contro 3,8. Il 78 per cento dei cittadini sentiva di stare bene nella città e l'88 per cento dei giovani tra i diciotto e i ventiquattro anni dichiarava nel 2005 di vivere bene a Roma. Scalavamo posizioni in tutte le graduatorie delle città: dalla qualità della vita all'ambiente, dalla vivibilità per i bambini ai livelli di reati, più bassi di Milano, Napoli, Torino... Sono cifre, non autoelogi, non autocertificazioni. I dati riportati nel libro non sono contestabili, come le fonti indicate. E, d'altra parte, non può essere un caso che Rutelli e io siamo stati i due sindaci, negli ultimi venticinque anni, rieletti al primo turno, senza ballottaggio. Dopo il primo mandato la città poteva giudicare il lavoro fatto, e attribuì a ciascuno di noi più del 60 per cento dei consensi. Non è più capitato, dopo. I cittadini, del lavoro amministrativo, sono giudici implacabili e severi. Hanno ragione: una cattiva amministrazione peggiora la vita quotidiana di ciascun abitante. Per cui, rieleggendo al primo turno Rutelli e me, è evidente come abbiano espresso un giudizio chiaro, netto.

Abbiamo realizzato tante cose, alcune delle quali raccontate qui. Altre ne avremmo potute fare. Giuliano Procacci, magnifico storico degli italiani, diceva di Filippo Turati: «I riformisti e Turati, come ogni altra corrente politica, hanno diritto a essere giudicati per ciò che di positivo essi hanno fatto e non per ciò che non hanno fatto o non sono stati capaci di fare. E ciò che i riformisti hanno fatto per il movimento operaio e per il socialismo italiano è molto».

Solo un presuntuoso, o peggio, può sentire di aver realizzato tutti i suoi obiettivi. Chiunque ne potrà trovare di mancati, potrà citare problemi irrisolti, errori, sottovalutazioni. Ne cito uno: aver accettato la «solitudine» del Campidoglio nell'affrontare gli immensi problemi di Roma. Avrei dovuto puntare di più il dito verso i governi disattenti o, peggio, ostili. Non l'ho fatto per carattere e per un forse eccessivo «senso dello Stato». Ma qui ho raccontato una parte, solo davvero una parte, di ciò che abbiamo fatto. Io, la giunta, il consiglio, i dipendenti comunali, le associazioni di quartiere, i singoli cittadini.

Noi volevamo in primo luogo che a Roma nessuno restasse solo e che la città avviasse quella ricucitura tra centro e periferia che occuperà il lavoro delle future generazioni, tanto è stato profondo lo strappo prodotto in decenni da speculazione e mal governo. Abbiamo perseguito questi due obiettivi con il consenso crescente della città e, soprattutto, delle periferie e degli strati più popolari. Abbiamo concentrato la nostra idea di Roma lungo l'asse della questione sociale. Le periferie e i meno fortunati, il disagio e la solitudine. E poi abbiamo investito sulla cultura. So che questa parola spinge molti a «metter mano alla pistola». Ma la cultura è un potente agente di ricucitura della città: uguaglianza delle opportunità e crescita civile. E per Roma – solo chi non la conosce può non saperlo –, la cultura è il più forte traino di crescita della ricchezza diffusa, del lavoro, dell'economia urbana. Roma non è mai stata città manifatturiera. Può crescere solo investendo sulla filiera cultura, informazione, tecnologia. Le «Notti bianche», e tutto il resto, non facevano bene solo allo spirito, facevano bene anche al Pil e alla sicurezza economica delle famiglie.

Lo sport più popolare, a sinistra, è l'autocritica spinta fino al gusto sublime dell'autoflagellazione. Così è stato anche per tutte le amministrazioni progressiste romane, da Nathan a Marino. Anche quando governava Petroselli c'erano i teorici del «non basta mai», i «benaltristi», gli insoddisfatti cronici. Così come la corrispettiva assenza di spirito critico sul proprio lavoro e la propria esperienza. Qui troverete il racconto di quegli anni, il senso di un'ispirazione, non scevra, oggi come allora, dalla coscienza di limiti ed errori.

Noi abbiamo governato Roma, negli anni più belli e difficili, avendo al governo Berlusconi, fortemente condizionato sul tema dalla Lega, e con Provincia e Regione in mano alla destra di Moffa e Storace, con i quali comunque ho avuto un rapporto di correttezza istituzionale.

In altre nazioni non si ha paura di esaltare ruolo e potere della capitale, di dotarla di mezzi finanziari e poteri adeguati. Invece Roma è stata sempre oggetto del disamore della nazione. Disamore che è cresciuto in questi anni. Roma ha pagato un prezzo altissimo con «mafia Capitale», l'inchiesta che ha disvelato l'intreccio tra due parole che mai avrebbero dovuto incontrarsi. Contro il malaffare, che non smette di riempire le pagine di cronaca, le persone e le forze sane della città dovrebbero unirsi, al di là delle divisioni politiche. Mi auguro accada.

Negli anni dei nostri governi noi abbiamo cercato di accrescere il prestigio di Roma. Quando andavo a Milano a illustrare, su invito di un'intelligente giunta di centrodestra, il modello della Capitale, avvertivo una sensazione di rispetto e ammirazione che oggi si è invertita. E quando «Time» metteva in copertina il sindaco di Roma con quelli di Berlino, Londra, Parigi e Stoccolma dicendo che stavamo «affermando in Europa una nuova visione della vita urbana», la città avvertiva che questo era quello che si stava cercando di fare.

Io non ho mai commentato il lavoro dei miei successori. Così come non ho mai scaricato problemi ereditati sui miei predecessori. So quanto sia difficile quel ruolo, quella responsabilità, e quanto sia impossibile garantire che tutti, in una macchina di trentamila persone, si muovano secondo i principi – sociali, amministrativi, morali – ispiratori di una giunta e di un sindaco.

Roma in quegli anni cresceva ma so bene che, pochi mesi dopo che ho lasciato – ormai più di dieci anni orsono –, tutto è cambiato. Con la crisi finanziaria che ha piegato la vita economica e sociale, ha fiaccato le amministrazioni ed eroso il tessuto delle comunità.

E poi si è affermato un nuovo ceto politico al quale guardo con rispetto.

Un solo difetto non sopporto. L'idea dei nuovi potenti di essere sempre l'anno zero di ogni cosa. Di dover dimostrare che prima del proprio arrivo tutto era un disastro. Perché è scomodo e difficile accettare onestamente il contrario e parametrarsi al meglio. Così sono nate le assurde *fake news* sul bilancio che hanno consentito, spieghiamo all'interno come, di tornare a fare ciò che viene assai più facile progettare: aumentare spesa corrente e assumere persone. Un autentico inganno dei cittadini.

Come ha scritto Roberto Petrini: «La questione del debito di Roma nasce nel clima di propaganda del 2008-09 quando Alemanno e Berlusconi si inventarono la bad company... Allora si gridò alla Grecia, ma in verità a una più attenta analisi il debito fu parzialmente sovrastimato per una valutazione assai rigida del contenzioso e di fatto l'onere storico pro capite, cioè per ogni singolo cittadino, non era distante da quello di Milano e Torino».

Alla fine della prima decade degli anni Duemila, con la crisi economica, è affiorato prepotente il tema della sicurezza. Su quello la destra vinse le elezioni al Campidoglio.

Rutelli si batté, forte del ricordo della sua giunta e del lavoro della nostra. E noi avevamo lasciato con oltre il 62 per cento di consensi di opinione, poi registrati nelle elezioni politiche del 2008 quando, essendo io candidato al governo del Paese, il Pd ottenne a Roma il 41 per cento dei voti. E i risultati più belli li avemmo in periferia. Segno di un apprezzamento profondo per il nostro lavoro.

Ma il vento stava cambiando.

Da allora la sinistra ha perso il bandolo della matassa.

I temi dell'immigrazione, della sicurezza, del lavoro sono passati in mano alla destra. Non solo in Italia. Se in Campidoglio si è passati dalla nostra giunta a quella di Alemanno, negli Usa il salto è stato da Obama a Trump.

Roma non è ingovernabile. Le buone idee possono rimotivare i cittadini, senza la partecipazione dei quali nessun buon governo della Capitale è possibile. Ma un buon sindaco deve portare con sé, quando entra in quello studio, due cose. Un'idea generale della città, un progetto per il suo futuro al quale ispirare gesti e decisioni. E poi l'ago e il filo, con i quali ricucire gli strappi urbani, quelli delle cose e quelli tra le persone. E, a Roma, deve sapere che esiste una priorità assoluta: le periferie e la qualità sociale della vita dei meno fortunati.

Diceva Italo Calvino: «L'inferno dei viventi non è qualcosa che sarà; se ce n'è uno, è quello che è già qui, l'inferno che abitiamo tutti i giorni, che formiamo stando insieme. Due modi ci sono per non soffrirne. Il primo riesce facile a molti: accettare l'inferno e diventarne parte fino al punto di non vederlo più. Il secondo è rischioso ed esige attenzione e apprendimento continui: cercare e saper riconoscere chi e cosa, in mezzo all'inferno, non è inferno, e farlo durare, e dargli spazio».

Un'ultima cosa, forse necessaria, a scanso di inutili equivoci. Questo libro non nasce dal proposito di «tornare». In quell'ufficio, che ho lasciato un giorno di undici anni fa con il groppo alla gola, ci devono essere, ci saranno, persone nuove. Che abbiano a cuore Roma e non se stesse. Che la conoscano, le vogliano bene e ascoltino i cittadini. Che siano disposte a rischiare se stesse, per Roma.

Ne vale la pena. È il lavoro civile più bello che ci sia. Forse il più duro.

Ma, dal punto di vista politico e umano, il più emozionante.

1

Sindaco di Roma

27 maggio 2001

Ci siamo. È il giorno decisivo. Quello del ballottaggio, quello che deciderà chi sarà il sindaco di Roma per i prossimi cinque anni. Comunque vada, sarà un giorno da ricordare.

Anzi, a voler essere precisi i giorni stanno diventando due. Perché la mezzanotte è passata da circa un'ora quando le note di una canzone che mi ha accompagnato negli ultimi tempi e migliaia di persone sorridenti e in festa mi fanno davvero rendere conto, arrivando nella piazza che a stento le raccoglie, che sì, è andata come speravamo e volevamo. E che il ricordo sarà bello.

La piazza è quella dei Santi Apostoli, attaccata a piazza Venezia, con lo sguardo rivolto all'Altare della Patria. La canzone, invece, è *La sera dei miracoli* di Lucio Dalla. L'ho chiamato prima che tutto cominciasse, per chiedergli cosa ne pensasse dell'idea di utilizzarla come colonna sonora nelle iniziative che avrei promosso come candidato sindaco. Lucio, con la sua generosità e amicizia, ha detto di sì, senza bisogno di rifletterci troppo.

Ascolto ancora una volta quelle note ormai così familiari e penso che però non è stato un miracolo a farci arrivare fin qui. È stato il duro lavoro di quattro mesi. È stata una campagna elettorale faticosissima e appassionante, iniziata il 1° febbraio, il giorno dopo il discorso con cui, al Palazzo delle Esposizioni, ho accettato la sfida che mi era stata proposta da Francesco Rutelli qualche settimana prima.

L'avevo fatto, quel passo, sapendo bene che si trattava di una scelta di vita. E che avrebbe comportato anche dei rischi politici, considerando che ero il segretario dei Democratici di Sinistra e che da questa carica mi sarei dimesso. Il primo rischio era che la mia candidatura potesse essere letta come una sorta di «messa al riparo» rispetto al probabile esito delle imminenti elezioni, che vedevano nettamente favorito – pronostico destinato a non essere smentito – il centrodestra di Silvio Berlusconi. Il secondo rischio, molto più concreto, era che una sconfitta contro il candidato «azzurro», Antonio Tajani, avrebbe segnato una brusca battuta d'arresto del mio percorso politico, se non addirittura decretato la sua fine.

A distanza di tanto tempo, davvero non avrei motivo di fare affermazioni contrarie alla realtà. E la realtà era, ed è, che di entrambe le cose mi importava poco. Della prima, perché a questo genere di ipotesi e illazioni è bene imparare a non dar peso, se si vuole vivere la politica seguendo il filo della propria ispirazione e coerenza. Della seconda non mi importava non perché io abbia mai ambito a far la parte dell'eroe senza macchia e senza paura, ma semplicemente perché a dettare la mia scelta c'erano ragioni di fondo molto più forti dei rischi che potevo correre e che, soprattutto, mi permettevano di avere la coscienza assolutamente a posto. Cosa che, per come sono fatto, in quel momento significava tutto.

Quali erano queste ragioni? In primo luogo, accettare di candidarmi mi offriva l'opportunità di sostenere nel modo più efficace possibile il centrosinistra: non poteva rischiare di perdere anche la Capitale, dopo sette anni e mezzo di buon governo di Francesco Rutelli, che pur avendo ereditato una situazione disastrosa aveva avviato la rinascita di Roma. Secondo, sentivo che per quanto mi riguardava sarei stato più «nei miei panni», e quindi più utile, ricoprendo un ruolo istituzionale anziché strettamente politico, da «capopartito», come avevo fatto nei due anni precedenti. Infine, motivazione più pressante di tutte, avevo davvero una gran voglia di dedicarmi alla mia città, di occuparmi di cose concrete, della vita delle persone in carne e ossa, dei loro problemi.

Tutto questo lo avevo chiaro sin dall'inizio, tanto da impostare una campagna elettorale «civica» e il meno possibile politica, e da scegliere anche uno stile comunicativo molto sobrio, prediligendo per esempio manifesti in bianco e nero senza slogan roboanti ma con proposte chiare e precisi obiettivi da raggiungere, quartiere per quartiere, rione per rione. Sarebbero bastate poi le prime settimane a contatto quotidiano con Roma e con i romani, con il loro dolore e le loro speranze, per moltiplicare per cento, per mille, la convinzione di voler procedere in questo modo. Girando la città in lungo e in largo. Percorrendo in macchina una media di duecento chilometri al giorno, tenendo iniziative dalla mattina presto fino all'ora di andare a dormire, incontrando associazioni, categorie, imprenditori, comitati di quartiere, cittadini desiderosi solo di raccontare, di spiegare, di avere una risposta, una rassicurazione. Un po' di attenzione.

Porto sempre con me, nel viaggio di quelle settimane, un piccolo quaderno dove annoto i problemi che vedo e le storie che incontro. Lo sfoglio tutti i giorni, per non perdere mai di vista il fatto che dietro le questioni più grandi, dalle quali dipende la «salute» di una comunità, il suo grado di benessere, ci sono le esistenze dei singoli individui. La signora di Tor Bella Monaca che mi viene incontro tenendo per mano la nipotina di cinque anni: mi racconta delle siringhe sotto casa e della paura dell'Aids, dei vandali che hanno distrutto la ludoteca, e io intanto non riesco a non pensare alla bambina che ascolta tutto e alla situazione in cui si trova a crescere. Il ragazzo che fuori dalla scuola che ho appena visitato mi dice con molta franchezza di essere razzista; mi fermo a parlare con lui quasi un'ora e dopo qualche giorno, con un po' di sorpresa, leggo un sms che mi è appena arrivato: «Walter, ci ho pensato, avevi ragione tu». Uno dei «capi» di una borgata storica, il Mandrione, che mi porta a vedere casa sua, attaccata come le altre alla ferrovia, e con una battuta che più romana non si può mi dice: «Vedi, se il treno si ferma qui davanti, dalla finestra posso offrire il caffè al macchinista».

Ecco, faccio questo meraviglioso viaggio dentro la città, incrocio queste vite, e prendo una decisione, anche se c'è chi me lo sconsiglia, perché sarebbe come azzardare un triplo salto mortale al trapezio senza che sotto ci sia la rete: annuncio pubblicamente che, nel caso perdessi, mi dimetterò non solo da segretario dei Ds, ma anche da deputato. Roma, lo ripeto, è una scelta di vita. Siederò e lavorerò in Aula Giulio Cesare, da sindaco o da semplice consigliere comunale. Perché alle persone che sto incontrando, che ripongono in me fiducia e speranze, non posso e non voglio voltare le spalle, per nessun motivo al mondo.

Beninteso, nonostante il clima politico avverso fiducia ne ho anche io, se penso all'esito finale della sfida. Non credo di poter vincere al primo turno, sono sufficientemente convinto di riuscire a farcela al secondo. Nessuna particolare sorpresa, quindi, il 13 maggio, quando il 48,3 per cento dei voti rispetto al 45,1 del mio avversario conferma che si andrà al ballottaggio e che inizieranno due settimane ancora più intense e faticose delle precedenti, soprattutto perché il centrodestra dopo le elezioni politiche ha il vento in poppa e cercherà di sferrare il colpo del k.o. conquistando Roma.

Alla fine, quando si arriva al comizio di chiusura della campagna elettorale, le energie sono davvero terminate. Le mie, quelle di tutti i dirigenti romani che si sono spesi con passione per lo stesso obiettivo e quelle degli splendidi ragazzi che hanno lavorato come volontari nella sede del comitato sul lungotevere Marzio, diventata in pratica la loro vera casa. Sotto il Colosseo, quel venerdì, mentre dopo la pioggia esce il sole proprio al momento di cominciare, in mezzo alla folla e alle bandiere li si può riconoscere più che dal cartellino con scritto «staff», dalle occhiaie che cerchiano i loro occhi. Ma anche dal sorriso di chi muore dalla stanchezza e ha un bel po' di sonno arretrato, ma sa di aver fatto tutto il possibile, tutto quel che bisognava fare. La riconosco, quella sensazione, perché è anche la mia. Di nuovo: avere la coscienza a posto non placa tutte le ansie, è vero. Ma regala serenità e aiuta a sostenere l'attesa.

La domenica in cui tutto si decide, infatti, trascorre piuttosto tranquillamente. La mattina il voto nel mio abituale seggio di via Novara, poi una passeggiata con la famiglia e il pranzo, quindi nel pomeriggio un salto al comitato per salutare e ringraziare ancora una volta tutti. Solo quando si fa sera mi sposto nel mio vecchio ufficio di via Nazionale, nella sede dei Ds, per aspettare i risultati, tra una telefonata e l'altra.

Chiuse le urne, ecco i primi exit poll. Siamo davanti, ma la cautela è d'obbligo, meglio vedere cosa diranno le proiezioni. La prima arriva una decina di minuti dopo le undici, e per una volta conferma l'esito: 51,4 per cento contro 48,6. La tensione inizia a sciogliersi, attorno a me tutti sembrano contenti, io preferisco attendere ancora un po'. Magari qualche altra proiezione, anche solo per un pizzico di scaramanzia. Ne arriva una seconda, poi una terza: il vantaggio c'è, anzi aumenta di un punto. Posso cominciare ad ammettere che sì, è fatta, ce l'abbiamo fatta. Dalla finestra, dall'altra parte della strada, sulla scalinata del Palazzo delle Esposizioni, c'è un'allegra agitazione. Sopra, al roof garden, sono riuniti tutti: chi ha diretto e animato il comitato, la parte dello staff che non è già con me, i volontari, cittadini e amici che si sono radunati sperando di festeggiare il risultato atteso. Mi dicono che sono tanti, tantissimi, stipati come in una discoteca troppo piccola. Devo andare a salutare, a dire qualcosa, a rilasciare una dichiarazione ai giornalisti che aspettano. E bisogna trovare un posto all'aperto in cui accogliere la festa che, inevitabile e spontanea, partirà tra non molto.

L'entusiasmo è tanto. È comprensibile. Si sentono i clacson suonare per strada, spuntano bandiere da qualche macchina. C'è sollievo e c'è vera gioia. Eppure, al momento di dare la prima risposta nella mia nuova anche se ancora non ufficiale veste, sono costretto a pronunciare un bel «no». Mi chiedono di dare appuntamento a tutti in piazza del Campidoglio, sotto il Marco Aurelio: abbiamo vinto ed è lì che è naturale andare a festeggiare. Capisco, ma dico che è sbagliato, che non dobbiamo. Quella è la casa di tutti i romani, anche di chi ha scelto di non votarmi. Non è un luogo di cui si possa appropriare, anche se solo per una notte, una singola parte.

In più, il posto adatto c'è. È piazza Santi Apostoli. La piazza simbolo dell'Ulivo e della sua vittoria più bella, il 21 aprile di cinque anni fa. È lì che ci ritroveremo. Perché in quel momento è il luogo che per il popolo del centrosinistra rappresenta, insieme al risultato che abbiamo appena raggiunto, un segno di unità e di speranza.

Sono questi i sentimenti che si possono leggere negli occhi di chi è in piazza, quella sera. Una sera riempita da sorrisi e abbracci. Dalle note di quella canzone che non parla solo di «miracoli», ma a un certo punto racconta che «si muove la città». Una volta sceso dal palco, dopo aver parlato e ringraziato e stretto un'infinità di mani, salgo in macchina, ed è proprio a questo che penso. Ai dati che arrivano a poco a poco e dicono che siamo tornati ad andare molto bene nelle periferie, cosa che mi rende felice e orgoglioso. Al fatto che mi attende un compito grande e difficile, che la responsabilità sarà enorme. Ma soprattutto sento che non vedo l'ora di iniziare, di spendere ogni energia per «far muovere Roma», per continuare a farla andare avanti e crescere, per renderla ancora più bella, per risolvere i problemi che ci sono e che in una città di queste dimensioni e di questa complessità non mancano mai. Alcuni, molti, li conosco, li ho incontrati in questi mesi. Altri me li ritroverò davanti, così come ne nasceranno di nuovi. Bisognerà avere idee e coraggio, e lavorare tanto.

Per il momento, almeno stanotte, lasciamo però che prevalga la gioia, e che abbiano la meglio la stanchezza e il sonno. Anche perché a fianco a me, insieme a Flavia, ci sono le nostre figlie, Martina e Vittoria, e domattina, come ogni mattina, il primo impegno della giornata sarà quello di accompagnarle a scuola.

2

Il programma, in Aula Giulio Cesare

26 giugno 2001

Trascorre un mese quasi esatto dal giorno dell'elezione e in Aula Giulio Cesare è convocata la prima seduta del nuovo consiglio comunale. In quell'aula, su quei banchi, ci sono stato esattamente venticinque anni fa, poco più che ventenne. E ora mi ritrovo a sedere al posto del sindaco, con il compito di illustrare il programma di governo della città per i prossimi cinque anni.

Non si tratta di prendere la parola per una generica dichiarazione di intenti, ma di un discorso e di un documento vincolanti, che rimarranno agli atti. È un passaggio importante, quindi, in qualche modo «solenne». Lo si percepisce anche dall'atmosfera che si respira, dall'impaccio di qualche neoconsigliere, dall'attesa dei giornalisti, pronti a sottolineare come un fatto piuttosto eccezionale sia costituito dalla presenza sullo scranno più alto dell'aula di un altro leader politico nazionale. A presiedere la seduta come consigliere «anziano», vale a dire eletto con più voti, è infatti Gianfranco Fini, che in quel momento è anche vicepresidente del Consiglio nel governo nato da non molto e guidato da Silvio Berlusconi.

Il mio rapporto con Fini è sempre stato corretto. Con lui e con Pier Ferdinando Casini, due anni prima, abbiamo condiviso un obiettivo in cui credevamo molto. E abbiamo lavorato insieme per raggiungerlo: l'elezione di

Carlo Azeglio Ciampi alla presidenza della Repubblica. Ovviamente siamo avversari politici, ma si può esserlo rispettandosi. Quando arriva a Palazzo Senatorio, prima che cominci la seduta, viene a trovarmi in stanza e tra una cosa e l'altra mi racconta un episodio legato alle elezioni amministrative del 1993, quando si era candidato, perdendo, contro Rutelli. Ricorda che qualche giorno dopo il voto decisivo, mentre si trovava in un taxi imbottigliato nel traffico, la gente attorno a lui non faceva altro che prendersela con il sindaco, incolpandolo della situazione. Insomma, il vincitore era già bersaglio delle critiche, mentre per lui, lo sconfitto, la vita, rispetto alle ultime settimane, era decisamente migliorata.

Ascoltando il racconto penso che è inevitabile sia così. Questo è un mestiere bellissimo e duro, dove non ci sono filtri e intercapedini, dove le parole e le promesse non bastano: il rapporto con i cittadini è diretto, si ha l'occasione di fare cose concrete e di vedere i risultati delle proprie azioni, ma allo stesso tempo gli errori o l'inerzia sono sotto gli occhi di tutti, come è giusto che accada. Per quanto mi riguarda non so dire se sono già protagonista, mio malgrado, di situazioni analoghe a quella descritta da Fini. So che per ora l'accoglienza che ricevo dovunque vada o semplicemente girando per strada è ottima, di sostegno o comunque di rispetto. E so anche che questo mese è stato molto intenso, se guardo il lavoro che abbiamo avviato e tutto quel che è successo.

Basta pensare alle «prime volte» che hanno preceduto questa del consiglio comunale. Il giorno dopo il ballottaggio c'è stata la prima uscita pubblica, anche se non da sindaco, non ero ancora in carica: appuntamento in piazza del Popolo, per quella che era in fondo la prosecuzione, più in grande, della festa del centrosinistra della sera precedente. È un pomeriggio da incorniciare. La piazza è piena, migliaia di persone sono lì per condividere un inizio e una speranza. Sul palco, tra gli altri, c'è una persona alla quale voglio molto bene e che per me è un punto di riferimento. È Vittorio Foa, che emoziona tutti dicendo che con il risultato raggiunto abbiamo difeso non solo la memoria del passato, ma le opportunità del futuro; un futuro che lui non vedrà, ma che è nelle nostre mani e che noi – di questo ne è certo – sapremo costruire. Io da parte mia prendo la parola per dire innanzitutto della convinzione che dobbiamo avere e dell'orgoglio che dobbiamo provare. La convinzione che quando siamo uniti, quando siamo noi stessi senza imitare gli altri, possiamo vincere, e che è dentro la società che dobbiamo preoccuparci di stare, non nei talk show televisivi; come abbiamo fatto in questi mesi, mettendo al primo posto i problemi delle persone, il disagio sociale, le periferie. E poi l'orgoglio. Quello di guidare una città unica, che come fece la Firenze di La Pira, simbolo di pace nel tempo della Guerra fredda, potrà essere la capitale della lotta contro la nuova «bomba atomica» del millennio appena iniziato: la povertà, la fame, il baratro che separa il Nord e il Sud del mondo.

Alla fine, tra i tanti altri, ad abbracciarmi sul palco sale Aurelia Petroselli, la moglie di Luigi. So già quello che proverò il mattino dopo, quando in Campidoglio ci sarà l'insediamento come sindaco ed entrerò nella stanza dove ho visto per l'ultima volta suo marito, seduto dietro la scrivania, con l'immancabile sigaretta in bocca. E in effetti quella seguente è una giornata speciale e piena di emozioni, non posso definirla se non così. Arrivo in Campidoglio verso le dieci e mezza e il primo atto ufficiale è nella Sala delle Bandiere, quella dove si riunirà la giunta e dove adesso c'è il passaggio delle consegne con il commissario Enzo Mosino, alla presenza del segretario generale Vincenzo Gagliani Caputo, in mezzo a una marea di giornalisti e fotografi e con tutti i dipendenti comunali e gli uscieri del piano a fare da cornice. È uno di loro, Franco – che da quel giorno e per sette anni avrà per me le premure quasi di un padre –, ad accompagnarmi in stanza e ad aprirmi la porta finestra del balconcino che affaccia sui Fori. È uno spettacolo magnifico, unico. Si potrà forse discutere se Roma sia o no la città più bella del mondo – come la penso io è facile intuirlo –, ma di certo non esiste sulla faccia della Terra un ufficio con una vista meravigliosa e suggestiva come questa.

Non ho molto tempo di godermela, a dire il vero, perché mi attende il primo impegno ufficiale. E che impegno: il presidente Ciampi sarà al Vittoriano per la riapertura del Museo del Risorgimento, chiuso al pubblico da oltre vent'anni. Sono appena arrivato e non è merito mio, ovviamente. Però lo prendo come un buon segno. E poi con il presidente c'è amicizia, c'è una consuetudine che è iniziata a Palazzo Chigi al tempo del governo dell'Ulivo e della battaglia per l'ingresso dell'Italia in Europa e si è rafforzata con il passare degli anni. Sono contento, quindi, che il cammino cominci proprio con lui.

Scendo in anticipo, il che mi permette di arrivare puntuale, perché sulla scalinata del Campidoglio mi fermo a salutare e a scattare foto con i bambini di una scuola del Prenestino che mi fanno gli auguri e applaudono anche. Sono divertiti dal fatto di aver incontrato il sindaco, per di più con la fascia tricolore indossata per la prima volta. È proprio su questa che scherza il presidente appena mi vede: mi chiede ridendo se è nuova. Gli rispondo di sì, che l'ho appena comprata.

Nel pomeriggio, poi, decido di far visita al reparto Maternità del Fatebenefratelli, sull'Isola Tiberina. Per i romani è il luogo che per antonomasia significa nascita, quindi mi sembra che andare lì sia un segno di speranza e al tempo stesso di impegno, di volontà di costruire una città attenta alle esigenze di tutti, a cominciare dai bambini.

Anche il giorno successivo c'è una «prima volta», perché in Campidoglio, dove ho appena ricevuto le associazioni dei disabili, come in campagna elettorale mi ero impegnato a fare, sale il primo ospite straniero. Non è un capo di Stato, ma un grande attore che ha fatto la storia del cinema. È Sean Connery, il mitico James Bond. Fedele al ruolo che ha ricoperto e che porterà per sempre con sé, mi dice che in fondo anche io, come il suo personaggio, ho una «missione» da portare a termine, perché immagina che governare una città come Roma, ammirata in tutto il mondo per il suo patrimonio artistico e culturale, richieda notevoli capacità ed energie. Sorrido, gli rispondo che molto probabilmente ha ragione, ma che spero di non rischiare la vita e che comunque ho la fortuna, rispetto a un agente segreto, di poter contare su una squadra di persone che lavoreranno insieme a me. Di lì a qualche giorno, infatti, annuncerò gli assessori che formeranno la giunta.

È la più «rosa» d'Italia. Sei su sedici, infatti, sono donne. La prima riunione è il 5 giugno. I provvedimenti approvati quel giorno hanno anche un sapore simbolico, perché riguardano le politiche sociali, la sicurezza e la cultura. Si tratta dell'assunzione di un centinaio di persone tra operai addetti alla manutenzione urbana e assistenti sociali, della dotazione di strumenti di «radiolocalizzazione» per i vigili urbani e di un finanziamento per il restauro e il consolidamento delle Mura Aureliane. Soprattutto, chiedo a ognuno degli assessori – incontreremo i loro nomi nelle pagine che verranno – di seguire sempre, in ogni momento, alcuni irrinunciabili principi: concretezza, onestà, lealtà, efficacia e coordinamento. A tutti viene consegnato un promemoria con le maggiori emergenze da affrontare e i punti del programma su cui concentrarsi. Li avverto: per noi non esisterà né sabato né domenica, voglio poche chiacchiere e tanto lavoro.

Intanto in città c'è un'atmosfera particolare, elettrica. La Roma è a un passo dalla conquista del suo terzo scudetto. Io, come è noto, sono juventino e tale rimango. Ma sarei uno strano sindaco davvero se non fossi contento del fatto che tantissimi miei concittadini stanno vivendo un'emozione così forte, che presto potrebbe trasformarsi in gioia assoluta. Arrivo anche a capire meglio Petroselli, che era tifosissimo di Gianni Rivera – a proposito, è appena diventato il mio delegato allo Sport, mentre Tullio De Mauro lo è per l'Università – e del Milan, ma che stando in quella stanza aveva finito per appassionarsi sempre di più alle sorti della Roma. Tanto da togliermi per qualche giorno il saluto dopo il famoso gol annullato a Turone nella partita contro la Juve che di fatto decise il campionato 1980-81.

A ogni modo, la prima preoccupazione, in quei giorni, è gestire le cose senza che avvengano incidenti. Potrebbe essere già decisiva la trasferta a Napoli, e per questo stabiliamo di allestire tre maxischermi in piazza San Giovanni. Il pareggio rimanda tutto all'ultima partita, col Parma, all'Olimpico. L'attesa è frenetica, la pressione notevole, bisogna considerare l'afflusso di decine di migliaia di persone nella zona dello stadio e poi il loro riversarsi nelle vie della città, si spera per un gigantesco festeggiamento collettivo. Io ho anche un problema in più: sono in ospedale, perché sono stato appena sottoposto a un intervento urgente di appendicite. Mi sono sentito male una mattina in ufficio, ho provato a far finta di niente andando lo stesso, nel pomeriggio, a visitare la scuola sulla Tuscolana dove mi aspettavano, ma alla fine ho dovuto cedere. Seguo comunque la situazione dalla mia stanza al Gemelli, e quando tra le tante telefonate di auguri di pronta guarigione mi arriva quella del presidente Franco Sensi, decidiamo in gran segreto che se tutto andrà come deve andare organizzeremo una grande festa al Circo Massimo.

Il giorno della partita chiedo ai medici il permesso di andare anche io a vederla. È un bel rischio. Non per la salute, ma perché in caso di sconfitta – me lo fanno notare in molti – sarei accusato di aver portato sfortuna, poco ma sicuro. Alla fine della partita alcuni tifosi, conoscendo la mia fede calcistica, mi mettono scherzosamente al collo una sciarpa giallorossa. Accettare questo gioco, in questo momento, è la cosa più naturale del mondo, proprio per quel che dicevo a proposito della sintonia che un sindaco non può non avere con il sentimento di tanti suoi concittadini. E a ogni buon conto, il tre a uno finale significa scampato pericolo per me, scudetto per la Roma e appuntamento per festeggiare la domenica successiva.

Ancora non posso sapere che quello sarà solo il primo dei grandi eventi con centinaia di migliaia di partecipanti che riusciremo a organizzare. E comunque, se è una prova, è pienamente superata, con un solo momento di paura quando alcune decine di ragazzi si arrampicano sui tetti della basilica di Santa Anastasia e di altre costruzioni storiche sul Palatino, rischiando di far crollare tutto e di farsi molto male. Una volta fatti scendere e risolto il problema, la città è libera di vivere una notte magica. Il Circo Massimo è pieno all'inverosimile, di bandiere giallorosse e di tifosi venuti ad applaudire la squadra, capitan Totti in testa, insieme ad Antonello Venditti, a Carlo Verdone e Corrado Guzzanti, a Nicola Piovani e a Sabrina Ferilli che si esibisce in un casto spogliarello, promesso a suo tempo in caso di vittoria dello scudetto.

Il risveglio, la mattina dopo, è sereno. Roma ha dato una prova di civiltà. La prima seduta del consiglio comunale può prendere il via, il pomeriggio del giorno seguente, nel miglior clima possibile.

Dopo il giuramento di fedeltà alla Costituzione, inizio il vero e proprio intervento per esporre le linee fondamentali del programma. Con una premessa di fondo, legata non alla presenza di fronte a me del mio avversario alle elezioni e del vicepresidente del Consiglio alle mie spalle, ma a una convinzione sincera: il destino di Roma, la piena affermazione del suo ruolo di Capitale, la sua crescita economica e la sua coesione sociale devono essere un impegno comune, che si sia maggioranza o opposizione, a livello locale e nazionale. Nella distinzione dei ruoli e delle responsabilità, certo, ma facendo in modo che il naturale confronto politico non finisca mai per andare a scapito dell'interesse della città e di chi ci abita.

Il programma? Chi ha seguito la campagna elettorale sa quali sono le nostre priorità, che discendono tutte dalla convinzione che bisogna partire dalla vita concreta delle persone e che non esistono problemi piccoli, troppo piccoli perché il sindaco o un assessore non debbano trovare il tempo di occuparsene; dalla consapevolezza che una città cresce davvero solo se cresce tutta insieme, senza separazione tra centro e periferie, diffondendo qualità e sviluppo su tutto il territorio; dall'idea che la cosa più preziosa è essere una comunità unita, e non la somma di singole persone sole, perché questo significherebbe lasciar fuori o ai margini chi vive nel disagio, chi soffre o è più sfortunato. E dunque ecco gli obiettivi fondamentali del nuovo Piano regolatore generale e di un Piano regolatore anche per le politiche sociali, ecco la necessità di accelerare la costruzione della linea C della metropolitana e il potenziamento delle linee A e B, ecco la lotta alla burocrazia e la semplificazione della macchina amministrativa, la riqualificazione urbana e la tutela del diritto alla sicurezza, la sistemazione dei parchi e quella dei mercati, l'illuminazione delle strade e la battaglia per smantellare i cartelloni pubblicitari abusivi, l'impegno per moltiplicare gli asili nido e quello per sbloccare le grandi opere che potranno contribuire a fare di Roma la capitale anche dello sviluppo produttivo del Paese. E alla fine la proposta di far incontrare in Campidoglio, per affrontare i nodi della globalizzazione, per discutere dei suoi squilibri e delle sue opportunità, i sindaci di quindici delle città più grandi del mondo: una sorta di «C15» che comprenda anche realtà di Africa e Sud America, e che si occupi di questioni che troppo spesso nell'agenda del G8 nemmeno entrano.

Non sono solo buoni propositi, tutti questi, perché il lavoro è già cominciato. Una scelta innovativa, per esempio, è stata quella di stabilire, nei giorni scorsi, che tutti i nuovi edifici comunali dovranno essere alimentati a energia solare. Ma c'è molto altro in cantiere. L'appuntamento è per dopo l'estate, quando faremo il punto sui risultati raggiunti nei primi cento giorni dell'amministrazione.

La stampa è convocata per il 10 settembre. Non possiamo sapere, quel giorno, che ventiquattro ore dopo entreremo nel modo più terribile e inimmaginabile, insieme a tutto il resto del mondo, in una nuova epoca.

3

Il giorno in cui cambia il mondo

11 settembre 2001

Chi non ricorda – mi riferisco a coloro che cominciano ad avere qualche anno sulle spalle – dov'era e cosa faceva nel momento in cui l'uomo posava per la prima volta piede, quello di Neil Armstrong, sulla Luna? O quando una drammatica edizione straordinaria del giornale radio informava gli italiani che Aldo Moro era stato rapito e che gli uomini della sua scorta erano stati barbaramente assassinati? Ci sono fatti e avvenimenti destinati a restare impressi per sempre nella memoria collettiva e in quella di ognuno di noi, di chiunque vi abbia partecipato o assistito.

Quel giorno, l'11 settembre, siamo seduti, tutti gli assessori e io, attorno al grande tavolo nella Sala delle Bandiere dove da poco più di tre mesi teniamo le nostre riunioni di giunta. Facciamo il punto sulle attività che stiamo portando avanti, valutiamo i risultati, esaminiamo le prossime cose da fare. Mancano pochi minuti alle tre del pomeriggio. Quando si spalanca la porta della sala e Roberto Benini, che insieme a Paolo Soldini e Luigi Coldagelli coordina l'attività dell'ufficio stampa, mi porta di corsa le ultime notizie d'agenzia, faccio appena in tempo a notare la sua espressione tesa e quello che leggo mi lascia senza fiato. Un aereo si è schiantato contro una delle Twin Towers, le Torri Gemelle di New York.

Difficile credere che si tratti solo di un incidente. Deve essere altro. E la sensazione, a essere sincero, è subito delle peggiori. Ripeto a voce alta quel che ho appena letto e interrompo la riunione. Meglio andare tutti nel mio studio, dove c'è un televisore. Magari dalla Cnn potremo capire cosa diavolo sta succedendo. Nella Sala Rossa, lì a fianco, si stanno incontrando i capigruppo, maggioranza e opposizione. Chiamo anche loro, li avverto che è avvenuto qualcosa di orribile. Ci raduniamo tutti nella mia stanza, davanti allo schermo, con le immagini che arrivano in diretta.

Ed è in diretta che assistiamo all'impensabile, a qualcosa che nessuno di noi avrebbe mai creduto di poter vedere, nemmeno nel peggiore degli incubi. Nell'inquadratura entra un secondo aereo. Punta dritto contro l'altra torre e la colpisce in pieno. Entrambi i colossali grattacieli sono in fiamme, all'esterno si vedono minuscole figure e qualcosa di bianco, quasi impercettibile. Sono persone, sono fuori dalle finestre, sui cornicioni dei piani più alti, agitano dei fazzoletti. Una richiesta d'aiuto. Un segno di resa. Molti, di fronte al fuoco che sta inghiottendo tutto, scelgono di gettarsi nel vuoto. Arriva la notizia che un altro Boeing, anch'esso evidentemente dirottato, è precipitato in Pennsylvania. E un altro ancora ha colpito il Pentagono. Sotto i nostri occhi, sotto gli occhi di tutto il mondo, le Torri Gemelle vengono giù, si sbriciolano letteralmente. È chiaro che le vittime saranno migliaia.

Siamo annichiliti, senza parole. Nessuno della nostra generazione ha mai assistito, nella vita, a qualcosa di paragonabile. Un genio della letteratura contemporanea, Ian McEwan, scriverà ricordando quegli eventi: «Come milioni, forse miliardi di persone in tutto il mondo, sapevamo di stare vivendo un momento che non avremmo mai potuto dimenticare. Sapevamo anche – pur essendo troppo presto per chiederci come o perché – che il mondo non sarebbe più stato lo stesso. Sapevamo solo che sarebbe stato peggiore».

È così. Questo è il sentimento che ci accomuna tutti. Eppure dobbiamo reagire, per quel che possiamo. Prendo il telefono, chiamo il consigliere William Pope, che in quel momento è il reggente dell'ambasciata americana. Gli esprimo la solidarietà mia e di tutti i romani, gli dico che di qualsiasi cosa avessero bisogno i suoi concittadini che si trovano qui, noi siamo a disposizione. Insieme ai capigruppo, decidiamo in un attimo di convocare un consiglio comunale straordinario, invitando anche Francesco Storace e Silvano Moffa, i presidenti di Regione e Provincia. Non ci sono differenze politiche, in questo momento. Le istituzioni cittadine devono essere unite.

Sono le sette di sera quando ci ritroviamo in un'Aula Giulio Cesare gremita come non mai. Ci sono assessori e consiglieri regionali, provinciali e di tutti i municipi, rappresentanti di associazioni e sindacati, soprattutto tanti cittadini venuti per capire, per avere una rassicurazione.

Dubbi ormai non ce ne possono essere: è terrorismo. Di più: è un atto di guerra. Contro gli Stati Uniti. Contro la democrazia. Da parte di chi vuole il conflitto tra civiltà, la resa dei conti con l'Occidente. Ma noi non possiamo permettere che siano rimesse indietro le lancette della storia, che si torni ai momenti più bui del Novecento. E così, mentre insieme al prefetto e al questore convochiamo una riunione del Comitato per la sicurezza per attivare tutte le misure del caso, siamo la prima città a indire una manifestazione di solidarietà al popolo americano, contro il terrorismo e per la pace: una fiaccolata su via dei Fori Imperiali, fino al Colosseo.

Il giorno successivo la risposta dei romani è splendida, persino commovente. I partecipanti sono decine di migliaia, sfilano in un silenzio che vuol dire tantissimo. La reazione degli Stati Uniti e della comunità internazionale nei confronti dei terroristi ci sarà e dovrà essere dura. Al tempo stesso guai ad alimentare uno scontro tra civiltà: è ciò che vorrebbero i fanatici seminatori di morte e di odio che hanno pianificato quel che è appena successo. La strada da seguire è opposta ed è quella del rispetto, del confronto, dell'incontro tra culture e fedi diverse. È l'invito che viene da quelle fiaccole, una sorta di squarcio di luce nel buio che ora come ora sembra avvolgere tutto.

Mentre torno a piedi verso il Campidoglio, quella sera, penso che da Roma, cuore della cristianità, crocevia di popoli e culture, può davvero partire un messaggio importante, in grado di attraversare i confini e di parlare al mondo. Mi viene un'idea su cui comincio a lavorare subito: un incontro in Campidoglio tra i rappresentanti di tutte le confessioni religiose, per dire che il dialogo è lo strumento migliore a nostra disposizione per difendere il bene più prezioso che abbiamo, la pace.

Certo, mentre ci si adopera affinché il dialogo produca i suoi frutti nel medio e lungo periodo, nell'immediato si tratta di fare tutto il necessario a livello di indagini e misure preventive per garantire l'incolumità dei cittadini. E non è un caso se scrivo «nell'immediato». Passano infatti solo pochi giorni dall'11 settembre e una sera arriva, riservatissima, un'informativa su un possibile attentato alla metropolitana di Roma. È una minaccia alla sicurezza nazionale ed è ovvio che il Campidoglio si debba rapportare con il governo. Il prefetto Emilio Del Mese convoca una riunione cui partecipano, insieme a me, il sottosegretario alla presidenza del Consiglio Gianni Letta – al quale mi legano una conoscenza e una stima reciproca consolidata negli anni e più forte della nostra appartenenza a schieramenti opposti – e i responsabili delle forze dell'ordine. La notizia è ancora generica, decidiamo di attendere qualche eventuale elemento in più: chiudere la metropolitana senza un effettivo riscontro vorrebbe dire assegnare la vittoria ai terroristi, interessati non solo a colpire concretamente, ma anche a seminare paura e diffidenza, a impedire il normale svolgersi delle nostre attività quotidiane. Alla fine, in un tempo che è piuttosto breve ma sembra lunghissimo, la notizia si rivela non così solida come si poteva temere, tanto che nemmeno in seguito faremo trapelare nulla. Decidiamo, per non cedere, di tenere aperta la metropolitana. È una scelta difficile, ma giusta. Di sicuro, però, quella notte non riesco a prendere sonno.

E neanche si può dire che tutto finisca lì, perché la massima attenzione nei confronti del terrorismo internazionale, con momenti di allerta estrema, sarà una costante per tutti gli anni che verranno. Ne passano poco più di due, per esempio, quando la vigilia di Natale del 2003, mentre sono con Martina e Vittoria a scegliere i regali cui non ho avuto tempo di pensare prima, mi arriva una telefonata del prefetto Achille Serra che mi chiede se ci possiamo vedere immediatamente. Mi precipito in prefettura e la notizia è di quelle che fanno gelare il sangue: i servizi segreti hanno informazioni su un possibile attentato aereo in Vaticano, e il pensiero va subito alla messa che il papa celebrerà a mezzanotte e alle migliaia di fedeli che si raduneranno in piazza San Pietro. Serra mi racconta di aver sentito il presidente del Consiglio, Silvio Berlusconi, il quale ha raccomandato la totale riservatezza, nell'immediato e per il futuro, anche se come tutti speriamo non debba succedere nulla. Sarà un Natale blindato, verrà persino disposta una contraerea a tutela della piazza, ma andrà tutto bene, per fortuna. Ed è con una certa sorpresa che sulla prima pagina di «Libero» del 27 dicembre – quindi appena i giornali torneranno in edicola – vedrò campeggiare una foto di Berlusconi e la notizia, data da lui stesso, del gravissimo rischio che si è corso.

A ogni modo, per tornare al 2001 e all'incontro interreligioso in Campidoglio, l'appuntamento è per il 1° ottobre. Il luogo è ancora una volta l'Aula Giulio Cesare. Ci sono proprio tutti. C'è monsignor Rino Fisichella, c'è il rabbino capo Elio Toaff, c'è il responsabile della Grande Moschea Abdullah el Radwan, ci sono Andrea Riccardi per la Comunità di Sant'Egidio e il pastore della Chiesa valdese, Paolo Ricca. Insomma, ci sono cattolici, ebrei, musulmani, ortodossi, buddisti, luterani, evangelici... È una giornata incredibile, è un sogno che si materializza. Prendiamo parte a una sorta di preghiera corale, al tempo stesso credente, interreligiosa e laica. Si sentono solo parole di fratellanza, di solidarietà con le vittime degli attentati, di impegno contro tutti i fondamentalismi e tutte le forme di violenza. Perché nessuno può permettersi di uccidere degli innocenti usando in modo blasfemo il nome di Dio. Un imam intona alcuni versetti del Corano accompagnato dalle note di un'antica melodia, dopo di lui è Uto Ughi a eseguire con il suo violino due brani di Beethoven e a riempire di suggestione quell'aula così ricca di storia.

4

Piazza Vittorio e la città riqualificata

15 settembre 2001

«Non ho tempo.» Così lasciò scritto il matematico francese Évariste Galois, forse presagendo la sua morte, ancora giovanissimo. Sono parole che per carattere – e per il costante pensiero di mio padre, che morto a trentasette anni ne ebbe troppo poco, di tempo, per riempire la sua vita – ho sempre fatto mie e che ora, da quando sono sindaco, tutti i giorni alle prese con problemi concreti e spesso urgenti, mi accompagnano praticamente in continuazione. E d'altra parte, avere un mese prima o dopo una nuova linea dell'autobus che passa vicino casa o un servizio che può seguire un parente anziano in caso di bisogno può voler dire tanto, per una persona. Significa qualità della vita.

È anche per questo che una mia vera e propria fissazione, ogni volta che c'è da prendere una decisione e definire un obiettivo, è mettere nero su bianco un cronoprogramma: date che stabiliscano il percorso e soprattutto il giorno in cui bisogna arrivare al traguardo, a ogni costo, senza incertezze o rinvii.

Faccio così anche quel giorno ai primi di luglio in cui in giunta c'è da discutere la questione, ormai annosa, dello spostamento dello storico mercato di piazza Vittorio. Storico non per modo di dire. In un quartiere umbertino nato e sviluppatosi in parallelo alla proclamazione di Roma, nel 1871, capitale del Regno d'Italia, a partire dai primi del Novecento cresce attorno ai giardini della piazza – che si chiama ovviamente Vittorio Emanuele II, ma per i romani diventa subito e solo Vittorio – il più grande mercato rionale della città, con una moltitudine di banchi che vendono prodotti alimentari e capi d'abbigliamento a prezzi vantaggiosi. Ci si viene da tutta Roma e ci si trova di tutto. In particolare nel secondo dopoguerra, quando di tutto si ha bisogno. È qui, tra questi banchi e sotto il colonnato della piazza, che inizia la ricerca del mezzo che gli è stato rubato e senza il quale non può fare il suo lavoro di attacchino comunale Antonio, il protagonista di *Ladri di biciclette* di Vittorio De Sica.

Il degrado, però, non si ferma davanti alla storia, può tranquillamente non averne rispetto. Con il passare dei decenni la situazione del mercato diventa sempre peggiore dal punto di vista igienico e sanitario, così come da quello della sicurezza, dal momento che specie di notte, dietro le strutture che coprono i marciapiedi e nascondono la vista del giardino, succede di tutto, tra piccoli spacciatori, siringhe e topi, che per la verità pure in pieno giorno si aggirano spesso e volentieri in mezzo a cibo e prodotti. Anche il traffico, come è facile immaginare, ne risente: tra carico e scarico delle merci e parcheggi improbabili dei clienti, la circolazione attorno alla piazza è perennemente congestionata. In più, come è noto, il quartiere ha assunto progressivamente e velocemente una dimensione multietnica, fedele in fondo alla sua tradizione, perché, nato per ospitare soprattutto impiegati e funzionari della nuova macchina statale, diventò quasi subito punto d'arrivo di immigrati da diverse regioni del Paese, in particolare con la nascita della stazione Termini, ultimata nel 1874. Quello della multietnicità è un aspetto che può rappresentare una ricchezza, ma che va gestito con saggezza e lungimiranza, facendo in modo che l'integrazione abbia la meglio sulla creazione di «ghetti» dove ogni comunità – che sia cinese, indiana o cingalese – finisca per chiudersi o essere di fatto rinchiusa.

Insomma, ce n'è abbastanza perché la questione di piazza Vittorio e dell'Esquilino sia ai primi posti della nostra agenda, quando iniziamo a lavorare per la città. Peraltro ho già avuto modo di occuparmene a Palazzo Chigi, da vicepresidente del Consiglio, firmando nel febbraio del 1997 con l'amministrazione capitolina guidata da Rutelli e con alcuni ministeri un accordo di programma per la riqualificazione dell'intera area e la creazione di un «nuovo mercato Esquilino», destinato a prendere il posto di quello vecchio.

Passati oltre quattro anni, però, la situazione non si è ancora sbloccata. I residenti iniziano forse a non sperarci nemmeno più, tra lungaggini e continui rinvii. E allora adotto il metodo che mi è caro e in quella riunione ai primi di luglio fisso la data: il 15 settembre sarà l'ultimo giorno dei banchi in piazza, dopo di che quelli alimentari verranno trasferiti nella ex caserma Pepe e quelli di vestiario sul plateatico antistante, all'aperto, in attesa che finiscano i lavori di ristrutturazione della ex caserma Sani. Il sopralluogo effettuato l'11 agosto, insieme al vicesindaco Enrico Gasbarra e all'assessore al Commercio Daniela Valentini, ci convince ulteriormente che non c'è più tempo da perdere. Anche perché lo spostamento del mercato deve essere solo il primo passo, al quale seguiranno il rifacimento dei marciapiedi – i più larghi che si possano trovare in tutta la città – con dei lastroni uguali a quelli dell'epoca umbertina, la pulizia e la riqualificazione dei giardini diventati ora terra di nessuno, una nuova illuminazione e lo sgombero degli abusivi che occupano il colonnato.

La mattina del 15 settembre, quindi, le saracinesche

degli oltre trecento banchi del mercato si alzano per l'ultima volta: alle dieci della sera stessa l'Ama inizierà a smantellarli, a ripulire l'area interessata e i porticati, a rimuovere dai grandi lumi anneriti la patina di smog e di polvere. I cittadini sono soddisfatti. Tra gli operatori c'è chi è subito d'accordo, perché capisce che così non si può più andare avanti, e c'è chi è preoccupato per l'attività che dovrà fermarsi e chiede un nuovo rinvio, di quindici giorni. Teniamo il punto con decisione. Siamo sicuri che si convinceranno, appena potranno riaprire. Capisco i loro timori: succede troppe volte che il tempo previsto per dei lavori finisca per raddoppiare o triplicare. Assicuro che non sarà così. Abbiamo preso degli impegni e li rispetteremo.

Bastano due settimane per convincere i più scettici: il 2 ottobre i banchi degli alimentari riprendono l'attività nella nuova struttura coperta, mentre quelli che vendono altre merci hanno riaperto, lì di fronte, praticamente subito. Contemporaneamente, riprendiamo possesso della piazza, dei suoi marciapiedi, delle cancellate, dei giardini, della «Porta magica» al loro interno. È come se una ferita si fosse chiusa, come se piazza Vittorio ritornasse a pieno titolo nella toponomastica romana. Liberata e pronta, non appena conclusi i lavori per riqualificarla in base ai progetti che abbiamo definito, per essere finalmente restituita ai residenti e a tutti i romani.

E a chi volesse una riprova che questi sono solo i primi passi, per quanto decisivi, della riqualificazione dell'Esquilino sarebbe sufficiente mostrare una fotografia dell'intero quartiere scattata dall'alto qualche anno dopo. Vedrebbe via Merulana, adesso aggredita dal traffico e ridotta ad arteria di scorrimento automobilistico, tornata a essere ciò che era molto tempo fa: un «boulevard» dedicato innanzitutto ai pedoni, grazie alla sistemazione dell'alberatura, al raddoppio dello spazio dei marciapiedi e all'utilizzo anche qui, per la loro pavimentazione, di blocchi di basalto tipici della Roma dell'Ottocento. Vedrebbe anche, al posto di un orribile capannone dismesso, un nuovo hotel a cinque stelle, l'Es, a dimostrare che la qualità non è solo prerogativa di alcune zone della città, a scapito di altre. Vedrebbe largo Leopardi, con a fianco il meraviglioso Auditorium di Mecenate, un ninfeo del 30 avanti Cristo, recuperato e trasformato dai lavori di riqualificazione. E ancora – ma ci torneremo – vedrebbe sorgere la nuova Casa dell'Architettura nell'ottocentesca struttura circolare dell'Acquario Romano, abbandonata da anni. Se infine dalla stessa foto potessero trasparire, vedrebbe gli esiti della decisione presa nel 2004 di istituire una task force per il controllo e la sicurezza delle strade e quella dell'anno precedente di vietare per un periodo di tempo il cambio di attività dei negozi con almeno quindici anni di attività e a maggior ragione il loro acquisto per farne dei magazzini all'ingrosso, così da tutelare il tessuto commerciale e artigianale del rione.

«Riqualificazione» è una delle nostre parole d'ordine. Significa lavorare concretamente e portare a termine progetti per migliorare e rendere più funzionali aree e interi quartieri della città non solo dal punto di vista urbanistico, ma da quello della loro vivibilità. Qualità in tutti i sensi, insomma. A cominciare dalla vita quotidiana dei romani. Ovunque, dal centro alle periferie. Impossibile elencare tutto, ma qualche esempio si può comunque fare.

«Pedonalizzazione», per cominciare, è il principio che vogliamo introdurre il più possibile nel centro storico di Roma. Già durante le feste di Natale del 2002 procediamo con quella del «Tridente», compreso tra piazza di Spagna e piazza del Popolo. E anche in questo caso, dopo qualche perplessità iniziale, con soddisfazione dei commercianti.

Nei mesi successivi è la volta – con nuove pavimentazioni e arredi urbani rifatti – di piazza dell'Orologio, piazza della Maddalena, piazza Capranica e piazza del Parlamento: queste ultime entrano a far parte di un unico percorso pedonale che comincia da largo di Torre Argentina.

Non lontano c'è il vero e proprio salotto della città: è piazza di Spagna, che il 2 aprile 2006 riconsegniamo all'umanità pedonalizzata con un nuovo selciato in sampietrini, marciapiedi più ampi e un piano stradale reso omogeneo per mettere in risalto la più bella scalinata del mondo, Trinità dei Monti, la fontana della Barcaccia e la colonna della Madonnina.

Un altro tassello importante, un mese dopo, è il nuovo volto di piazza San Cosimato, cuore pulsante di Trastevere. L'abbiamo trovata snaturata dalla presenza invasiva delle auto, ridotta ormai a un parcheggio a cielo aperto. Quando il 7 maggio la restituiamo agli abitanti e a tutti i romani, è completamente trasformata: è quasi del tutto pedonalizzata e offre ampi spazi di socialità, sotto il grande platano centrale un'area giochi accoglie i bambini e il mercato è razionalizzato e meno invasivo, con chioschi fissi e altri mobili. Il protiro del convento dei Santi Cosma e Damiano, prima sepolto dal livello della strada troppo alto, è riportato alla luce abbassando la pavimentazione.

Lo spostamento del mercato di piazza Vittorio intanto, in linea con l'intento di riqualificare la città intera, dà il la a una vera e propria «riscossa» dei mercati rionali di Roma, con interventi di controllo sul rispetto delle norme igieniche, un piano per dotarli di sempre maggiori servizi, il trasferimento di quelli non a norma e la nascita di nuove strutture pronte a ospitarli completamente rinnovati. È il caso del mercato di Val Melaina, che viene spostato nella nuova area di via Conti, e di quello di Testaccio che, pur salvaguardando i preziosi ritrovamenti archeologici della zona, trova la sua nuova «casa» nel centro nato appositamente di fronte al Mattatoio, tra via Franklin e via Manuzio, liberando la piazza dove si trovava da tempo, riqualificata e restituita ai cittadini. Ma è il caso anche del nuovo mercato di via Alberto da Giussano sulla Prenestina e di quello dell'Appio Claudio, che dalla vecchia sede impropria – in pratica uno spartitraffico lungo il viale – viene trasferito nella nuova sede di largo Giulio Capitolino; del mercato del Trullo, che dopo dodici anni torna rinnovato in via Campagnatico, e di quello nuovo e coperto in largo della Primavera a Centocelle, erede di quello di piazza dei Mirti. E ancora del mercato di San Lorenzo in largo degli Osci, di quello di ponte Milvio o di via Locchi ai Parioli, di Tor Pignattara o del Trionfale, dove la realizzazione della nuova struttura permetterà di liberare via Andrea Doria dai 276 chioschi che ospitava e di procedere con la sua ripavimentazione.

L'elenco potrebbe continuare, ma forse è più utile allargare il discorso facendo cenno ad altri interventi di riqualificazione. La nuova illuminazione di piazza Esedra, che esce dal buio e dal degrado di anni e torna così a essere una delle grandi vetrine della città, e gli undicimila punti luce che rendono più sicure tante strade delle periferie. Il sottopasso di piazza Fiume, che dopo quindici anni di abbandono ospita tra le altre cose una grande libreria, diventando luogo di incontro e di aggregazione culturale. La bonifica di Colle Oppio e i sette mesi di restauri che riportano il Giardino degli Aranci all'antico splendore. La ristrutturazione dei percorsi interni che uniscono tra loro i cinque palazzi di Piscine di Torre Spaccata. La rinascita del parco fluviale del Tevere a Testaccio, ridottosi negli anni a discarica a cielo aperto. La luce è un potente antidoto al degrado.

Infine, decidiamo di portare avanti una modalità di intervento di demolizione e ricostruzione che in Italia non si è ancora mai effettuata, almeno per quanto riguarda l'edilizia privata.

Tutto inizia una sera di novembre del 2001. Torno in ufficio dopo diversi impegni e iniziative in giro per la città e trovo sulla scrivania un rapporto della Commissione stabili pericolanti che sottolinea la situazione di grave pericolo in cui versano quattro edifici nella zona di via Giustiniano Imperatore, non lontano dalla Fiera di Roma. L'allarme, in quel momento, è in particolare per i due stabili di via Alessandro Severo 105 A e B, mentre gli altri sono in via della Villa di Lucina 26 A e B. Nel rapporto si dice che i pavimenti degli appartamenti arrivano ad avere pendenze di quaranta centimetri. Da non crederci: vuol dire che una pallina da tennis appoggiata per terra e lasciata libera di andare rotolerebbe da sola, così, per inerzia. Vuol dire soprattutto, in base alle valutazioni che leggo, che anche una scossa di terremoto di lieve entità rischierebbe seriamente di far venire giù ogni cosa. Bisogna prendere una decisione difficile. Lasciare la propria casa è un trauma durissimo, convincere chiunque a farlo è davvero complicato. Eppure dobbiamo procedere, e anche in fretta. Ci assumiamo la responsabilità di far sgomberare quarantotto famiglie e le sistemiamo in case comunali nei dintorni di Santa Palomba.

Dopo di che, prende il via il progetto di demolire quelli che nella zona sono sempre stati chiamati i «palazzi storti» – tre anni dopo, ancora a novembre, bisognerà sgomberare anche quelli di via della Villa di Lucina, che danno ulteriori segnali di cedimento – e di ricostruirli non lontano da dove sorgevano. Il tutto, peraltro, a costo zero per l'amministrazione comunale e con gli inquilini che per i loro nuovi appartamenti pagheranno un prezzo concordato inferiore a quello di mercato.

È il 1° agosto 2005 quando inizia la demolizione del primo stabile in via Alessandro Severo. Anche se l'iter è e sarà lungo e complesso, una storia che poteva essere davvero catastrofica finisce bene. In più, se mai capiteranno situazioni simili, sappiamo che d'ora in poi potremo contare su un programma urbanistico sperimentato ed efficace. È una delle operazioni di demolizione e ricostruzione che faranno scuola in Italia.

5

Una città a misura di bambino

7 novembre 2001

Probabilmente a molti, compresi sindaci e amministratori, l'appuntamento che mi attende la mattina del 7 novembre sembrerà poco importante, di routine, di quelli da onorare perché rientrano nel ruolo che si ricopre. Per me non è così: inaugurare un asilo nido come quello in cui sto per andare, in via Cantore a Prati, è una delle cose più importanti che potrei fare in questo momento.

Non è un grande spazio. Sono locali che prima venivano utilizzati dai vigili urbani come deposito per i cartelli stradali, che il Municipio ha individuato e che attraverso un finanziamento mirato la nostra amministrazione ha permesso di ristrutturare e trasformare in un nuovo «spazio baby» – con orari più elastici rispetto a quelli consueti di un asilo comunale – gestito da un'associazione vincitrice dell'apposito bando. Il XVII Municipio, peraltro, è guidato dal centrodestra. I giornalisti presenti si mostrano sorpresi della collaborazione che si è creata. Spiego che si dovranno abituare, perché è così che devono fare le istituzioni: nessun colore politico o spirito di parte, quando si tratta degli interessi dei cittadini, quando c'è da raggiungere un risultato da loro atteso. Figurarsi se si tratta dei cittadini migliori di tutti, dei bambini.

L'unica cosa che conta è che oggi trentadue di loro, di età compresa fra un anno e mezzo e tre anni, hanno un luogo dove trascorrere serenamente ore di gioco e di socializzazione insieme a delle brave maestre. Conta il fatto che altrettante famiglie vedono risolversi un problema che le angustiava e che magari non speravano più si potesse risolvere in questo modo. Conta che sta iniziando a prendere forma concreta un lavoro che per tutti gli anni successivi sarà per me una sorta di «felice ossessione», dal momento che viene fatto per raggiungere un obiettivo importantissimo: abbattere le liste d'attesa per avere un posto in un asilo nido, perché cinquemila bambini che hanno fatto richiesta e aspettano sono troppi, e aumentare la capacità di accoglienza, perché ottomilatrecento posti a disposizione sono troppo pochi.

Ne abbiamo discusso, non a caso, appena insediata la giunta. E già a luglio abbiamo presentato un piano articolato per arrivare a disporre, per i servizi di prima infanzia, di una «rete integrata» fatta di molte e diverse maglie, pubbliche e private.

Punteremo a costruire nuovi asili nido, ovviamente. Roma ne ha già centocinquanta, più di ogni altra città italiana, ma non basta, non è sufficiente. Amplieremo il loro numero, questo è sicuro. Il 9 novembre, per esempio, decidiamo che ne nasceranno due in periferia, nella zona di Malafede e in quella di Tor Vergata. Allo stesso tempo, però, agiremo anche in altri modi.

Tanto per cominciare, con nuovi bandi per attivare nidi recuperando strutture esistenti e facendole gestire da associazioni del settore, ovviamente con rigorosi controlli dei livelli di qualità. E poi utilizzando le ludoteche convenzionate con il Comune, individuando specifiche fasce orarie all'interno della loro normale attività. Ci adoperiamo anche affinché il maggior numero possibile di aziende, enti e ministeri creino nidi al proprio interno: se un genitore lavora vicino a suo figlio, saranno entrambi più tranquilli. E la cosa funziona, perché alla fine del 2007 avremo aperto diciassette nidi e micronidi aziendali, per accogliere ottocentoquaranta bambini. Infine lanciamo il progetto educativo sperimentale «Un ponte verso la scuola», puntando su strutture in grado di accogliere i piccoli di due e tre anni e prepararli alla fase successiva del loro percorso: è il caso per esempio della scuola Livio Tempesta, nell'XI Municipio, dove a gennaio del 2002 prende il via l'inserimento dei piccoli di questa età in classi di raccordo tra asilo nido e scuola dell'infanzia.

Una volta dispiegati tutti questi strumenti, i mesi successivi sono un susseguirsi di passi per arrivare all'obiettivo. Passi che peraltro compiamo in pressoché perfetta solitudine, vista la quasi totale assenza di un sostegno finanziario da parte delle altre istituzioni, governo nazionale in testa, ma anche Regione.

A ogni modo, quando arrivati a metà mandato, nel febbraio del 2004, inauguriamo due asili nido nel II Municipio, Il piccolo principe in via Asmara e Il mondo incantato in via India, il bilancio che possiamo fare insieme all'assessore alla Scuola Maria Coscia è più che positivo, addirittura migliore di quello che avevamo immaginato. A parte il fatto che la qualità dei nuovi nidi, per l'ambiente che ospita i bambini e gli standard che vengono garantiti, li fa assomigliare sempre di più ai mitici asili di Reggio Emilia, la cosa importante è che complessivamente a disposizione delle famiglie ci sono duemilacinquecento posti in più e le liste d'attesa sono state abbattute del 43 per cento.

Il problema, però, è che rispondere alle domande fa sì che ne nascano di nuove. E in qualche modo è anche giusto che sia così. Succede allora che tante famiglie che prima rinunciavano in partenza perché non speravano di trovare posto in un asilo, ora vedono che le cose si muovono, cambiano, e quindi fanno richiesta anche loro. Inoltre sta diventando sempre più forte la presenza dei figli di immigrati che ormai risiedono qui: hanno il diritto, come tutti i loro coetanei, di iniziare il percorso scolastico che li porterà, dovrà portarli, a essere cittadini italiani a tutti gli effetti. Insomma, i posti aumentano, anche parecchio. Ma le liste d'attesa non possono diminuire con la stessa velocità.

Vuol dire che bisogna arrendersi? Gettare la spugna? Al contrario: dobbiamo continuare, anzi accelerare. Ed è quello che facciamo. Negli anni successivi crescono nuove strutture e la rete si allarga. Al Torrino, in un edificio che prima di essere acquisito dal Comune aveva subito numerosi atti di vandalismo e danneggiamenti, nasce Zerosei, un plesso scolastico unico per bambini fino a sei anni. A San Lorenzo, in via dei Sabelli, inizia la sua attività Pinocchio, uno dei nidi più belli e più grandi di Roma. All'ospedale Spallanzani, così come al San Filippo Neri e al San Giovanni, partono tre nidi aziendali. Quelli di Mostacciano e di Trigoria, nella primavera del 2007, sono rispettivamente il ventinovesimo e il trentesimo asilo che apriamo, raggiungendo quota 180. E quando alla fine dell'anno inauguriamo una nuova struttura nella zona di Centro Giano, i numeri parlano di una missione che rispetto agli obiettivi prefissati si può dire compiuta. I nidi sono diventati 184 e i posti sono più che raddoppiati, perché è stata toccata quota 17.500. Onestamente, è davvero un risultato straordinario. Raggiunto, peraltro, senza aumentare mai, in tanti anni, l'entità delle rette, nonostante le nostre siano le tariffe più basse d'Italia.

Il principio che abbiamo seguito è semplice e sarebbe pure rivoluzionario, se diventasse norma a livello nazionale: frequentare un asilo nido deve coincidere con l'avvalersi di un servizio dello Stato, non vincolato a una domanda individuale. Deve valere quel che vale per la scuola dell'obbligo. La società è cambiata, non è più come un tempo, entrambi i genitori lavorano o devono comunque poterlo fare. Ogni famiglia, quindi, ha il diritto di veder accolti i propri figli in un asilo nido, per riuscire a conciliare tempi di vita e di lavoro. E ogni bambino ha il diritto di vivere il tempo più spensierato della propria esistenza in un luogo dove trovare amore e possibilità di socializzazione e di apprendimento. Per questo, per garantire i servizi e la continuità educativa a tutti i bambini fino a sei anni, lavoriamo con determinazione anche per potenziare le scuole dell'infanzia comunali, che arriveranno ad accoglierne circa trentacinquemila.

A volte – troppe – c'è chi non ne tiene abbastanza conto: i bambini sono persone e sono cittadini. Di loro, dei loro desideri e dei loro bisogni, società e istituzioni devono avere una cura speciale.

Anche per questo, per ascoltare la loro voce e coinvolgerli in decisioni che li riguardano, insieme all'ideatore del progetto «La città dei bambini», Francesco Tonucci, abbiamo pensato di istituire a Roma un consiglio comunale composto proprio da bambini. Si riunisce in Aula Giulio Cesare, la prima volta, il 19 novembre 2001, non a caso in occasione della Giornata internazionale per i diritti dell'infanzia e dell'adolescenza. I piccoli consiglieri prendono molto sul serio il loro lavoro, non solo quel giorno – quando molti interventi sono rimproveri ai grandi per la scarsa cura della pulizia della città –, ma anche nel corso di tutte le successive sedute. Chiedono più verde e più aree per giocare, vogliono che il Comune faccia in modo di mandare tanti libri ai piccoli malati che una loro delegazione è andata a trovare insieme a me al Bambino Gesù.

Cosa che facciamo, ovviamente. Così come organizziamo con le scuole il premio per la creatività «Inconsupertrafra» e insieme all'assessore all'Infanzia Pamela Pantano promuoviamo, oltre al «Giorno del gioco» con una miriade di iniziative in tutta Roma, la nascita di diverse ludoteche che vanno ad affiancare l'attività del Museo Explora, a cominciare dalla Limonaia a Villa Torlonia e dalla Casina di Raffaello a Villa Borghese. Quest'ultima è uno splendido edificio neoclassico realizzato alla fine del Settecento. Fin da bambino, quando giocavamo a pallone nel grande prato di piazza di Siena, mi era capitato di notare delle auto parcheggiate inopinatamente nel giardino che sovrasta la grande area verde. Diventato sindaco ho accertato che l'edificio è stato abitato per anni da privati, che l'affittavano a un prezzo irrisorio e lo consideravano un bene privato. Abbiamo preteso tornasse nella piena disponibilità del Comune. Ricordo decine di telefonate di personalità di tutte le aree politiche che mi chiedevano di soprassedere. Invece abbiamo riconsegnato alla città quello spazio, abbiamo portato a termine in due anni i lavori necessari e ora è un vero e proprio regno dei bambini: sono in ventiseimila a frequentarlo, nei primi dodici mesi di attività.

Stesso impegno, se non addirittura maggiore, dedichiamo ai minori costretti a vivere in una pesante situazione di disagio sociale. Per i più piccoli sono a disposizione gli operatori del Polo per l'infanzia di via del Casaletto, composto da miniappartamenti per madri e figli curati fin nei minimi particolari, per consentire ai bambini di trascorrere questa difficile fase della loro vita nel modo più sereno possibile. Tra loro c'è anche chi la mamma non l'ha nemmeno con sé. All'inizio del 2003 viene ospitata Carlotta, per esempio, che si chiama così perché è stata trovata, appena nata, avvolta in una coperta di fronte all'ingresso dell'ospedale San Carlo.

Sempre per i minori in grave difficoltà, per accompagnare e sostenere coloro che desiderano prenderli in affidamento o in adozione, c'è invece, a Villa Lais, il Centro Pollicino. E poi, senza dover necessariamente arrivare ai contesti più duri e complessi, bisogna considerare quanti nuclei familiari vivono una situazione economica non facile, con possibili conseguenze sui figli: per questo decidiamo, nel settembre del 2003, di non aumentare le tariffe delle mense e dei trasporti scolastici e di varare un «kit» a 25 euro per frenare, se non proprio azzerare, il «caro scuola».

E così, quando all'inizio del 2008 esce la classifica di Legambiente «Ecosistema bambino», che passa in rassegna e valuta le politiche per l'infanzia dei capoluoghi di provincia italiani, il raggiungimento del terzo posto – rispetto al diciassettesimo di pochi anni prima – dà il segno di quanto Roma stia davvero diventando, sempre di più, una città a misura delle bambine e dei bambini che la abitano.

6

Via Ventotene, il dolore di una comunità

27 novembre 2001

Sono passati sei mesi esatti, appena sei mesi, eppure arriva già. Il giorno più brutto. Non solo da quando sono sindaco. Ma per tutto il tempo in cui lo sarò. Negli anni che verranno capiteranno momenti molto difficili, non mancheranno occasioni tristi, di preoccupazioni ce ne saranno tante. Quel giorno però, il 27 novembre 2001, è così doloroso da restare una ferita indelebile. Per le persone coinvolte, per me e per tutta la città.

Non sono a Roma quando succede. Sono arrivato da poche ore a New York per una serie di incontri con investitori americani e prima ancora per ribadire al sindaco Rudolph Giuliani, dopo gli attentati dell'11 settembre, quella solidarietà che i romani hanno espresso subito in modo così sentito e partecipato. Ho appena il tempo, una volta atterrato, di andare in albergo per una rapida cena e quindi in stanza a dormire in vista degli impegni del giorno dopo. Sarà una telefonata in piena notte, di lì a non molto, a informarmi di quanto è accaduto in via Ventotene, nel popolare quartiere di Val Melaina, quando la mattina è iniziata da poco.

Alle nove e venticinque la via è tranquilla come sempre, con i suoi palazzi anni Sessanta e i negozi aperti, e con alcuni tecnici dell'Italgas che stanno lavorando davanti al civico 32 perché hanno ricevuto segnalazioni di un forte odore di gas che si sente fin dalla strada. A dire il vero è già dalla sera prima che è così. I colleghi che sono intervenuti hanno creduto di aver individuato la causa in una macchina alimentata a gpl parcheggiata proprio lì vicino. Ma evidentemente no, deve essere altro, perché è passata una notte e l'odore è sempre più forte. Per cercare di capire quale sia l'origine del problema è arrivata anche una squadra di vigili del fuoco, la 6A, del distaccamento Nomentano di via Romagnoli.

Alle nove e ventisei la strada si trasforma in uno scenario di guerra. Una tremenda esplosione, con un boato che sale dal sottosuolo, fa saltare per aria un palazzo, l'asfalto e i marciapiedi, con le macchine che volano e un motorino che finisce sul balcone di un edificio di fronte. Il silenzio irreale che si crea è spaventoso, ma dura un attimo, spezzato dalle grida dei feriti e dalle parole urlate e concitate di chi accorre a vedere cosa è successo e a prestare i primi aiuti. I soccorsi arrivano in un quarto d'ora, sono tempestivi, sono efficienti, nonostante non sia difficile immaginare la drammaticità di quei momenti. Le divise blu e nere della polizia e dei carabinieri si mischiano a quelle verde scuro dei vigili del fuoco, che soccorrono ed estraggono dalle macerie i primi corpi, di loro compagni e di tre donne, affiancati da medici e infermieri scesi dalle ambulanze accorse sul posto. Ci sono anche il vicesindaco Gasbarra e l'assessore alla Sicurezza Liliana Ferraro, che da magistrato ha lavorato con Giovanni Falcone e che davanti a un inferno simile deve essere tornata con la memoria alla strage di Capaci.

Questo è il terribile quadro che mi sento fare quando, a New York, mi sveglio per rispondere al telefono. Sono dall'altra parte dell'oceano, ma non c'è nemmeno bisogno di starci a pensare, non si può neanche definire una decisione da prendere. Il posto di un sindaco, in un momento del genere, è vicino ai suoi concittadini. Sono appena arrivato, ripartirò immediatamente.

Il primo volo disponibile è nel pomeriggio. Le ore di attesa, sapendo del dramma che si sta vivendo a Roma, saranno una tortura, lo so. Tanto vale mantenere gli impegni della mattina, tra i quali quello con il comandante del Fire Department di New York, che è un italo-americano e si chiama Daniel Nigro. Com'è strana e imprevedibile, la vita. Sono venuto a portare solidarietà agli eroi dell'11 settembre e invece eccomi qui che la ricevo, con lui che mi dice di abbracciare da parte sua i colleghi romani, perché «tutti i vigili del fuoco sono fratelli». Ed è con un'emozione ancora più grande di quella che prevedevo di provare, che vado a visitare Ground Zero. Nemmeno tre mesi dopo sono in quel luogo, davanti a quel vuoto che ha preso il posto delle Torri Gemelle, e penso alle vittime di via Ventotene, alle loro vite spezzate, al dolore dei parenti, all'angoscia di tutte le persone rimaste senza una casa, senza più nulla.

Quando atterro a Fiumicino, la mattina dopo un po' prima delle otto, il tragitto verso il Campidoglio e una rapida riunione della giunta mi servono per dare disposizioni e per sapere di più. Gli uomini della squadra 6A che hanno perso la vita, uccisi dalla violentissima onda d'urto che li ha investiti, sono Fabio Di Lorenzo, Sirio Corona e Danilo Di Veglia. Un altro, Alessandro Manuelli, è ricoverato in condizioni disperate. Sono morte anche Maria Grosso, la parrucchiera che aveva lì il negozio, insieme alla figlia Fabiana Perrone e all'anziana cliente Elena Proietti. Dormiva ancora nel suo letto, invece, un'altra vittima, il cui corpo non viene subito rinvenuto. Si chiamava Michela Camillo, era una ragazza scozzese, anche se di chiare origini italiane. Le famiglie coinvolte, alloggiate in residence e alberghi, sono circa quattrocento. Per la maggior parte di loro si tratta di una sistemazione provvisoria, solo il tempo di garantire, in pochi giorni, le condizioni minime per poter tornare a casa. Il problema più grande è quello degli inquilini del civico 32, perché il loro palazzo di fatto non esiste più e i lavori saranno inevitabilmente molto lunghi.

Arrivo in via Ventotene alle undici. La strada è chiusa, tutto è transennato. Sembra la scena di un terremoto, di un bombardamento. Mi si fanno incontro il prefetto Emilio Del Mese, il questore Giovanni Finazzo e il comandante dei vigili del fuoco, Luigi Abate. Soprattutto, si avvicinano per parlare, per sapere, per avere rassicurazioni, molti abitanti del quartiere. Sono colpito dalla distruzione e dall'evidenza della tragedia che si è consumata, non c'è dubbio. Ma ho immediatamente, altrettanto chiara, la percezione di come ad accompagnare il dolore e le preoccupazioni ci siano, da parte di tutti, una compostezza e un senso di solidarietà davvero incredibili. C'è anche rabbia, come è giusto che sia di fronte a un dramma che con ogni probabilità poteva essere evitato, ma anche questa rabbia non diventa mai accusa generica o invettiva contro tutto e tutti. È richiesta di verità e di giustizia, di fronte alla quale rispondo che il Comune si costituirà parte civile, per rappresentare tutti i cittadini nel processo che dovrà accertare se ci sono responsabilità e in tal caso di chi. Non mancano, e mi fa piacere, parole di apprezzamento sia per come ha funzionato la macchina dei soccorsi, sia per le prime misure prese dal Comune per assicurare a tutti un tetto sotto cui dormire.

Un punto di riferimento fondamentale, a proposito di accoglienza, è diventata intanto la parrocchia del Santissimo Redentore, dove don Gaetano si prodiga in mille modi, a cominciare dalla mensa d'emergenza che è riuscito ad allestire già a poche ore dall'accaduto. Dopo il pomeriggio passato all'ospedale Sandro Pertini e poi al policlinico Umberto I a trovare gli altri vigili del fuoco feriti e a cercare di confortare i loro parenti, è lì, in parrocchia, durante il pranzo del giorno successivo, che ho la conferma di quanto ho percepito. Istituzioni, forze dell'ordine, volontari e persone che hanno appena visto sconvolte le loro esistenze: tutti sono uniti da un sentimento e da un obiettivo comune, tutti vogliono procedere nella stessa direzione, per superare questo momento nel migliore dei modi e riportare vita e serenità nel quartiere.

Ma è l'intera città a essere attraversata da una grande emozione collettiva. La prova più intensa, anche se più triste, la danno i funerali che si svolgono il sabato successivo, il 1° dicembre. Sono due cerimonie distinte, entrambe organizzate dal Comune. Le quattro donne vivevano lì, è giusto che a salutarle nel pomeriggio, nella chiesa del Santissimo Redentore, ci sia tutta Val Melaina. Nella camera ardente i parenti non vogliono telecamere e nemmeno autorità, ma non c'è alcuna polemica in questa richiesta, solo discrezione e desiderio di intimità. Fanno eccezione per me e mi ringraziano per la vicinanza, ma sono io che ringrazio loro, perché un migliore riconoscimento per quello che sto provando a fare insieme a tutta l'amministrazione davvero non potrei averlo.

La cerimonia solenne per i tre vigili del fuoco – il quarto, Manuelli, morirà proprio il giorno dopo – si tiene invece la mattina in piazza della Repubblica, nella basilica di Santa Maria degli Angeli, a poche centinaia di metri dal loro Comando provinciale, che si trova in via Genova. Insieme al presidente Ciampi e a sua moglie Franca, a stringersi attorno ai feretri coperti dal tricolore e ai familiari, fuori dalla basilica e poi lungo il corteo che scende su via Nazionale, sono migliaia di romani commossi, in un silenzio rotto solo dagli applausi che si alzano al passaggio delle autoscale rosse.

Trascorsi altri due giorni, mentre tutti gli altri inquilini costretti a lasciare le loro case sono potuti rientrare o stanno per farlo, propongo alle ventiquattro famiglie del palazzo distrutto di trasferirsi, ovviamente a spese del Comune, nel residence Parco Salario, che si trova in via Suvereto, a quattrocento metri in linea d'aria da via Ventotene. È un'ottima sistemazione, sono appartamenti di due o tre camere molto belli e confortevoli, e tutti accettano di buon grado, optando per questa soluzione e rinunciando all'altra possibile, vale a dire un contributo di un milione di lire al mese per un affitto ovunque scelgano di andare. È importante che tutti restino insieme e che nessuno debba allontanarsi dal quartiere, dalla vecchia casa, dal luogo dove tornerà a vivere vicino agli altri. Era ciò che volevamo, ci siamo riusciti.

L'impegno che prendo – e che, sinceramente, manterrò – è quello di far sentire sempre, a tutti loro e al quartiere, la vicinanza mia e dell'amministrazione, anche quando i riflettori si spegneranno e ci sarà solo da continuare a rimboccarsi le maniche e lavorare sodo per tornare alla normalità. Ormai si è stretto un rapporto di fiducia forte, sincero, che proseguirà. Intanto ogni volta che don Gaetano organizza un pranzo collettivo in parrocchia e mi invita, quello diventa l'impegno assoluto in agenda, impossibile cancellarlo, qualsiasi cosa accada; è così quello stesso mese, il 23, antivigilia di Natale, come pure il novembre seguente, quando ci si ritroverà tutti insieme per ricordare le vittime a un anno di distanza e per intitolare ai pompieri caduti una scuola elementare del quartiere che si chiamerà Angeli della città. In mezzo, nel giugno del 2002, decidiamo che tutti gli inquilini costretti a vivere fuori casa non dovranno pagare l'Ici. Non manca nemmeno un momento di festa, quando il 7 dicembre di quello stesso anno Gisella ed Enzo, che sono tra gli ospiti più anziani del residence, festeggiano i loro cinquantatré anni di matrimonio in Campidoglio e io ho il piacere di risposarli, con la cerimonia civile che si tiene nella Sala delle Bandiere. È il più bel segno di speranza e di ritorno alla normalità degli affetti.

Una normalità che torna quasi a essere completa il 27 settembre 2004, quando finalmente terminano i lavori di ricostruzione del palazzo al civico 32 e si può tornare a casa. Quella mattina ci sono tutti. In segno di buon augurio è l'inquilina più piccola, una bambina di dieci anni, ad aprire il portone e a entrare per prima nel nuovo edificio, che ora è il più bello della via. Tra gli applausi e i sorrisi, anche se velati da un po' di tristezza ricordando chi non c'è più, è Gisella a trovare le parole giuste, a dire: «Gente mia, così uniti prima della disgrazia non eravamo stati mai...».

È davvero così. E vale non solo per loro, ma per la città intera, che pensando a quei giorni e alla prova di unità e di solidarietà data da tutti ha mostrato il suo volto migliore. Si è sentita l'anima di una comunità che si stringe per affrontare una tragedia condivisa da ognuno. A volte me lo sono chiesto, in seguito, e la risposta è sì, probabilmente è stato proprio questo il momento in cui è iniziato quel tentativo di «fare comunità» che è stato lo spirito del nostro lavoro nei successivi sette anni.

7

Gli anziani di Roma, «Non più soli»

11 febbraio 2002

Una città che sia davvero una comunità è innanzitutto una città in cui nessuno si sente escluso o lasciato ai margini, dimenticato da chi dovrebbe, o semplicemente potrebbe, occuparsi di lui. La prova di solidarietà e di partecipazione che Roma ha dato nei giorni della tragedia di Val Melaina è stata straordinaria. Ma la sfida da vincere è quotidiana. Si gioca sul terreno della vita reale delle persone, dei loro bisogni, dei problemi che devono affrontare. Specie se si trovano in una situazione di fragilità: dalla nascita, per un evento che ha cambiato – anche solo temporaneamente – la loro esistenza, o in modo più naturale per le difficoltà che aumentano con l'età che avanza.

A Roma oltre duecentocinquantamila persone hanno più di settantacinque anni e circa la metà di queste sono ottuagenarie. Basta una cifra del genere per dare la dimensione della questione e spiegare perché all'inizio del nuovo anno uno dei primi progetti che vogliamo avviare riguarda loro. O meglio, quelle che tra loro hanno bisogno di particolare assistenza e sostegno.

Il 2001, peraltro, si è chiuso con un ulteriore momento di grande paura, che ha fatto temere il ripetersi di qualcosa di simile a quanto successo in via Ventotene. È il giorno di Natale, un po' dopo l'ora di pranzo. All'Aventino, lungo viale della Piramide Cestia, dai tombini prima comincia a uscire fumo, poi lingue di fuoco alte tre, quattro metri, con un odore acre di plastica bruciata che si espande dappertutto. L'illuminazione salta, migliaia di famiglie restano al buio, la zona si riempie di sirene e lampeggianti della polizia, di camion dei vigili del fuoco e di tecnici dell'Acea, mentre la polizia municipale chiude al traffico l'intera area. In un primo momento la cosa pare risolversi, poi le fiamme riprendono il sopravvento. Sembra che tutto parta dalle condotte sotterranee dove passano cavi elettrici e fibre ottiche che si sono surriscaldati provocando un cortocircuito e un incendio.

Arrivo sul posto e le prime due parole che mi vengono in mente, mentre mi invitano a indossare una mascherina per resistere al fumo, sono «inferno» e «incubo». Dalla sala operativa d'emergenza allestita nella Sala bingo di viale Aventino si decide di far arrivare dal distaccamento dell'aeroporto di Fiumicino un certo numero di Dragon, gli automezzi dei pompieri dotati di schiumogeni. Viale della Piramide Cestia sembra rivestito di un surreale tappeto di neve: tonnellate di schiuma vengono sparate sull'asfalto incandescente per abbassare la temperatura – sottoterra si sono raggiunti gli ottocento gradi – e consentire ai vigili del fuoco di scendere nelle gallerie e di intervenire in altri punti rompendo il manto stradale. Nelle case torna la luce, alle dieci di sera le fiamme più pericolose sono spente. Considerando la gravità dell'incidente e il fatto che è Natale, ancora una volta è stata data una prova d'efficienza. La paura che potesse succedere qualcosa di peggio, però, è stata davvero tanta. L'agenzia che abbiamo appena creato per mappare il sottosuolo di Roma e occuparsi della sua sicurezza avrà da affrontare un lavoro enorme.

Il nuovo anno, dunque, ci vede subito al lavoro anche per una sorta di desiderio di «normalità» dopo i diversi momenti difficili, per non dire drammatici, vissuti nell'ultimo periodo.

È stato messo a punto con grande impegno dell'assessore alle Politiche sociali Raffaela Milano, l'abbiamo presentato alla stampa tre giorni prima: l'11 febbraio possiamo finalmente far partire il progetto di teleassistenza «Non più soli», che si occuperà degli anziani direttamente a casa loro, in modo rivoluzionario, grazie alla tecnologia. L'idea è innovativa, sì, ma semplice. Nell'abitazione della persona assistita viene installato un apparecchio vivavoce collegato a una sala operativa in cui si trovano psicologi e assistenti sociali. A orari concordati e anche più volte al giorno, un operatore contatta l'anziano – il contrario è possibile sempre, anche di notte – per parlare e fargli compagnia, per aiutarlo a sentirsi meno solo o calmare un eventuale stato di ansia, mentre in caso d'emergenza è ovviamente pronto a chiamare il medico di base o il 118, come anche i parenti, gli amici e i vicini che gli sono stati indicati dall'assistito.

A qualcuno, magari giovane o in perfetta salute, potrà sembrare poco, invece è una di quelle cose che possono cambiare la vita di una persona. È così per la signora Fernanda, per esempio, che ha ottantasette anni ed è tra le prime ad aver scelto di avvalersi della teleassistenza. Proprio per questo vado a trovarla a casa sua, in via Bodoni, a Testaccio, e in un'ora mi racconta tutta la sua vita, di ieri e di oggi. L'infanzia trascorsa nella casetta proprio sotto il Campidoglio, fin quando Mussolini iniziò i famosi «sventramenti» per far nascere via dei Fori Imperiali. Il giorno che portò il caffè a Totò nel camerino del Teatro Eliseo, dove lavorava sua madre. L'arrivo nella casa dove vive tuttora, nel 1942, in piena guerra, dopo aver sposato Marcello, che lavorava ai Mercati generali. Il matrimonio felice fino alla morte del marito, nel 1973, e la solitudine degli ultimi venticinque anni, dopo che i due figli, ormai grandi, sono andati via. Ora c'è questa novità che le piace molto: ha un giovane assistente personale, si chiama Enzo, che le telefona ogni giorno per chiederle di cosa ha bisogno o semplicemente per domandarle come va. Chiacchierare le piace – me ne sono accorto – e sapere che in qualsiasi momento c'è qualcuno pronto ad ascoltarla le dà tranquillità. La cosa bella, poi, è che una volta parlato con Enzo, va a trovare due anziane signore che abitano al piano di sopra, «perché sono ridotte un po' male» mi dice «e mi fa piacere passare del tempo con loro».

Ecco, quando esco da casa di Fernanda penso che dentro questa storia ci sono tutti gli elementi giusti per poter dire che costruire uno «spirito di comunità» è possibile. Ci sono le istituzioni che fanno funzionare bene un servizio utile per i cittadini e ci riescono anche perché collaborano tra loro, come in questa circostanza fanno il Comune, Acea e Farmacap. Ci sono operatori e volontari che mettono tutta la loro competenza e la loro passione civile nell'attività che sono chiamati a svolgere. Ci sono persone, in questo caso anziani, che beneficiano di un ottimo lavoro e ne ricavano, oltre a un sostegno immediato, una carica di energia che mettono a disposizione di chi magari sta peggio di loro.

Riflettiamo, con Raffaela Milano, sulla necessità assoluta di aumentare, entro un po' di tempo, le persone che seguiamo con la teleassistenza, che a ogni buon conto sono già millequattrocento. Diventa un impegno costante, questo. Un obiettivo da raggiungere a tutti i costi. E ci riusciamo, anche perché a un certo punto della sfida possiamo contare sulla generosità di un sostenitore d'eccezione, che risponde al nome di Francesco Totti.

Che lui ami Roma, non è difficile capirlo. Per legare per sempre la propria carriera e la propria vita ai colori di una sola maglia, quella della squadra della città in cui si è nati e cresciuti, ci deve essere un rapporto fortissimo, è evidente. Che Francesco – lo chiamo così, confidenzialmente, perché è proprio in quei mesi che nasce un legame di amicizia e di affetto che durerà nel tempo – abbia un cuore grande, lo comprendono tutte le persone, anziane e non, che si ritrovano a Trigoria la mattina del 9 aprile 2004 per una piccola cerimonia del tutto particolare.

È uscito da non molto, e nella Capitale è chiaramente andato a ruba, il libro *Tutte le barzellette su Totti (raccolte da me)*. Metà dei proventi che gli spettano, circa 220.000 euro – l'altra metà la dà all'Unicef –, Francesco decide di consegnarla a me, al Comune di Roma, per finanziare la teleassistenza. Lo fa proprio nel centro sportivo giallorosso, quel giorno, in mezzo a tanti anziani che applaudono e scherzano come ragazzini, anche se inneggiano a un idolo che potrebbe essere loro nipote. Grazie alla sua generosità, entrano immediatamente a far parte del programma altri quattrocentotrenta anziani, compresi tanti dei presenti. In tutto, in quel momento, arrivano così a tremilaseicento. Alla fine, meno di quattro anni dopo, saranno oltre settemila.

E questo è solo un pezzo, per quanto importante, del vasto ingranaggio che abbiamo costruito per non lasciare soli e per coinvolgere gli anziani che vivono a Roma. Coinvolgere, sì. Perché molte delle persone che hanno superato i sessantacinque anni si fa persino fatica, ormai, a considerarle anziane. Sono, piuttosto, una straordinaria risorsa. E così anche molti altri ancora più avanti con l'età. È un'ottima cosa che tutti loro dispongano di una rete di centri anziani ben organizzati ed efficienti, e noi questa rete infatti la potenziamo, aprendo ventidue nuovi centri e ristrutturandone ventisei. Ma è importante attivare circuiti virtuosi tra generazioni diverse. La città, il quartiere dove una persona vive, la comunità di cui fa parte possono diventare un luogo di scambio, nel quale ciascuno ha l'occasione di dare qualcosa all'altro.

Non si spiega se non così il successo delle iniziative che facciamo partire all'inizio del primo mandato e che poi nel corso del tempo crescono, quanto a partecipazione, in modo esponenziale. È il caso del programma «Un amico per la città»: cinquecento «nonni» davanti a settantatré scuole materne ed elementari diventano subito un punto di riferimento per i bambini, che scendono dall'auto dei genitori e attraversano la strada più tranquilli, se sanno che c'è chi vigila con premura su di loro e li accompagna al portone con un sorriso; dopo sette anni i volontari coinvolti si moltiplicheranno e saranno duemilacinquecento, e così le scuole, quasi trecento. Discorso analogo vale per le «Sentinelle nei parchi», ovvero gli anziani che mettono a disposizione tempo ed energie per svolgere un'importante funzione di assistenza per coloro che frequentano aree verdi e ville e per prevenire atti vandalici al loro interno. O ancora per il progetto «Nonni su Internet», attraverso il quale centinaia di ragazzi delle scuole romane insegnano agli anziani – che «ricambiano» andando in classe a raccontare il tempo e il mondo che hanno vissuto – a usare Internet e i nuovi strumenti digitali. È l'idea di affermare una «circolarità» delle esperienze umane in città, che consenta a ciascun gruppo sociale o anagrafico di scambiare con gli altri il proprio sapere. Con lo stesso spirito, peraltro, utilizziamo per la tutela del decoro urbano le cooperative di reinserimento degli ex carcerati, sulla scia di un progetto nato ai tempi di Petroselli.

Per tornare agli anziani, è così che continuiamo a muoverci, seguendo una sorta di «doppio binario»: da una parte promuoviamo la socialità e la vita attiva di chi si sente ed è in condizione di dare e di fare ancora molto, dall'altra sosteniamo chi è più fragile e ha bisogno e cerchiamo di farlo quanto più possibile a casa sua, nel suo quartiere, lì dove ha i suoi affetti e i suoi riferimenti.

Servono a questo, per esempio, i «Pony della solidarietà», che si integrano alla perfezione con la teleassistenza e vanno a casa delle persone anziane che hanno difficoltà a uscire e a muoversi per portare loro la spesa o le medicine, per dare un aiuto sbrigando qualche faccenda domestica, per accompagnarle a messa o a fare una passeggiata. È un servizio che parte nel 2003 e che quattro anni dopo arriva a coinvolgere duemila volontari, che si muovono con motorini del Comune e assistono più di diecimila persone. Il periodo più intenso della loro attività è naturalmente l'estate, quando tutti gli interventi dispiegati dall'amministrazione rientrano in un programma, chiamato «Nonna Roma», che tra le altre cose prevede la messa a disposizione di una serie di pulmini per trasportare gli anziani ovunque abbiano bisogno e l'allestimento di «oasi cittadine», come quelle di Ostia e del lungotevere Capoprati, dove poter passare giornate di svago e di socializzazione, perché il diritto a un po' di vacanza e di serenità non ha certo limiti d'età.

Facciamo tutto questo perché abbiamo un'idea precisa di cosa debba significare raggiungere una determinata età continuando a far parte della stessa comunità che si è contribuito a costruire, con il proprio lavoro e il proprio impegno, per tutta una vita. Una vita, tantissime vite, che meritano opportunità e rispetto.

8

Capitale di pace

20 marzo 2002

Roma, per dirlo con la semplicità di uno slogan, è una città fatta per la pace. È una cosa in cui credo profondamente. Si potrebbe provare a motivare questa mia convinzione attraverso mille ragionamenti. Si potrebbe risalire alla storia di un luogo in cui gli ebrei arrivarono cento anni prima della nascita di Cristo e che ha avuto dei berberi e degli arabi ante litteram tra i suoi imperatori. Si potrebbe dire di come questa sia la sede, da secoli, della massima autorità del cattolicesimo, con la sua connaturata ispirazione universale. Si potrebbero rivendicare anche lo speciale spirito di tolleranza figlio dell'essere da sempre crocevia di popoli e di culture e la sana ironia per le cose del mondo che tutte queste circostanze hanno sedimentato nell'animo dei romani; caratteristiche che quasi si respirano nell'aria cittadina, insieme alle sue pigre bellezze e ai suoi colori.

Ma si può anche, più semplicemente, ricorrere ad altre immagini, legate proprio a quanto stiamo cercando di fare adesso, in questi mesi e anni, nel pieno della decisiva curva della storia che il mondo sembra aver imboccato dopo l'11 settembre.

La prima immagine è della sera del 20 marzo, sotto il Colosseo. È il ricordo di un piccolo miracolo, racchiuso in un abbraccio davanti a una folla silenziosa e commossa. Sono migliaia di persone, hanno appena partecipato alla fiaccolata per la pace in Medio Oriente che abbiamo voluto organizzare in un momento cupo, difficile, dopo gli attentati che a dicembre hanno fatto strage di civili israeliani a Gerusalemme e a Haifa, mentre i carri armati dell'esercito di Israele circondano il quartier generale di Arafat a Ramallah. È proprio quando il buio si fa più fitto, però, che c'è bisogno di accendere una luce. E noi scegliamo di farlo con le fiaccole che partono dal Campidoglio e riempiono via dei Fori Imperiali. Nessuna bandiera di partito, nessuna parola d'ordine di parte. Solo cittadini. La comunità ebraica e quella palestinese. E tantissimi italiani. Per condividere, insieme, quel che invoca lo striscione dietro il quale sfilano tutti: «Pace e sicurezza in Medio Oriente. Due Popoli e due Stati». Doveva essere l'unico. All'ultimo momento però se ne è aggiunto un altro, che chiede di essere «Uniti contro il terrorismo». Sì, perché la sera prima, a Bologna, mentre tornava a casa, è stato assassinato Marco Biagi, un economista, un riformista, uno studioso al servizio delle istituzioni. Ucciso da persone che si firmano ancora, nel 2002, «Brigate rosse», e che davvero sembrano rimaste intrappolate in un altro tempo, sembrano uscite da qualche caverna oscura, come ha detto due anni prima Olga D'Antona, moglie di Massimo, anche lui morto per le sue idee, freddato a colpi di pistola sotto la sua abitazione, mentre andava al lavoro.

Per la pace e a difesa della democrazia, dunque. È per questo che si ritrovano in tantissimi sotto il Colosseo, accolti dalle note di *Imagine* di John Lennon cantata da Khaled e Noa, lui algerino, lei israeliana. Solo Roma può regalare una serata così. Solo su quel palco e in quel momento può succedere di assistere all'abbraccio tra Tibi Schlosser, consigliere dell'ambasciata d'Israele, e Nemer Hammad, storico rappresentante dell'Autorità nazionale palestinese in Italia.

Lo so, a prestar fede solo agli ultimi avvenimenti, da un accordo di pace in quella terra martoriata siamo forse lontani come non mai. Ma abbiamo appena assistito a un segno di speranza e insieme all'anticipazione di un futuro che prima o poi, un giorno, dovrà arrivare, perché non c'è altra strada possibile. Mi vengono in mente, mentre sono lì, emozionato come tutti i presenti, le parole di uno scrittore israeliano: quando quel giorno verrà, sorrideremo assistendo alla scena di un ambasciatore palestinese che presenterà le sue credenziali al presidente di Israele e poi ci verrà da piangere, al pensiero delle morti inutili e del sangue innocente che saranno stati spesi perché si arrivasse dov'era inevitabile arrivare.

Certo, quel giorno non giungerà da sé, non pioverà dal cielo. Servirà la volontà degli uomini, serviranno intelligenza politica e tenacia. E già da ora occorre fare dei passi, creare spazi dove la storia possa in qualche modo cominciare. Con iniziative concrete, per quanto possibile. Insieme al mio consigliere diplomatico, Marco Baccin, decidiamo per questo di aprire un Ufficio per la pace a Gerusalemme, gestito dal Campidoglio insieme alle Associazioni Italia-Israele e Italia-Palestina: un centro di coordinamento per la cooperazione decentrata e un luogo di incontro, di scambio e di dialogo tra i due popoli.

Questa è la missione che Roma sente di avere, che vogliamo portare avanti. Anche un concerto, anche la musica può servire, se costruisce occasioni e crea simboli. Specie se tutto avviene in una cornice unica, come accade la sera dell'11 maggio di quello stesso anno. Stavolta non siamo fuori dal Colosseo, ma al suo interno. È successo solo nel 2000, nell'anno del Giubileo, per una rappresentazione dell'*Edipo Re*. Ora tocca alla musica, a Khaled e a Noa accompagnata al pianoforte da Nicola Piovani, ad artisti afghani, irlandesi, balcanici, argentini, africani, di tutte le parti del mondo in cui si vivono situazioni difficili, in cui si è combattuto o si combatte. E ad aprire la serata, le note inconfondibili di *Georgia on My Mind* di un mostro sacro come Ray Charles. Forse è per la magia che avvolge tutto, ma il miracolo dell'abbraccio tra Hammad e Schlosser si ripete e, anzi, assume un valore ancora più grande, per il ruolo che ricoprono i protagonisti: a stringersi la mano sul palco, tra giochi di luce e un suggestivo volo di colombe, sono il ministro degli Esteri israeliano Shimon Peres, mio vecchio amico, e il consigliere economico di Arafat, Muhammad Rashid.

Peres otto anni prima ha ottenuto, insieme a Rabin e allo stesso Arafat, il premio Nobel per la pace. Hanno avuto il merito di firmare gli accordi di Oslo, che hanno fatto arrivare tutti a un passo dal traguardo, grazie anche alla mediazione degli Stati Uniti di Bill Clinton. Il conflitto israelo-palestinese non si è poi risolto, si sa. E qui basti far cenno a quanto siano vere le parole dello stesso Peres, a proposito del fatto che «in realtà quando si negozia lo si fa con il proprio stesso popolo, che poi sempre, da una parte come dall'altra, recriminerà e verrà a chiederti perché hai concesso così tanto». Resta il fatto che riprendere quel filo è indispensabile. C'è bisogno di una nuova Oslo, e Roma è pronta. E non solo a parole, non solo a livello di buone intenzioni.

Lo posso ammettere soltanto in seguito, un paio di mesi dopo, a luglio, quando la notizia alla fine trapela, e non dall'Italia: da metà agosto a dicembre dell'anno precedente si sono svolte, a Roma, trattative segrete tra israeliani e palestinesi, che hanno avuto come protagonisti il presidente del Parlamento palestinese Abu Ala e uno dei principali negoziatori per Israele degli accordi di Oslo, Uri Savir. È stato lui a chiamarmi, poco tempo prima, annunciando che intendeva chiedermi un grosso piacere, ma soprattutto dicendomi che doveva poter confidare nella mia assoluta discrezione, perché solo in tal modo si sarebbe potuto intavolare un negoziato di questa portata. Roma gli appare la sede ideale, per la sua storia e per le buone relazioni che la città e il Paese mantengono con entrambe le parti. La situazione, tuttavia, è pessima, siamo in piena seconda Intifada, a Gaza ci sono i tank e a Tel Aviv i kamikaze. Nessun dialogo alla luce del sole è ammesso. A me viene chiesto di avere un ruolo, per così dire, di «facilitatore», di garantire sicurezza e riservatezza, e per questo non ne faccio parola con nessuno. È molto difficile non poter riferire nemmeno al governo e organizzare gli incontri riuscendo a mantenere attorno a essi il più totale riserbo, ma è l'unico modo per consentire di andare avanti e, chissà, aprire uno spiraglio che possa un giorno condurre alla pace.

I due uomini, l'israeliano e il palestinese, si conoscono da tempo e sono abituati a incontrarsi in segreto. Sono riusciti una volta – perché anche Abu Ala è stato tra gli artefici di Oslo – e ora ci riprovano, con ostinazione. Si vedono in diverse occasioni. Alcune in una suite all'ultimo piano dell'Hotel Plaza, in via del Corso, perché posso contare sulla serietà del proprietario, al quale dico solo che alcune importanti personalità devono incontrarsi riservatamente. Una sera vengono a casa mia, e dopo una breve parte conviviale li lascio ovviamente tranquilli in una stanza a continuare il loro confronto, il mio compito in questo caso si ferma all'ospitalità. L'ultimo incontro si svolge in casa di amici in campagna, vicino a Fiano Romano, ed è quello più importante perché serve a chiudere l'accordo, grazie anche alla presenza di una terza autorevole figura.

È lo stesso Shimon Peres, che quel giorno, l'11 dicembre, si ferma a Roma proveniente da Bruxelles per una breve visita ufficiale, nel corso della quale incontra Berlusconi e Ciampi. A metà del pomeriggio un piccolo corteo di auto blu prende l'autostrada del Sole in direzione nord, per raggiungere il luogo dell'appuntamento. Abu Ala è già lì, una macchina del Comune l'ha prelevato in aeroporto e l'ha portato direttamente sul posto. Poco dopo arriviamo Uri Savir, con un'altra auto del Comune, e io. L'atmosfera è distesa, il camino è acceso, la cena serve a predisporre gli animi al confronto, che sostanzialmente c'è già stato e che Peres vuole si svolga, ormai, a carte scoperte. Dice apertamente che un'intesa ci sarà e che il giorno dopo ripartirà da Roma «con il massimo del minimo o il minimo del massimo». È d'accordo con le linee generali messe a punto dai due negoziatori, a cominciare dal riconoscimento del principio di «non sequenzialità»: la creazione dello Stato palestinese non avverrà alla fine ma all'inizio del nuovo processo di pace, per sgomberare subito il campo dal nodo principale e poter definire meglio tutte le altre fondamentali questioni, in particolare quelle della sicurezza di Israele, dello status di Gerusalemme e del diritto al ritorno dei profughi. Peres chiede, però, che si arrivi alla stesura di alcuni brevi paragrafi che sintetizzino le tre-quattro cartelle già preparate: punti essenziali e pochi particolari, così le probabilità di non trovare obiezioni saranno maggiori. A tarda sera se ne va e così faccio io. La notte e il giorno dopo servono a Savir e ad Abu Ala per stringere e limare il testo finale, che avrà un titolo: *Rome Understanding*, «L'intesa di Roma». Informato doverosamente dell'accordo, il premier israeliano Sharon di lì a poche settimane farà in modo di non dargli seguito. Ma alcune parti, e quel principio, finiranno per essere inseriti nel piano messo a punto tempo dopo dalla Casa Bianca. È evidente che è comunque da qui che dovrà ripartire qualsiasi negoziato, dal dialogo che abbiamo tenuto vivo anche quando tutto, intorno, sembrava negare ogni possibilità.

Insomma, pare davvero che a Roma sia più facile parlare di pace. E noi lo facciamo ogni volta che ne abbiamo l'occasione e crediamo possa essere utile. Così come quando, purtroppo, siamo costretti a farlo chiamati dagli eventi. A cominciare dal conflitto che domina quegli anni, la famosa «guerra preventiva» iniziata in Iraq nel marzo del 2003 dal presidente George W. Bush. Sono stato subito contrario e certo non sono minimamente sospettabile di una qualche forma di antiamericanismo, visto l'amore che ho sempre avuto per gli Stati Uniti, la loro tradizione democratica, il loro sistema e la loro cultura. Non sono neanche pacifista nel senso classico e «integrale» della parola, perché Sarajevo dovrebbe aver insegnato a tutti che quando la guerra già c'è, quando la pace è già stata violata e va ricostruita, esiste un diritto-dovere di ingerenza umanitaria al quale la comunità internazionale non si può sottrarre, anche nel caso si sia obbligati all'esercizio della forza. Ma questo intervento è un'altra cosa. È un grave errore, che non risolverà nulla e che invece acuirà i problemi in quell'area, oltre ad allargare il fossato che separa Occidente e mondo islamico, ad alimentare una nuova escalation terroristica. E a fare altre vittime innocenti.

Roma, nella maggioranza dei suoi cittadini, si è schierata contro il conflitto. Insieme a papa Giovanni Paolo II, il suo vescovo. A gennaio, prima che la situazione precipitasse, ho promosso un appello per la pace firmato dai sindaci di Parigi, Berlino, Londra, Bruxelles, Vienna e Mosca. A febbraio una grande manifestazione popolare ha attraversato le vie della città, animata dalla viva consapevolezza della necessità di stroncare il terrorismo evitando al tempo stesso la guerra, lasciando spazio fino all'ultimo momento possibile per il dialogo. Proprio in nome del dialogo sono pronto a incontrare, in quegli stessi giorni, il vicepremier iracheno Tareq Aziz, che si trova a Roma. Tuttavia annullo l'incontro: non posso accettare di ricevere chi si è rifiutato, in una conferenza stampa di poche ore prima, di rispondere alle domande di un giornalista, Menachem Gantz, per il solo motivo che è di nazionalità israeliana. È un atto di intolleranza e di discriminazione che in una città come la nostra non posso in alcun modo accettare e lasciar passare come nulla fosse.

Vero è che l'Iraq sembra dominare tutto, in quei mesi e negli anni successivi. Iraq significa l'attentato che a novembre provoca, a Nassiriya, la morte di diciannove italiani tra carabinieri, militari e civili. Tra loro c'è una persona che conosco, Stefano Rolla, direttore artistico del documentario promosso e finanziato dal Comune, *Clownin' Kabul*, che racconta il meraviglioso lavoro svolto negli ospedali, nei campi profughi e negli orfanotrofi dell'Afghanistan dai medici-clown legati a Patch Adams. I funerali di Stato, nella basilica di San Paolo, sono una straordinaria partecipazione di popolo, un nuovo esempio del grande cuore di Roma, che quel giorno è riempita dalle bandiere tricolori che sventolano dalle finestre di ogni strada, esposte da tantissimi cittadini che hanno accolto l'invito da me rivolto nei giorni precedenti.

Iraq significa anche il rapimento, nel settembre del 2004, delle «due Simone», Pari e Torretta. Sono volontarie dell'associazione Un ponte per. La seconda è una ragazza romana, di Cinecittà, quartiere Don Bosco. La sua è una meravigliosa famiglia di sole donne, il papà non c'è più, insieme a lei ci sono la mamma Anna Maria e due sorelle, Laura ed Emanuela. Le conosco la sera stessa, il giorno in cui giunge la notizia, a casa loro. Arrivo direttamente da Milano, è tardi, e nonostante tutta l'angoscia che si porta dentro la signora Anna Maria si preoccupa per me, mi chiede se voglio un caffè o dei biscotti e mi dice: «Sindaco, perché si è disturbato?». Ci sono persone così. Persone dalle quali non esce una parola d'odio o di semplice avversione, che non si perdono mai d'animo, che sono sempre sostenute dalla speranza. Fino al momento della liberazione e del ritorno a casa, dopo tre settimane di sequestro, quando finalmente possiamo festeggiare in Campidoglio ed è la stessa Simona che può togliere le grandi fotografie che abbiamo esposto lì fuori, sul balcone della scalinata che dà sulla piazza, per dire che Roma avrebbe pensato a loro ogni giorno.

Lo stesso accade qualche mese dopo, nel febbraio del 2005, quando a essere rapita a Baghdad è Giuliana Sgrena. È una giornalista, scrive per «il manifesto». La mobilitazione anche in questo caso è sincera e appassionata. A una fiaccolata di solidarietà si unisce l'appello ai suoi sequestratori dell'imam della Moschea di Roma, dove vado in visita insieme al direttore del quotidiano, Gabriele Polo. Il giorno del rilascio, il 4 marzo, non può però essere di festa, perché la gioia è soffocata dal dolore: mentre la macchina che accompagna Giuliana corre verso l'aeroporto, una pattuglia di soldati americani apre il fuoco e uccide l'agente del Sismi che più di ogni altro è stato l'artefice della sua liberazione e che ora, sul sedile posteriore, si getta su di lei per proteggerla. Si chiama Nicola Calipari, è un uomo delle istituzioni, in precedenza è stato tra i dirigenti dell'Ufficio immigrati della questura, collaborando spesso con il Comune. Dopo i funerali nella basilica di Santa Maria degli Angeli, la stessa di via Ventotene, di nuovo con una folla imponente, lo ricordiamo nel modo più solenne in Campidoglio, nell'Aula Giulio Cesare, alla presenza del presidente Ciampi, mentre sotto, attorno al Marco Aurelio, bruciano lentamente le torce dei romani venuti a salutarlo. Pensando alla moglie Rosa, ai figli Silvia e Filippo – con lui, la domenica successiva, vado all'Olimpico a vedere la Roma giocare contro il Cagliari –, decido che dobbiamo fare qualcosa di più: intitoleremo a Calipari i giardini di piazza Vittorio, perché il nome di quest'uomo buono e giusto rimanga nella memoria collettiva della città e la sua figura sia d'esempio per le generazioni che verranno.

Per la pace, per creare un simbolo che la sostenga o per compiere un gesto concreto che la avvicini anche di poco, Roma c'è sempre, in questi anni. C'è per ospitare i bambini sopravvissuti alla gigantesca tragedia di Beslan, in Ossezia, quando nel settembre del 2004 terroristi ceceni attaccano una scuola e nel conflitto con le forze speciali russe restano alla fine uccise più di trecento persone, quasi duecento delle quali piccoli alunni al primo giorno del nuovo anno scolastico. C'è per piangere don Andrea Santoro, parroco e uomo di dialogo, partito dalle periferie romane per arrivare a Trabzon, in Turchia, dove un fanatico musulmano lo uccide, nel febbraio del 2006. C'è per lanciare, quello stesso anno, un forte messaggio contro il pericolo nucleare nel corso del VII Summit dei premi Nobel per la pace, che organizziamo insieme a Mikhail Gorbaciov e ospitiamo, come sempre, in Campidoglio.

Sì, Roma è fatta per la pace. Le immagini di questi anni – non sono nemmeno tutte – lo dimostrano. È quello che volevamo, è uno degli obiettivi che mi ero posto già in campagna elettorale e che avevo ricordato anche sul palco di piazza del Popolo, il giorno dopo il ballottaggio, rievocando la Firenze di La Pira. Ora ho l'onore di essere sindaco. Chiunque lo sia, seduto in quella stanza in Campidoglio, deve sapere che non guida una città qualsiasi, ma una capitale unica al mondo, una capitale di pace.

9

Il nuovo Auditorium

21 aprile 2002

È un Natale di Roma speciale, quello del 21 aprile 2002. Non viene solo raggiunto un grande obiettivo. Si avvera un sogno collettivo. Finisce una lunga attesa. Lunghissima.

Era una sera di maggio del 1936 quando il conte Enrico di San Martino e Valperga, presidente della Regia Accademia di Santa Cecilia e senatore del Regno, annunciava alla radio la definitiva chiusura e l'imminente demolizione dell'Augusteo, la celebre sala dei concerti romani da lui stesso inaugurata ventotto anni prima. La decisione era stata presa da Mussolini in persona, poco preoccupato di musica, direttori d'orchestra e strumentisti provenienti da tutto il mondo e molto più interessato a rinverdire i fasti della Roma antica restituendo al Mausoleo il suo aspetto di sepolcro imperiale. Nonostante la «profonda tristezza» il povero conte, rivolgendosi agli ascoltatori, si mostrava sicuro: la volontà del Duce era quella di assicurare a Santa Cecilia «una nuova vita, in una nuova sede degna sotto ogni aspetto», per cui si poteva senz'altro «guardare all'avvenire con piena e salda fede».

I sessantasei anni passati da quel giorno, però, dicono quanto fosse mal riposta questa fede. E fanno capire anche quante difficoltà ci sono state, quanti ostacoli si son dovuti superare, prima di saldare il debito contratto con l'Accademia di Santa Cecilia restituendole una «casa» e prima di dare ai romani una struttura musicale degna di una capitale europea.

E di ostacoli ce ne sono stati fino in fondo al cammino, perché dopo l'individuazione dell'area addirittura al tempo della giunta Carraro e dopo il grande impegno di Francesco Rutelli per portare a termine la gara e avviare i lavori, quando arriviamo in Campidoglio ci troviamo davanti a una situazione che di problemi ne presenta un bel po'. Come spesso accade in questi casi, di tipo finanziario, innanzitutto. È successo, infatti, che la precedente amministrazione proprio alla fine della sua esperienza ha dovuto prendere la decisione di affidare la prosecuzione dei lavori a una nuova ditta, e questo ha comportato, oltre a un inevitabile allungamento dei tempi, un notevole aumento dei costi. E così il quadro è impietoso ma chiaro: bisogna investire altri 85 miliardi di lire rispetto ai 170 stanziati all'inizio. Altrimenti il rischio è di trovarsi davanti a un'altra opera incompiuta tipica della storia italiana.

Quando faccio il primo sopralluogo poco più di un mese dopo essermi insediato, il 10 luglio, sono con il «padre» dell'Auditorium, con l'uomo che l'ha immaginato e disegnato: Renzo Piano, l'architetto che con i suoi progetti tiene alto il nome dell'Italia in tutto il mondo. Mi mostra ogni angolo del cantiere, mi descrive tutto quello che sta prendendo forma e lo fa con gli occhi che gli brillano, con una passione pari alla sua competenza, alla sua genialità. Quello che posso fare io è assicurargli che non abbiamo dubbi, i soldi li troveremo e l'Auditorium sarà finito. Di più: ribaltiamo il modo di procedere. Basta con i lavori che vanno avanti in maniera indefinita e poi si vedrà quando si riuscirà a concluderli. Fissiamo, piuttosto, una data: il 21 aprile del prossimo anno, fra nove mesi. Per la sala grande ci vorrà altro tempo, d'accordo, perché ha maggiormente risentito dei ritardi e diverse cose si son dovute praticamente rifare da capo. Intanto, però, cominciamo con le altre due, cominciamo a portare musica, cultura e vita dentro quella meraviglia che sta nascendo.

L'ho già detto, è l'unico modo di fare che conosco, quello che da ministro per i Beni culturali ho sperimentato con la Galleria Borghese e Palazzo Altemps, con Palazzo Massimo e con la Reggia di Venaria Reale, e che ha sempre portato risultati. Erano tutti luoghi abbandonati da anni e in una condizione di degrado della quale il Paese doveva vergognarsi. Il metodo di lavoro è sempre stato lo stesso: stabiliamo una tabella di marcia, individuiamo il giorno in cui si dovrà tagliare il traguardo e poi tutti pancia a terra a lavorare. Anche se, come in questo caso, bisognerà impiegare settecento operai e organizzare turni che in pratica coprono tutte le ventiquattro ore, perché vanno dalle cinque del mattino alle due di notte.

I mesi successivi passano così, un impegno senza sosta. Quando il 17 aprile, a quattro giorni dall'inaugurazione, vado sul posto, è il diciannovesimo sopralluogo che faccio. Non ce n'è stato uno, arrivando lì, in cui non abbia pensato la stessa cosa: vorrei che questo diventasse un luogo aperto a ogni forma non solo di musica, ma di cultura, di espressione artistica; aperto a tutti, romani e turisti, appassionati venuti per un concerto, ragazzi e famiglie che hanno voglia di passare qualche ora di svago in un posto diverso da tutti gli altri, dove vengono ospitate mostre, dove ci sono una libreria e un ristorante, un'area archeologica e un grande parco in cui poter passeggiare con i bambini.

Un caro amico, Vincenzo Cerami, la vede anche lui così, e lo scrive: in Francia dedicano un giorno l'anno alla musica e quel giorno si suona e si canta dappertutto, nei teatri, nelle strade e nelle piazze, in un angolo un'orchestrina jazz e poco più in là ragazzini che fanno un rumoroso trambusto con strumenti improvvisati. Va bene ogni cosa, non c'è nessuno steccato, è un felice mescolarsi di generi, di sensibilità e di età. Non può essere questo lo spirito dell'Auditorium? Guai se si chiudesse a riccio, diventando un semplice «museo della musica». Deve invece contribuire a mettere in moto energie nuove e a far amare tutto.

Del resto se la prospettiva è questa, va detto che non ne è affatto spaventato nemmeno Luciano Berio, che essendo il presidente dell'Accademia di Santa Cecilia è l'altro grande protagonista, insieme al suo amico Renzo Piano, di questa avventura. È il suo il parere più atteso il giorno della prova generale, il 20. Quando nella sala da milleduecento posti – la terza ne ha settecento – l'orchestra diretta dal maestro Myung-whun Chung inizia a eseguire il *Guglielmo Tell* di Rossini, i nostri sguardi si dirigono tutti su di lui. I timori ci sono, inutile nasconderlo. L'Auditorium, con i suoi mattoni rossi, il travertino e i tetti grigi delle tre grandi strutture, che sono di piombo come le cupole delle chiese barocche di Roma, è bellissimo; altrettanto le sale dentro i giganteschi «liuti», vere e proprie «casse armoniche» pronte a restituire al massimo ogni singola nota uscita dagli strumenti. Ma è come per una splendida macchina sportiva: a contare, alla fine, è il rombo del motore, e quello si può sentire davvero solo quando si è su strada.

Il sospiro di sollievo mio, di Gianni Borgna e di Goffredo Bettini – non c'è nemmeno bisogno di ricordare che il primo dal 1993 è l'assessore alla Cultura e lo sarà sino alla fine del 2006, quando andrà a presiedere la fondazione Musica per Roma e sarà sostituito da Silvio Di Francia, mentre il secondo la fondazione la presiede ora – diventa in un attimo pura gioia, quando l'espressione di Berio anticipa quello che di lì a poco ci dice a voce: l'acustica è fantastica, perfetta, unica in Italia. Adesso finalmente possiamo crederci, adesso è tutto vero. E la cosa più emozionante, quando si conclude la prova con l'*Hallelujah* dal *Messiah* di Händel – in mezzo c'è stata l'*Ouverture* del *Concerto per orchestra* di Goffredo Petrassi –, è vedere tutti gli orchestrali di Santa Cecilia alzarsi in piedi per restituire l'applauso appena ricevuto agli operai e ai tecnici presenti in sala, commossi. Abbiamo voluto fossero loro ad ascoltare seduti in platea le prime note, perché senza la corsa contro il tempo che hanno vinto non saremmo arrivati fin qui.

A questo punto non dico che il giorno dopo, il 21, quello dell'inaugurazione, sia una pura formalità. L'attesa in città è grande, in prima fila c'è il presidente Ciampi con la signora Franca, ci sono un po' tutti. Manca solo il presidente del Consiglio, ma ce ne faremo una ragione. A rappresentare il governo c'è Gianni Letta, che negli ultimi mesi ha sempre seguito con partecipazione l'evolversi della vicenda. Il programma del concerto è lo stesso delle prove e tutto va per il meglio. Ciampi alla fine si alza per andare ad abbracciare Goffredo Petrassi, che a novantotto anni è seduto pochi posti più in là, e fa i complimenti a tutti noi, a Roma, per il risultato raggiunto.

Appena la cerimonia ufficiale finisce e la situazione consente quindi di farlo, do disposizione di aprire i cancelli alle tante persone arrivate dalla mattina confidando nella possibilità di entrare subito. In poco tempo la voce evidentemente si sparge, perché nel pomeriggio, nonostante un po' di pioggia, in migliaia invadono gioiosamente la Cavea e tutti gli spazi disegnati da Piano. A un certo punto lui, che alto com'è si individua subito anche in mezzo alla folla, mi prende sottobraccio e mi dice: «Tra i romani e l'Auditorium si è accesa una passione, basta osservare i volti della gente; e guarda che questo non è qualcosa che si può progettare sulla carta». Ha ragione, è così. Dopo i concerti, tra gli altri, di Uto Ughi, di Uri Caine e di Nigel Kennedy, si chiude la sera tardi, con Patti Smith. Siamo felici, è stata proprio una fantastica giornata di festa.

Una sul serio, in senso letterale, perché dal giorno dopo siamo di nuovo tutti al lavoro per la tappa finale, quella che completerà l'opera. Non c'è nemmeno il tempo per farsi prendere dall'orgoglio per quel che scrivono il «Wall Street Journal», che parla di una *Roman Renaissance*, e «Le Monde», che elogia la realizzazione di un'impresa portata a termine grazie a «una volontà da spostare le montagne». Non si può neanche adagiarsi sul fatto che i primi concerti, da quello di Francesco De Gregori e Giovanna Marini a quelli di Brian Eno e poi di Nina Simone – tre generi molto diversi, come volevamo –, fanno registrare il tutto esaurito e che il fine settimana che segue l'inaugurazione una marea di persone viene ad ammirare il Parco della Musica.

La sfida contro il tempo riparte subito. Data fissata: il 21 dicembre. Per quel giorno bisognerà aver finito la terza sala, la «Santa Cecilia», quella più grande e prestigiosa, da duemilaottocento posti. Stavolta peraltro, a rendere ancora più chiaro qual è l'avversario da battere, un grande orologio blu campeggia su corso Francia e scandisce inesorabile il suo conto alla rovescia. Ricominciano anche i sopralluoghi. Ce n'è uno in particolare, verso settembre, in cui un po' di ansia mi viene, nonostante sia ormai abituato a situazioni del genere. Ce la faremo di nuovo? Pare tutto così in alto mare che qualche dubbio è legittimo. Mi fermo a parlare con un operaio piuttosto anziano e molto esperto. Di solito, facendo questo mestiere, sono io che cerco di trasmettere fiducia e di rassicurare gli altri. Stavolta ascolto volentieri le sue parole: anche se non sembra siamo a buon punto, il 70 per cento del lavoro è fatto, per la data stabilita tutto sarà a posto.

Sa di cosa parla, per fortuna. Il 21 dicembre si replica, in grande, la giornata di otto mesi prima. Quella che per dirlo ancora con Renzo Piano era, fino a poche settimane fa, come «l'immensa bottega di un liutaio», adesso è il cuore pulsante dell'Auditorium. Una sala enorme e meravigliosamente rifinita della quale, insieme alla capacità d'accoglienza della platea, alle balconate che arrivano ad abbracciare a destra e a sinistra il palco e l'orchestra – al pianoforte stasera c'è Maurizio Pollini –, colpiscono soprattutto i grandi pannelli «a vela» e di ciliegio del soffitto, progettati per conquistare la perfezione dell'acustica.

Il presidente Ciampi ci fa l'onore di esserci di nuovo, dimostrando ancora una volta il suo affetto per Roma e la consapevolezza di come sia tutto il Paese ad arricchirsi di un'opera unica, pronta a competere con le più importanti strutture culturali europee e del mondo. Come italiani, e non solo come romani, ne possiamo essere orgogliosi. Qui ci sono i tratti distintivi della nostra identità. C'è la storia e c'è l'innovazione. Ci sono la fantasia e la creatività degli uomini di cultura e ci sono la competenza, la passione, l'operosità di chi, tecnico o operaio, sa tradurre idee e disegni in materia viva, in realtà. C'è il segno di una nuova etica pubblica: un impegno preso davanti ai cittadini e rispettato con serietà e onestà. L'Italia è un grande Paese, che spesso non ha sufficiente orgoglio di sé. Oggi possiamo averlo, e noi romani in modo particolare.

Oggi e nel tempo a seguire. Perché nel 2007, a cinque anni dalla sua nascita, sotto la gestione di Musica per Roma di Bettini e Carlo Fuortes, l'Auditorium Parco della Musica raggiunge due milioni e trecentomila presenze e supera il milione di spettatori, con un autofinanziamento che tocca il 62 per cento, il più alto nel mondo. Vuol dire attestarsi, come complesso multifunzionale, al primo posto in Europa e al secondo in assoluto, dietro solo all'inarrivabile Lincoln Center di New York.

Ma la cosa più importante resta quella che ci proponevamo quando tutto è iniziato. Anzi, quando tutto ancora doveva iniziare: creare un'accogliente «casa del bello» aperta a tutti e a ogni linguaggio artistico e culturale, farla entrare nel cuore e nelle abitudini dei romani, come se ci fosse sempre stata.

10

I festival

21 maggio 2002

Ascoltare una storia scritta da un grande narratore come David Grossman e raccontata da un interprete d'eccezione come Moni Ovadia, che poi lascia il palco allo stesso Grossman e a un suo testo inedito. Far questo tra le rovine di Roma antica, sotto un cielo stellato e accompagnati dalle note jazz del pianoforte di Danilo Rea. È l'esperienza che il Festival delle Letterature offre, la sera del 21 maggio, alle migliaia di persone che affollano l'area della basilica di Massenzio, che non aveva più aperto i battenti dal tempo delle prime Estati romane di Renato Nicolini.

Un quarto di secolo, dunque. Un fatto storico. Per decenni Massenzio, come anche Caracalla, era stato sottratto alla possibilità di un'utilizzazione per eventi culturali. Questo è uno dei casi in cui il clima che si sta generando in città rende possibile ciò che sembrava impossibile. Adriano La Regina, genio dell'archeologia e della sua tutela, capisce immediatamente che noi vogliamo portare in quei luoghi null'altro che il «bello» che essi meritano. E così farà anche il suo successore, il soprintendente archeologico Angelo Bottini. Per questo, dopo tanti anni, tornano parole e suoni a Massenzio e torna la grande musica a Caracalla. Le esperienze culturali vissute lì dentro hanno un sapore magico che le rende uniche.

L'appuntamento del 21 maggio è quello che apre la prima edizione di un festival che dà subito il segno, appena nato, della meraviglia di Roma come luogo in cui vivere e respirare cultura in un modo che davvero non ha eguali. Cultura «alta» e popolare insieme, senza il velo che spesso le tiene separate. Eventi che rendono ancora più bella e attraente una città che anche senza far nulla, mostrandosi per quel che è, con le sue ricchezze, i suoi monumenti e il suo patrimonio artistico, sarebbe comunque unica al mondo e meta preferita di milioni di persone provenienti da ogni angolo della Terra. Ma non è questa la nostra idea. Vogliamo una città viva, dinamica, in cui si arriva non solo per ciò che è, ma anche per quello che si fa; in cui, proprio per questo, non si viene una sola volta, ma si torna e si resta diversi giorni, immergendosi nella sua vita culturale e in tutto quel che offre. È il principio che guida la scelta del programma così ampio e vario dell'Auditorium dopo appena un mese di attività. E che anima questo Festival delle Letterature, vero evento della nostra prima Estate romana.

Per chi arriva alla basilica di Massenzio quella sera, per chi ci arriverà nelle successive, la magia comincia subito, appena voltate le spalle a via dei Fori Imperiali. All'inizio, il silenzio. Le fiaccole a terra segnano il cammino lungo la salita che costeggia le colonne del Tempio di Venere. La mente, con i rumori ormai lontani, si libera. Ci si immerge in un'atmosfera intima, dominata da parole e pensieri, «lenta», in controtendenza rispetto al tempo veloce e troppo spesso superficiale in cui siamo costretti dalla quotidianità. Anche il risveglio è dolce e graduale, con le note jazz che seguono le letture e chiudono ogni serata.

È un festival splendido, anche perché gli ospiti degli incontri, tutti assolutamente gratuiti, sono eccezionali. C'è il meglio della letteratura mondiale, da Günter Grass ad Abraham Yehoshua, da Luis Sepúlveda a Manuel Vázquez Montalbán, da Patrick McGrath a Jonathan Coe e a Ian McEwan. Con quest'ultimo ho un rapporto di amicizia che – lo ammetto – mi inorgoglisce molto e che risale a quando lo accompagnai a visitare la Domus Aurea, esperienza che fu per lui talmente suggestiva che poi la riportò nel romanzo *Sabato*.

Alla fine sono quarantamila i partecipanti a questa prima edizione e saranno altrettanti nella seconda, anche perché la formula non cambia e il livello degli autori è sempre altissimo. Semmai la novità, l'anno dopo, è costituita dalla presenza di due scrittori italiani, e che scrittori: Andrea Camilleri e Dacia Maraini. Insieme a loro ci sono, solo per fare qualche nome, Don DeLillo e Doris Lessing, Susan Sontag e Jeffrey Eugenides, Paul Auster e Daniel Pennac. Prima di ripartire, Auster tiene la sua conferenza stampa insieme a me in Campidoglio, e confessa di essere rimasto positivamente sorpreso dal clima che ha percepito, dal calore con cui è stato accolto e dal fatto che un sindaco sia seduto vicino a lui a parlare del suo libro e di letteratura, cosa che in una grande città americana, dice, non sarebbe mai successa. Pennac, invece, è protagonista di un piccolo retroscena, che mi racconta lui stesso: a essere sincero non sarebbe dovuto venire, il primo invito lo aveva declinato, perché aveva un'agenda già strapiena. Poi quando Maria Ida Gaeta, che dirige la Casa delle Letterature e organizza il festival, insiste garbatamente, rimane così colpito dalle presenze previste e da quelle dell'anno precedente che annulla tutti gli altri impegni e accetta senza più il minimo dubbio. E il suo, insieme a quello di Camilleri, alla fine è l'incontro più seguito: sono duemila le persone sedute e di più quelle che, in piedi, non perdono una parola né una nota.

È il segno di un grande successo, che si ripeterà negli anni. E chi pensa o dice che si tratta di una manifestazione elitaria, che si svolge in un «salotto» della città ed è destinata a soddisfare il palato di poche persone colte, evidentemente non ha respirato l'aria di queste serate, non ha visto le coppie di anziani arrivare portandosi da casa una seggiola pieghevole per non rischiare di non sedersi o i gruppi di ragazzi che usciti direttamente dall'università mangiano un pezzo di pizza o un supplì mentre fanno la fila per entrare. Chi pensa o dice così non ha nemmeno fatto caso ai dati che dimostrano come Roma abbia sorpassato Milano nella classifica dei libri letti o a quelli che segnalano l'aumento dei prestiti nelle biblioteche della città. Una città in cui in questi anni nascono nuove librerie, anche e soprattutto in periferia, dove ventitré sono quelle finanziate con un apposito bando del Comune.

Nessun salotto esclusivo, insomma. Anche il Festival della Fotografia, che diretto da Marco Delogu nasce praticamente a braccetto con quello delle Letterature, nella primavera del 2002, ha una sede «privilegiata» che sono i Mercati di Traiano, ma da lì si espande fino a comprendere vari luoghi della città. Nella prima edizione – ma sarà così anche negli anni successivi – si va, per esempio, dalla Galleria nazionale d'arte moderna all'ex parcheggio multipiano di via Aquilonia al Prenestino, da Palazzo Altemps a diverse stazioni della metropolitana, dalla Società geografica di Villa Celimontana al Museo comunale di Tor Bella Monaca, mentre alla stazione Termini è ospitata «Funeral Train», la mostra sulle bellissime immagini scattate da Paul Fusco al treno che in un giorno caldissimo di giugno del 1968 attraversò cinque Stati, da New York a Washington, per trasportare la salma di Bob Kennedy, salutato lungo i binari da oltre un milione di americani.

Un carattere non esclusivo ma popolare vuole averlo anche la Festa del Cinema di Roma, che nasce qualche anno più tardi, nel 2006. Per carità, le star arrivano e il concorso con grandi attori e registi non può mancare, ma rispetto a un classico festival – la nostra, infatti, non a caso si chiama «festa» – c'è molto altro. Tutto nasce da un incontro con Goffredo Bettini e il critico cinematografico Mario Sesti, che butta lì la suggestione. Roma è di per sé «il cinema». Cinecittà è un nome conosciuto ovunque nel mondo. Qui ci sono luoghi che sono stati fantastici set di tanti film, *La dolce vita* di Fellini e *Vacanze romane* non c'è chi non li conosca, quando si girò *Ben Hur* quasi non c'era famiglia romana che non fosse in qualche modo coinvolta nelle riprese, considerando il numero enorme di comparse. E oggi è qui, nella Capitale, che si concentra l'84 per cento delle imprese cinematografiche italiane, il 96 per cento di quelle che producono fiction e il 75 per cento di quelle che forniscono servizi tecnici all'audiovisivo. Insomma, bisognerebbe domandarsi non perché organizzare un evento dedicato al cinema a Roma, ma come mai ancora non c'è.

Iniziamo a pensarci seriamente, incontriamo alcuni produttori, l'idea piace molto, i pareri sono tutti favorevoli. A marzo la notizia esce non in Italia, ma oltreoceano, negli Stati Uniti, sull'«Hollywood Reporter». Viene anche indicata la data: ottobre, come in effetti stavamo pensando. A questo punto il dado è tratto. Confermiamo la cosa e inizia il vero lavoro organizzativo, basato per la grande maggioranza su finanziamenti privati, mentre l'attenzione cade quasi tutta sulla questione dell'eccessiva vicinanza di data rispetto al Festival di Venezia, che da tradizione si tiene a settembre. A me pare, sinceramente, un esempio della classica «malattia» italiana per cui di fronte all'introduzione di una novità la reazione immediata, persino in qualche modo istintiva, è quella della chiusura, della difesa conservatrice dell'esistente. E poi è sbagliato pensare al cinema italiano e alla sua «industria» come a un panda da preservare: ci sono energie e possibilità da usare ed esplorare con coraggio. Venezia farà il suo Festival, Roma la sua Festa, ed entrambi andranno bene, sono pronto a scommetterci.

E alla fine va proprio così. Sul *red carpet* dell'Auditorium, cuore della Festa, sfilano tra gli altri Nicole Kidman, che ne è la madrina, e Sean Connery, Monica Bellucci e Richard Gere, Robert De Niro e Harrison Ford, Giuseppe Tornatore e Paolo Virzì. Arrivano anche Martin Scorsese e Leonardo DiCaprio, che è molto impegnato sui temi dell'ambiente e dei cambiamenti climatici: gli proponiamo, e lui accetta volentieri purché non divenga uno show a uso di telecamere e giornalisti, di andare a parlare di questo ai ragazzi di vent'anni che lo aspettano non in chissà quale sala del centro allestita per l'occasione, ma in periferia, nel Teatro Tor Bella Monaca, nato l'anno prima per iniziativa del Comune e diretto da Michele Placido. D'altra parte i film legati alla Festa vengono proiettati in diverse sale della città e la giuria è sì diretta da un grande maestro come Ettore Scola, ma è una giuria popolare, formata da appassionati che hanno fatto domanda per entrare a farne parte e che sono stati poi selezionati con infinita pazienza dallo stesso Scola.

È tutta Roma, insomma, che per otto giorni respira cinema, con gli alberghi che sono strapieni di turisti e non hanno più nemmeno un posto libero. Volevamo che il vero protagonista fosse il pubblico, gli spettatori. Ci siamo riusciti, perché numeri alla mano sono 102.000 i biglietti emessi, 480.000 le persone che hanno frequentato solo l'Auditorium e 16.000 i bambini che hanno assistito ai film della sezione a loro dedicata, «Alice nella città».

L'idea è sempre la stessa: niente steccati, nessuna separazione tra forme d'arte e persone, guai a fare distinzioni tra cultura «alta» e «bassa». È l'idea che anima i festival che sempre tra il 2006 e il 2007 si vengono ad aggiungere a quelli già esistenti: i Festival della Filosofia, della Scienza e della Matematica. Tutti pensavano che queste materie, considerate ostiche persino a scuola, avrebbero richiamato un pubblico di addetti ai lavori. Invece non c'è giorno che non veda la presenza all'Auditorium, dove si svolgono tutti e tre, di migliaia di persone, e non c'è incontro che non riempia la sala. Abbiamo ragione a proseguire su questa strada. Va spezzata quella disparità di offerta che in Italia sembra diventata legge, per cui in televisione, per esempio, in prima serata bisogna trasmettere *L'isola dei famosi* e solo a notte fonda i programmi che abbiano un contenuto culturale. I nostri festival dicono il contrario, e che la cosa funzioni lo dimostrano per primi i romani, che li affollano e li apprezzano.

11

Per i cittadini più semplicità

17 giugno 2002

«Aperto ai cittadini.» Da qualche mese è come se ci fosse un cartello che dice così, all'ingresso di Palazzo Senatorio, ai piedi della colonna da cui è sorretta la lupa che allatta Romolo e Remo. Più concretamente, è un impegno mantenuto, perché durante la campagna elettorale avevo detto che l'avrei fatto: avrei ripreso la consuetudine di Petroselli, che un giorno alla settimana riceveva in Campidoglio i cittadini alle prese con un particolare problema. Per me sarà così il venerdì, a partire dal settembre successivo all'insediamento. Il primo appuntamento, però, decido di fissarlo all'inizio di agosto, perché ho voglia di capire come impostare il lavoro, visto che di lettere di cittadini ne arrivano circa quattromila al mese. A tutte viene data una risposta. Tra quelle delle ultime settimane, ne vengono scelte dieci, su cui si baseranno i colloqui di quel giorno nel mio ufficio. Uno staff di dipendenti capitolini si dedica a organizzare gli incontri e a seguire l'attuazione degli impegni.

Davanti a me ho uno spaccato delle questioni, grandi e piccole, che affrontiamo quotidianamente come amministrazione. Ma, soprattutto, c'è la vita vera delle persone, ci sono ansie e preoccupazioni che meritano di trovare ascolto. C'è Luigi, che ha ottantadue anni, è non vedente e mi racconta, con estrema dignità ma anche con molta angoscia, che ha ricevuto lo sfratto esecutivo e deve lasciare l'appartamento di viale Marconi, dove ormai vive da solo; spera tanto nella possibilità di una casa popolare, ma non sa come fare a presentare la domanda. Ci sono Marco e Norma, che hanno una splendida bambina di undici anni in affido e devono districarsi pressoché di continuo in una giungla di difficoltà burocratiche. C'è Giovanni, che ha tre anni e mezzo e una cascata di ricci castani, è il sesto figlio di una coppia, guardia giurata lui, casalinga lei; mi chiedono di rivedere i criteri di assegnazione dei contributi comunali per gli affitti, dando maggior peso alla variabile «figli a carico». Figli di una simpatia unica, peraltro: appena arrivati mi hanno regalato un libro fatto da loro, in casa, che racconta com'è la vita a Dragoncello, dove abitano.

Ecco, c'è un denominatore comune tra queste persone e tutte quelle che incontrerò nei mesi successivi: non deve più succedere che per sperare di risolvere i loro problemi, per avere una risposta a una loro domanda, siano costrette a chiedere un favore, se invece è un loro diritto. È alle istituzioni che devono sentirsi libere di rivolgersi. E devono poterlo fare sapendo che questo non vuol dire andarsi a infilare in un ginepraio burocratico, in un percorso a ostacoli da cui usciranno dopo chissà quanto tempo e magari a mani vuote. No, tutto deve essere più semplice. La semplificazione della macchina amministrativa è uno dei nostri fondamentali obiettivi, perché per un cittadino questo significa risparmio di tempo e qualità della vita.

Gli incontri del venerdì con i romani, da questo punto di vista, restano per me una bellissima esperienza umana e un arricchimento, ma è indubbio che rispetto ai tempi di Petroselli le cose sono cambiate, tutto corre più veloce e le richieste dei cittadini sono di più e di tipo diverso. Serve un'idea nuova, un servizio che consenta di arrivare a quante più persone possibile. A mettersi al lavoro su questo, con passione e tenacia, è Mariella Gramaglia, assessore alla Semplificazione e alla Comunicazione.

È un lavoro proficuo, perché il progetto arriva a essere messo a punto, e lo facciamo partire il 17 giugno 2002. Il suo nome è «Chiama Roma 060606» ed è l'inizio di un'autentica rivoluzione. Un numero di telefono unico, una sorta di «supercentralino» – un *contact center*, per dirlo in modo più moderno – con centoventi linee e duecento operatori che ventiquattro ore al giorno, sette giorni su sette e in più lingue straniere, rispondono alle domande di chiunque abbia una richiesta da fare o un'informazione da chiedere. Le risposte sono articolate su due diversi livelli: il primo di «accoglienza», rivolto a chi chiama per sapere per esempio gli orari d'apertura di sedi e uffici vari, la programmazione di un museo o il percorso di un autobus, dove fare un documento o la scadenza di un bando di concorso; il secondo di «approfondimento», che garantisce invece risposte a domande più complesse e specialistiche, con la possibilità, nel caso, di essere appositamente richiamati.

Bastano pochi mesi per tirare le prime somme: ai romani il nuovo servizio piace molto, a novembre sono quasi ottantamila le telefonate arrivate allo 060606. Certo, gli operatori – quasi tutti giovani, tutti bravi e preparati – raccontano che non mancano utenti piuttosto «originali», come la signora che chiama perché ha la casa infestata dai fantasmi e non sa cosa fare oppure il signore che telefona il giorno di Ferragosto perché non ha organizzato nulla e vuole un consiglio per una buona trattoria, dove mangiare bene e pagare poco, dalle parti della Pontina. Ma al di là di questi piccoli casi isolati, si tratta davvero di un successo. Non è solo una mera innovazione tecnologica. È proprio il fatto che c'è una persona, dall'altra parte del filo, che ti prende per mano e ti accompagna verso la soluzione di un problema. È il fatto che nessuno viene lasciato solo, né di fronte al *moloch* della burocrazia, né in generale. Lo dimostrano le tantissime telefonate che d'estate arrivano da persone anziane, molte di notte, segno di una funzione anche sociale del servizio. E alla fine, dopo cinque anni, non c'è maggiore soddisfazione che vedere le chiamate allo 060606 raggiungere quota dieci milioni.

È su una base solida, dunque, che innestiamo altri progetti, come quello che realizzeremo proprio insieme a Mariella Gramaglia a maggio del 2005, la prima «Festa dei vicini di casa», con circa tremila iniziative che si svilupperanno dal centro alle periferie: momenti di svago e di riscoperta del valore del vicinato, di quei piccoli gesti quotidiani di attenzione e di condivisione che restano alla base della vita insieme agli altri. E poi tante altre misure di semplificazione. Per esempio la possibilità di pagare online, sul nuovo portale del Comune di Roma, le multe, alcuni servizi scolastici, l'Ici e altre imposte. Oppure la definizione di procedure più semplici per richiedere il permesso di circolazione dei disabili, nel momento stesso in cui si introduce maggiore severità nelle regole e nei controlli, per porre fine ad abusi che in questa materia sono davvero intollerabili. Nasce anche lo 060609, il numero unico per prenotare i taxi, e subito dopo lo 060608, grazie al quale basta una telefonata per prenotare un posto a teatro o per comprare il biglietto di un museo, di uno spazio espositivo o di un cinema.

Insomma, è il cambiamento radicale del rapporto tra istituzioni e cittadini. È l'idea di una città che rende la vita più semplice alle persone e che anche in questo modo diventa sempre più comunità. Esattamente quello che ci siamo ripromessi.

12

Un caleidoscopio di eventi, ovunque e per tutti

6 luglio 2002

D'accordo, è una cosa incivile e non si deve fare, infatti il giorno stesso provvediamo a ripulire tutto, perché il decoro cittadino è, e in questi anni sarà sempre, una nostra vera ossessione. Devo ammettere, però, che veder comparire su un muro vicino al luogo dove la sera prima si è svolto uno straordinario evento musicale la scritta «Mozart ti amo» non mi ha solo strappato un sorriso: mi ha regalato una grande soddisfazione.

Il luogo è la suggestiva cornice neoclassica disegnata dal Valadier, è piazza del Popolo. Uscito dal chiuso del Teatro dell'Opera, è sul palco sistemato qui, protetto dal verde del Pincio, che la sera del 6 luglio 2002 viene accolto il *Don Giovanni* di Mozart. Ad aspettarlo e poi ad ammirare estasiati questo capolavoro della lirica sono decine di migliaia di romani e di turisti. I più tenaci, che sono arrivati fin dal pomeriggio, hanno conquistato le sedie predisposte per l'occasione, gli altri sono restati in piedi o si sono seduti per terra. In tutto, ottantamila persone, come fosse un concerto rock.

Mai un'opera lirica ha avuto, in una sola occasione, un pubblico così. È un colpo d'occhio bellissimo. È una serata magica, davvero unica. Appena finisce di dirigere, il maestro Gelmetti sorride felice, come tutti noi, e ridendo mi confessa che quando mesi prima gli ho prospettato l'idea, lì per lì ha quasi creduto fossi pazzo, ma si è astenuto dal dirmelo perché gli pareva brutto essere così esplicito con il sindaco. Poi, subito dopo, ha cominciato a chiedersi: «Ma in fondo perché no?» e ora è più che convinto di aver fatto bene. Anzi: visto l'esito, bisognerà trovare il modo di ripetere la cosa. Gigi Proietti, che con grande entusiasmo è stato il regista e la voce narrante, non si aspettava nemmeno lui un successo così straripante ed è d'accordo con me: solo a Roma si poteva pensare di realizzare una meraviglia del genere, solo qui si può vedere una piazza così grande riempita da ragazzi, da persone anziane, da famiglie con i bambini al seguito. Come Chiara, che compie dieci anni proprio oggi e che alla giornalista che domanda a sua mamma e a lei perché sono lì, risponde che è felice di trascorrere in questo modo il suo compleanno.

Una grande festa popolare. Abbiamo voluto che l'evento fosse gratuito e aperto a tutti perché proprio questo sognavamo diventasse. Nessuna chiusura elitaria della musica «colta» rispetto al grande pubblico. Nessuna barriera sociale che impedisca ad alcuni di godere di ciò che per altri è una consuetudine. Ed è una vera soddisfazione ascoltare il presidente Ciampi dire che si tratta di «un bell'esempio di coraggio premiato» e che è un'ottima iniziativa, perché «la cultura è il fulcro della nostra identità nazionale e dobbiamo tutti crederci di più».

A Roma ci crediamo molto, e lo stiamo dimostrando. Crediamo in una città che anche grazie alla cultura si apre e diventa più accogliente, più inclusiva, nonostante il clima cupo in cui il terrorismo internazionale cerca di far sprofondare il nostro tempo e anzi a maggior ragione proprio per questo. Crediamo che eventi del genere richiamino le persone da altre città e altri Paesi più di quanto la paura non le trattenga dal venire, e che un «cartellone» ricco di appuntamenti possa contribuire in modo fondamentale alla ripresa del turismo e alla crescita dell'economia cittadina. Crediamo nell'importanza di moltiplicare le occasioni di partecipazione e di coinvolgimento di ragazzi di ogni estrazione e condizione, che non potrebbero mai assistere a un concerto, all'esibizione di un artista che ammirano, se per farlo devono pagare un biglietto dal prezzo proibitivo.

La cultura è vita, renderla accessibile a tutti ha un valore sociale straordinario. E la cosa più bella è che dopo serate come questa non resta traccia di un danno, di un qualsiasi graffio a un monumento, di un minimo episodio di violenza o anche solo spiacevole dal punto di vista della sicurezza: tutto avviene in un clima sereno, in totale tranquillità, con una grande prova di senso civico e di rispetto. La città è vissuta come «madre» e non come «matrigna».

Eppure parliamo di autentiche manifestazioni di massa. Perché se già quell'Estate romana del 2002 presenta altri concerti gratuiti che richiamano decine di migliaia di spettatori, da quello di Paul Simon che si svolge al Galoppatoio di Villa Borghese il giorno prima del *Don Giovanni* a quello di James Taylor sempre in piazza del Popolo a metà settembre – «Non avrei mai creduto di suonare in un posto così» mi dice con la chitarra a tracolla, mentre sta per salire sul palco –, l'anno successivo è la volta di un evento davvero eccezionale, per assistere al quale di persone ne arrivano più di mezzo milione. E non si può dire che la cosa sia sorprendente. Succede, quando a incontrarsi sono due «miti» come il monumento dell'antichità più famoso al mondo e l'uomo che con il resto dei Fab Four negli anni Sessanta del secolo scorso ha cambiato per sempre il corso della musica pop. Quando l'incontro è tra il Colosseo e sir Paul McCartney, in due fantastiche serate di maggio.

La prima è particolarmente suggestiva, perché il concerto si tiene all'interno dell'anfiteatro, è acustico ed è riservato a quattrocento persone che hanno partecipato a un'asta online per acquistare il biglietto – ci sono anche due coppie di americani che lo hanno pagato più di 2500 dollari e sono venute appositamente dagli Stati Uniti perché vogliono festeggiare così le loro nozze d'argento –, e il ricavato ci permetterà di restaurare diversi monumenti della città. La seconda è davvero qualcosa di speciale, di unico. Stavolta il palco è all'esterno ed è grande, prevede una band come si deve ed è rivolto su via dei Fori Imperiali, che alle prime note di *Hello, Goodbye* è strapiena di gente fino a piazza Venezia, con i maxischermi che permettono a tutti di vedere, oltre che ascoltare, quello che succede sotto il Colosseo illuminato da fantastici giochi di luce. Ancora una volta si tratta di un evento assolutamente gratuito, con il Comune che non spende nemmeno un euro, perché la Telecom, grazie all'intelligenza e al gusto di Marco Tronchetti Provera e di Andrea Kerbaker, fa da sponsor e noi curiamo l'organizzazione. E ancora una volta tutto fila liscio, senza il minimo incidente, con una marea di persone che dopo aver cantato e ballato per due ore alla fine vanno via stanche e felici, potendo contare su mezzi di superficie e metropolitane che hanno prolungato gli orari di funzionamento per consentire un tranquillo ritorno a casa.

Da sindaco, è una serata perfetta. Dal punto di vista personale, è un sogno realizzato, perché come per tanti altri la mia gioventù è stata attraversata dalla musica dei Beatles, e Paul McCartney avevo provato a farlo venire a suonare a Pompei già quando ero ministro per i Beni culturali, ma non avevo fatto in tempo per la caduta del governo.

Stavolta ci sono riuscito, e alla fine del concerto, a luci

spente, non c'è nessuno che non pensi, con emozione, di aver vissuto qualcosa di irripetibile. È una convinzione destinata a durare, non c'è dubbio. Non molto più di un anno, però. Perché il 31 luglio 2004 la magia si ripete, con lo stesso scenario, il Colosseo, e altri due miti assoluti come Simon e Garfunkel. Appena abbiamo saputo che dopo vent'anni senza suonare insieme gli *old friends* avevano deciso di ritrovarsi per una tournée che comprendeva alcune tappe europee, ci siamo mossi immediatamente e dopo una serie di trattative piuttosto lunghe siamo riusciti a portarli a Roma. Stesso sponsor, stessa formula, nessun biglietto da pagare, tutto libero e aperto, e di nuovo ecco circa seicentomila persone accorrere per assistere a un concerto che richiama alla mente quello indimenticabile di Central Park, a New York, consegnato a un leggendario doppio album. Quattro mesi prima, a marzo, c'è stato a Madrid il tragico attentato alla stazione di Atocha e ogni grande città europea è ovviamente in allarme, ma la risposta che viene da Roma questa sera e in tutte le altre occasioni così – l'anno successivo, sotto il Colosseo, sarà la volta di un altro sir, Elton John, e nel 2006 di Billy Joel e Bryan Adams – dimostra che la cultura, l'incontro e la condivisione sono più forti della perversa logica della paura e della chiusura che i terroristi vorrebbero affermare.

È anche in questo modo, lo ripeto, con eventi che sono culturali ma che al tempo stesso hanno un profondo valore sociale, che vogliamo fare di Roma, sempre di più, una comunità salda e unita. È questo, si sarà capito, l'obiettivo di fondo che tiene insieme tutti gli altri. Gli appuntamenti delle varie edizioni dell'Estate romana hanno questa ambizione, che è anche una regola: nessuna separazione, né tra forme di espressione artistica, né tra persone, né tra le diverse parti della città. Sono le fondamentali novità che introduciamo, progressivamente, in questi anni. Primo: la programmazione si espande in modo così ampio che di fatto dalla stagione estiva si passa a coprire tutta la durata dell'anno. Secondo: le iniziative che si tengono in periferia sono sempre di più, per cui capita che tanti ragazzi abbiano l'opportunità di spostarsi dal loro quartiere per assistere a un concerto in centro, ma anche che altre volte possano scegliere di restare lì e trovare alternative interessanti. È un aspetto a cui, come me, tiene molto Gianni Borgna, il quale già alla fine dell'Estate romana del 2002 mi conforta con i numeri: non solo abbiamo avuto sette milioni e mezzo di spettatori, ma sui 3315 appuntamenti programmati all'interno di 102 manifestazioni, 1948 si sono svolti in periferia, cosa che rappresenta una netta inversione di tendenza rispetto al passato.

Insomma, la città diventa un caleidoscopio di eventi, che arrivano a tutti e ovunque. Prendiamo una sera, una delle tante piene di iniziative, quella del 24 luglio 2003. Mentre piazza del Popolo trabocca di persone venute ad ascoltare Caetano Veloso, la Cavea dell'Auditorium ospita il concerto di Lou Reed e a Capannelle, per la rassegna «Fiesta», c'è Khaled, di nuovo a Roma dopo il concerto per la pace al Colosseo. Contemporaneamente, a Caracalla, è in corso un autentico avvenimento, perché dopo dieci anni torna la lirica con la *Carmen* di Bizet, allestita in modo «leggero», praticamente senza scenografie, puntando tutto sul fascino del luogo e sulle luci; la cornice delle Terme è al solito suggestiva ed elegante, ma è bello vedere accostati nel parterre, in modo del tutto naturale, signore in abito da sera e turisti in maglietta, uomini in completo scuro e ragazzi con le scarpe da ginnastica.

La musica, di ogni genere, ha un ruolo centrale nel programma culturale che la città offre. Si potrebbe davvero continuare all'infinito, ricordando gli eventi che in questi anni abbiamo messo in piedi non solo all'Auditorium, ma anche in scenografie naturali che non molte altre città possono mettere a disposizione, dal concerto di Sting al Circo Massimo a un nuovo allestimento del *Flauto magico* in piazza del Popolo, sempre con la regia di Proietti e con la voce narrante che stavolta è quella di Claudio Bisio. Ma si potrebbe anche parlare del «Gran Ballo» di Ferragosto, che a ogni edizione conquista un numero maggiore di piazze in tutti i quartieri cittadini e diventa una sorta di tradizione. È davvero un momento in cui nessuna città al mondo può garantire un'offerta di questo livello. Se ne rendono conto i romani, lo sanno bene i turisti che sempre più spesso, anche se Roma la conoscono già, scelgono di tornare, magari con un volo last minute, per assistere a un concerto che non costa nulla e il giorno dopo ammirare qualche mostra.

E per capire quanto l'offerta sia ricca possiamo ripetere il «gioco» di prendere un momento qualsiasi, in questo caso non una sera ma un mese, e passare in rassegna il ventaglio di mostre che cittadini e turisti possono scegliere di visitare. Proviamo con il marzo del 2005? Chi vive a Roma o chi ci arriva, in queste settimane, oltre che nell'universo di Edvard Munch, a cui è dedicata un'esposizione al Vittoriano, può compiere un vero e proprio viaggio nella storia dell'arte del secolo scorso, tra le opere di Picasso, Renoir, Miró, Kandinskij, Monet, Pollock, Cézanne, Mondrian, Rothko, Ernst, Klee, tutte provenienti dalla collezione Guggenheim ed esposte alle Scuderie del Quirinale. Oppure può ammirare i paesaggi di Canaletto a Palazzo Ruspoli o visitare «Imago Urbis Romae» ai Musei Capitolini, mentre sempre in Campidoglio «Nell'occhio di Escher» permette di ammirare il percorso di uno dei più interessanti artisti contemporanei. A disporre di una simile offerta, peraltro, vogliamo siano soprattutto i giovani, motivo per cui abbiamo lanciato già nel 2002 la «Go-card», una carta che consente di avere sconti su tantissimi eventi culturali a tutti coloro che hanno dai diciotto ai trent'anni, risiedono qui o sono studenti fuori sede di una delle università romane.

Insomma, Roma è davvero una grande capitale europea che fonda un'importante parte della sua identità sull'amore per l'arte, per la bellezza, per la cultura. Mentre tutto tende a chiudersi, Roma si apre al mondo e agli altri. Lo fa in un modo sereno, che favorisce le relazioni, la sicurezza e la qualità della vita delle persone. Lo fa con successo, perché l'insieme delle iniziative che abbiamo visto contribuisce a mettere in circolo un'energia positiva che si diffonde ovunque, in ambiti e settori diversi. E genera ricchezza, lavoro per i romani, spirito di comunità.

13

Nessun abusivismo, nella città delle regole

9 ottobre 2002

Quinto Aurelio Simmaco fu un senatore dell'antica Roma. Non solo: fu il più importante oratore della sua epoca, il IV secolo dopo Cristo, tanto da essere paragonato dai suoi contemporanei a Cicerone. Apparteneva a una ricca famiglia romana, quella dei Simmachi, che possedeva diverse dimore e ville suburbane. Una, eletta a sua residenza, si trovava sul colle del Celio, proprio di fronte all'attuale ospedale militare.

È qui che la mattina del 9 ottobre mettiamo in atto un «blitz», una sorta di operazione militare, per smantellare quello che è diventato un vero e proprio regno dell'abusivismo nel cuore di Roma. Quasi un ettaro di spazio pubblico, uno spicchio di area archeologica pregiata a due passi dal Colosseo, è stato infatti «sequestrato» da un gruppo di persone che hanno tirato su due costruzioni abusive, nascoste alla vista da muri di cinta e presidiate da cani da guardia, dove vivono indisturbate da più di vent'anni. Sono posteggiatori abusivi, sono pregiudicati, che hanno instaurato un clima molto pesante, fatto di continue minacce e intimidazioni nei confronti degli abitanti, specie di chi cerca di protestare, di fare qualcosa. Dopo che ad agosto hanno risposto in modo violento a una prima richiesta di sgombero, decidiamo che è ora di porre fine a una situazione che non è più tollerabile.

È ancora l'alba, sono le cinque, quando entrano in azione le ruspe del Comune, seguite dal personale dell'Ufficio abusivismo edilizio e dell'Ama, sotto il controllo di carabinieri e vigili urbani. Questa volta le persone che occupano gli edifici, una dozzina, capiscono che non hanno alcuna possibilità di reagire. Hanno perso, se ne devono andare. I muri vengono giù, l'area comincia a essere sgomberata e i cittadini scendono in strada a congratularsi, a esprimere tutta la loro soddisfazione. La parola che corre di bocca in bocca è una: «finalmente». Tre giorni dopo, con il terreno che è già stato spianato e i presenti che quasi si commuovono perché ora la vista è libera da una parte all'altra della piazza, ci ritroviamo lì, in via Claudia, per un brindisi e una piccola festa, anticipo di quella che ci sarà dopo pochissimi mesi, a febbraio, quando fra palloncini, trampolieri e canzoni si inaugura il nuovo parco del Celio. Dove c'erano degrado e sopraffazione, ora ci sono verde, un'area giochi per i bambini e serenità.

La parola «abusivismo» non deve più esistere, in questa città. Le regole devono essere rispettate. Chiunque pensi di aggirarle con la furbizia o di calpestarle con la forza si illude, commette un grosso sbaglio.

Tutto questo abbiamo cominciato a farlo capire anche prima della giornata di ottobre al Celio. Dopo appena due mesi dall'inizio del mandato abbiamo abbattuto una megavilla di mille metri quadri, con tre piani e venti stanze, sorta abusivamente in un'area di agro romano vincolato nella zona di Casetta Mattei. Poi è stata la volta di alcune costruzioni illegali alla Borghesiana, di una serie di manufatti a Ostia e sulla via Cristoforo Colombo, e soprattutto della lunga e difficile battaglia per abbattere trentamila metri cubi di «propaggine» abusiva dell'Hotel Summit, in via della Stazione Aurelia. Viene chiamato il «Fuenti romano», perché il suo caso ricorda quello del gigantesco albergo eretto illegalmente sulla costiera amalfitana, di cui mi occupai anche io ai tempi del governo Prodi e che finalmente si iniziò a demolire nella primavera del 1999. La vicenda, peraltro, prende il via nello stesso periodo: quello che in base ai permessi doveva essere un semplice garage annesso all'hotel diventa, con tanto di sbancamento di una collina che sorgeva lì a fianco, un enorme parallelepipedo di cemento che ospita una sala congressi e trentanove stanze, per un totale di seimila metri quadri. Di fronte a uno scempio del genere chiunque considererebbe l'immediato intervento per fermare i lavori come la cosa più semplice e scontata del mondo. Invece no, inizia un lungo e travagliato percorso fatto di denunce, ricorsi, ordinanze e sigilli infranti bellamente dai proprietari per concludere quel che hanno cominciato. E anche noi, quando dopo varie autorizzazioni della magistratura e le immancabili sentenze del Tar del Lazio ci presentiamo lì davanti, come sempre all'alba, il 7 settembre 2001, riusciamo solo a far buttare giù una parte del solaio, un frontone e qualche porzione di muro, dopo di che le pale meccaniche sono bloccate dall'arrivo di un trafelato avvocato che ci consegna una sospensiva della quinta sezione del Consiglio di Stato.

Viviamo in uno Stato di diritto che prevede diversi gradi di giudizio e ovviamente il Campidoglio li rispetta, ma in presenza di un abuso così smaccato che continua a restare in piedi è davvero difficile trattenere la rabbia. Comunque non molliamo certo la presa, e insieme all'assessore ai Lavori pubblici Giancarlo D'Alessandro e al dirigente del Comune Massimo Miglio continuiamo a seguire passo dopo passo la vicenda, che si sblocca nel gennaio del 2002, quando il Consiglio di Stato stabilisce, stavolta, che si può procedere con l'abbattimento. Cosa che cominciamo a fare il 7 febbraio. È un'altra giornata importante, un'altra tappa della nostra lotta all'abusivismo edilizio e contro la devastazione del territorio.

Le ruspe dell'Hotel Summit, come quelle del Celio, rimandano però a un altro significato profondo, perché rappresentano una concreta e al tempo stesso simbolica riparazione di un'ingiustizia. Incarnano la sconfitta, infatti, della presunzione di alcuni di essere cittadini «più uguali» degli altri: più ricchi, più potenti, più fortunati e con le amicizie che contano, quando poi sono semplicemente più arroganti e moralmente disinvolti. Perché l'abusivismo dei decenni passati aveva, se non altro, il segno di quella che un tempo si invocava come «necessità». I poveri cristi che arrivavano da lontano e che pur di campare si costruivano una casetta danneggiavano la città e il bene comune, ma almeno lo facevano con lo spirito di chi viola la legge per disperazione. I grandi abusi con cui ci stiamo scontrando adesso, invece, sono dettati dall'ingordigia del possesso e della speculazione. Sono interi palazzi con appartamenti che poi vengono venduti o affittati, sono ville che sorgono come espansione di altre, tutte senza permesso. Sono violazioni della legge e non solo, perché rappresentano un insulto alla comunità e uno sberleffo per i cittadini che le norme le rispettano, per quelli che fanno i conti con i principi del vivere comune e con il funzionamento del mercato.

È per tutto questo, per il ripristino delle regole e in nome della legalità, che andiamo dritti per la nostra strada con determinazione e con durezza. Ogni costruzione abusiva, a Roma, deve essere rasa al suolo, deve sparire. Punto.

In questi anni è un susseguirsi di demolizioni. Nel settembre del 2003 tocca alla gigantesca villa di duemila metri quadri, del valore di almeno 2 milioni di euro, costruita su un terreno pubblico sulla Laurentina, nella zona di Tor Pagnotta, e destinata a una quindicina di nomadi accampati nelle vicinanze. Lo stesso mese un caterpillar del Comune arriva nel cuore del parco dell'Appia Antica, di fronte alla tomba di Cecilia Metella, per eliminare una villa prefabbricata di duecento metri quadri, di legno pregiato, spuntata dal nulla in pieno agosto. Qualche mese dopo nello stesso parco, una delle aree archeologiche più preziose al mondo, dobbiamo tornare per buttare giù un'altra villa in costruzione, di due piani, affacciata sulle catacombe di San Callisto; e l'anno dopo per un capannone in via dell'Almone, vicino alla fonte Egeria. Stesso discorso per il parco di Veio, che è supervincolato per i suoi tesori paesaggistici e naturali ma che a quanto pare alcuni considerano un terreno su cui costruire a proprio piacimento edifici e ville, come il mostro di cemento di cinque piani e millesettecento metri quadri che andiamo ad abbattere nell'aprile del 2005 in via di Santa Cornelia o i sessantadue appartamenti quasi ultimati, in una posizione esclusiva su via della Giustiniana, sempre nel cuore del parco, che un anno dopo fanno la stessa fine.

È, per l'appunto, un abusivismo di lusso, non certo di prima necessità. Si costruisce in pochissimo tempo, confidando nelle lunghe procedure della burocrazia e della giustizia e sperando in nuovi condoni. Speranza che il governo Berlusconi, va detto, concretizza con una certa generosità.

In aree così vaste è difficile, peraltro, controllare e intervenire. Riusciamo a farlo più di quanto non si sia mai fatto anche grazie a un'arma di cui ci dotiamo: il sistema «Vista», che sta per «Visione territoriale aerea», basato su una tecnica fotografica che consente di avere una visione tridimensionale degli oggetti, misurandone volume e superficie. Questo ci permette di fare, quindi, sia verifiche immediate, sia raffronti con immagini d'archivio e comunque di volta in volta precedenti, per vedere cosa è cambiato o sta cambiando.

È chiaro che procedendo così andiamo a colpire interessi non da poco. Una mattina di febbraio – siamo nel 2004, e fin qui abbiamo abbattuto centotrentamila metri cubi di costruzioni abusive –, mentre sono nella mia stanza in Campidoglio, mi chiamano dall'ufficio postale per dirmi che è arrivata una lettera, diciamo così, un po' particolare. È indirizzata al «Signor Sindaco Walter Veltroni» e contiene un proiettile, un calibro 9 parabellum, mi dirà più tardi la polizia. C'è anche un biglietto scritto al computer, a caratteri grandi e in stampatello, che recita: «Con la demolizione del XVIII Municipio l'esempio l'ai dato, adesso basta». L'autore con tutta evidenza non è un virtuoso della lingua italiana, ma il senso delle sue parole è sufficientemente chiaro. Si riferisce al grande palazzo – diecimila metri cubi di cemento armato e calcestruzzo disposti su tre piani – che abbiamo abbattuto in via Noasca, a Casal del Marmo, in pieno agro romano. E probabilmente è preoccupato per quello di analoghe dimensioni che sta nascendo sulla stessa strada. Se è così fa bene a preoccuparsi, perché la fine sarà sempre quella. Non indietreggeremo di un millimetro, nella sua zona come in tutto il resto della città.

Tra l'altro, Roma ha vissuto da poco una giornata importante, perché il 10 dicembre ne abbiamo riconquistato un pezzo in pieno centro, liberando via Tor di Nona, sul lungotevere, non lontano da piazza Navona. Erano quindici anni che una cinquantina di persone avevano occupato le botteghe storiche della piccola strada creando una zona franca sorvegliata da pitbull e rottweiler, con i residenti costretti a vivere in un clima fatto di oppressione e continue minacce. Ora procediamo finalmente allo sgombero: tutti avranno una settimana di tempo per trovare un altro alloggio e per donne e bambini, se servirà, ci incaricheremo noi di cercare soluzioni alternative. Diversi adulti vengono portati in commissariato per essere schedati, perché dentro le loro abitazioni è stato trovato di tutto, anche se mentre siamo sul posto un poliziotto mi dice che di alcuni, di foto segnaletiche, ne hanno pure troppe. A ogni buon conto, la cosa importante è che un luogo di degrado e di illegalità diffusa viene restituito a tutti i cittadini romani. È una ferita che guarisce. Soprattutto quando le botteghe liberate vengono assegnate ad artigiani sfrattati in base a una graduatoria stilata appositamente dal Comune, e Tor di Nona può tornare ad assumere il suo volto storico e a essere meta delle passeggiate di romani e turisti.

In centro e in periferia, senza alcuna differenza, senza guardare in faccia nessuno: gli abusi li contrastiamo ovunque, l'elenco comprende di tutto. I locali del pub di via Frangipane, dietro via Cavour, che il proprietario ha praticamente raddoppiato scavando in un muro antico e demolendo soffitti a volta dell'Ottocento. Lo scheletro dell'edificio di sei piani, mai terminato, che il cassiere della banda della Magliana Enrico Nicoletti ha iniziato a costruire alla borgata Finocchio, sulla Collina della Pace, che si chiama così perché nel Sessantotto vi ebbe luogo una grande manifestazione contro la guerra del Vietnam: dopo un'attesa di venticinque anni lo smantelliamo, su quell'area nascerà un parco e i casali che vi sorgono – sempre sequestrati a Nicoletti – ospiteranno una biblioteca, una ludoteca e la sede delle associazioni di quartiere. E ancora la vera e propria villetta che, spacciata per ristrutturazione di un vecchio immobile, sta incredibilmente spuntando in via Margutta, vicino a Trinità dei Monti. Lo sgombero dal residence Bastogi, tra Torrevecchia e Quartaccio, delle persone che lo hanno occupato illegalmente, con l'assegnazione degli alloggi alle famiglie che ne hanno davvero diritto. La mansarda sopra il palazzetto di via dei Cappellari dove nacque Metastasio, in campo de' Fiori, con buona pace del proprietario che, durante la demolizione, a un certo punto arriva e mi dice che si tratta di un complotto ai suoi danni, di una «forzatura politica». La villa a Casalpalocco che un signore ha pensato di iniziare a costruire per il figlio senza alcun permesso e senza preoccuparsi nemmeno troppo, visto che per la sua, sorta anni prima sullo stesso terreno e nello stesso modo, è stato sufficiente approfittare del condono del 1994.

Ci si può fermare qui, gli esempi possono bastare a capire come abbiamo fatto, in sette anni, a demolire più di mezzo milione di metri cubi – cinquecentodiecimila, per l'esattezza – di costruzioni abusive. E riescono anche a far immaginare, credo, il modo in cui ci siamo posti di fronte a un altro problema serio di rispetto delle regole: i cartelloni pubblicitari «selvaggi» che spuntano abusivamente lungo le strade di Roma e in particolare quelli di formato maxi, di sei metri per tre.

Prima di parlarne, però, mi corre l'obbligo di fare un'eccezione al taglio assolutamente «diaristico» di queste pagine per accennare a qualcosa che succederà anni dopo, in modo per noi del tutto inaspettato e sconcertante. Una delle persone che sono state più impegnate sul fronte della lotta all'abuso e all'illegalità diffusa, che sono state concretamente protagoniste di tutte le azioni raccontate in queste ultime pagine, è il vicecapo di gabinetto, Luca Odevaine. Tra i prefetti e i vertici delle forze dell'ordine che si susseguono a Roma in tutto questo arco di tempo non ce n'è uno che avendo a che fare con lui non manifesti, nei suoi confronti, considerazione, fiducia e stima. «Sconcerto», dunque, è davvero il minimo che tutti noi proviamo quando alla fine del 2014 le indagini della magistratura fanno emergere il suo coinvolgimento in una storia terribile di intreccio tra criminalità, politica e affari nota come «mafia Capitale». Un coinvolgimento databile a partire dalla seconda metà del 2011, quindi parecchio tempo dopo la nostra esperienza amministrativa. Ma questo non attenua in alcun modo lo sconcerto e il dolore, che rimangono tali.

Comunque, per tornare ai cartelloni sei metri per tre, il principio e la maniera di procedere sono gli stessi delle costruzioni abusive: li abbattiamo, per ripristinare la legalità, per impedire che continuino a deturpare la città, per stroncare gli interessi della malavita organizzata che si nascondono dietro questo settore, con società che nascono e muoiono in pochi mesi per essere meno controllabili. È una lotta senza quartiere che iniziamo subito, perché già nella seconda riunione di giunta, nel giugno del 2001, stabiliamo di partire con le demolizioni affidandole all'Ama e contemporaneamente avviamo un lavoro per definire una nuova e complessiva normativa in materia di affissioni, con la previsione di nuove regole e l'impostazione di un Piano regolatore della pubblicità nella città. Se il secondo aspetto ha bisogno dei suoi tempi – si forma subito una commissione ad hoc presieduta dal capo di gabinetto Maurizio Meschino, consigliere di Stato, che come il capo della segreteria Walter Verini aveva già collaborato con me ai tempi di Palazzo Chigi –, per il primo occorre invece un impegno immediato, metodico e quotidiano, perché spesso non si fa in tempo a eliminare un cartellone che la mattina dopo al suo posto ne è spuntato un altro. A ogni modo, anche se a fine settembre ne avremo abbattuti già millecinquecento e un anno dopo circa ottomila, la via che a un certo punto scegliamo di imboccare è drastica, e nel novembre del 2002 ottiene l'approvazione dell'Aula Giulio Cesare: a Roma i megacartelloni sei metri per tre saranno, molto semplicemente, del tutto vietati. Resteranno quelli quattro per tre e comunque non nel centro storico, dove la pubblicità dovrà essere fatta solo con elementi di arredo urbano, così come avviene in tanti Paesi europei. Dopo di che, nei mesi successivi introduciamo altre novità importanti, dalle autorizzazioni da assegnare attraverso gare pubbliche che obblighino le imprese vincitrici alla manutenzione e al miglioramento dei luoghi dove sorgono gli impianti, alla misura per cui in caso di sanzioni di strutture abusive non sarà solo la ditta installatrice a pagare, ma anche i committenti della pubblicità.

Sono regole più severe, è vero. Ma le società oneste non hanno nulla da temere e anzi apprezzano, perché, cifre alla mano, le richieste degli inserzionisti non diminuiscono ma aumentano. Meno contenti i furbi e i disonesti. E infatti da un'inchiesta della procura emerge anche, nel luglio del 2004, una telefonata nel corso della quale il titolare di una di queste ditte dice testualmente al suo interlocutore: «Il signor Veltroni io lo stendo, tanto so dove abita. Polizia non ce n'è... Poi, sai, c'è gente che lo fa di mestiere, questo». Non c'è dubbio che rispetto alla busta col proiettile questa minaccia rappresenta un «salto di qualità». Conoscere i movimenti di una persona, fare un sopralluogo sotto casa sua, significa essere determinati a difendere i propri affari illegali. Peccato, però, che questa determinazione non serva a nulla, perché noi andiamo avanti come e più di prima. Nell'aprile del 2006, infatti, approveremo il Regolamento comunale in materia, basato sul lavoro della commissione tecnica, in cui le novità introdotte saranno integrate in un quadro normativo organico, e stabiliremo anche, per la prima volta, i criteri per la redazione del Piano regolatore degli impianti pubblicitari. E così alla fine di quell'anno la battaglia – anzi, la lunga guerra di posizione – è vinta, perché di cartelloni sei metri per tre, a Roma, non ce ne sono più.

14

Addio agli ex Mercati generali

13 ottobre 2002

Francesco Rutelli ha spesso raccontato di aver trovato, appena arrivato in Campidoglio, alla fine del 1993, dei cassetti desolatamente vuoti. Nel senso che di progetti avviati e da portare avanti non c'era nemmeno l'ombra, era tutto da inventare, bisognava partire da zero. Per me non è stato così, sono stato più fortunato. È successo di dover accelerare situazioni rallentate o sbloccarne altre pericolosamente ferme – prima fra tutte, per la sua importanza, quella dell'Auditorium –, ma non mi sono trovato nelle condizioni del mio predecessore. Forse è anche per questo che mi riprometto, fin dai primi giorni da sindaco e nonostante manchino molti anni, di lasciare a chi verrà dopo di me, chiunque sia, un quadro di questo tipo: la maggior parte delle opere realizzate e le altre comunque avviate e portate a buon punto, perché l'eventualità di non finirle in tempo non può certo far desistere dal farle partire.

Ci sono imprese dietro le quali si possono annidare mille difficoltà, che possono veder insorgere problemi inaspettati. Questa consapevolezza, però, non può essere paralizzante. Non ci si può accontentare del piccolo cabotaggio, se si ha il compito di governare una città come Roma. Per cui immaginiamo bene quali potranno essere i rischi e le complicazioni quando si tratta di decidere del futuro dei Mercati generali all'Ostiense e del luogo che da ottant'anni ospita la loro attività. Ma non abbiamo dubbi se c'è la possibilità di avviare la più grande azione di riqualificazione urbana intrapresa dal dopoguerra in poi.

Parliamo di un cambiamento storico. L'atto di nascita dei Mercati generali, infatti, risale anche a più di ottant'anni fa. È del 1910, quando messa da parte l'idea di realizzarli sui due fronti di viale Trastevere – che all'epoca si chiamava viale del Re – l'Ufficio tecnico del Comune, diretto dall'ingegner Emilio Saffi, presenta al sindaco Ernesto Nathan il progetto per costruirli lungo la via Ostiense. Arriva però la Grande guerra a fermare tutto, con i primi padiglioni – in muratura e cemento armato, mentre inizialmente era previsto l'uso del ferro – che vengono consegnati solo nel 1922 e i restanti nel 1924, e l'attività dei Mercati che comincia anch'essa, conseguentemente, in due fasi distinte. Da quegli anni in poi, diverse generazioni di romani hanno avuto a che fare con questo luogo: in tantissimi ci hanno lavorato, molti altri hanno fatto acquisti all'ingrosso per la loro attività, tutti hanno imparato a considerarlo parte integrante del panorama cittadino, come se ci fosse sempre stato. Con il tempo, però, la situazione è diventata insostenibile, con padiglioni chiusi e strutture degradate, scarso rispetto delle norme igieniche, operazioni di carico e scarico sempre più laboriose e un quadro complessivo non all'altezza di una metropoli moderna.

Insomma, i problemi di fondo, i nodi da sciogliere, sono essenzialmente due, ognuno dei quali porta con sé diversi altri aspetti da risolvere. Primo: dove trasferire i Mercati dopo aver preso la decisione – ormai non più rinviabile – di lasciare la vecchia sede. Secondo: cosa fare degli oltre ottantamila metri quadri che rimarranno liberi e a disposizione una volta ultimato lo spostamento. E questo sapendo che entrambe le questioni dovranno essere risolte avendo a cuore e soddisfacendo le esigenze sia degli operatori, sia dei cittadini.

Il primo passo concreto è del 13 ottobre 2002, una domenica. È l'addio dei Mercati generali al luogo di sempre, e come è immaginabile avviene in un misto di gioia e di nostalgia. È comunque, fondamentalmente, una giornata di festa: il grande cancello di ferro su via Ostiense viene aperto a tutti e migliaia di persone entrano a vedere e a salutare questo posto così particolare e così intrecciato con la vita della città. Un posto abituato a pulsare più di notte che di giorno, e che oggi fa un'eccezione, la prima e l'ultima, con la banda musicale dell'Atac che suona l'*Inno* di Mameli, tra giocolieri e spazi allestiti per i bambini, degustazioni per i più grandi, banchi che regalano sacchetti di frutta, foto d'epoca e alla fine un filmato con le immagini, molte in bianco e nero, dei Mercati com'erano una volta. Mi rendo conto che una parte consistente del nostro lavoro è «riconquistare la città». Riportare luce dove è sceso il buio, riordinare la «casa» dove il degrado si è fatto strada.

Sei settimane dopo, nella notte di un'altra domenica, quella del 24 novembre, il quadro è completamente diverso, in scena va il futuro. Sulla via Tiburtina, a Guidonia, apre infatti il nuovo Car, il Centro agroalimentare in cui sono accolti tutti gli operatori che prima lavoravano a Ostiense. Il progetto è stato approvato ai tempi di Rutelli, sono quarantacinquemila metri quadri ed è qualcosa di più di un semplice trasferimento: nasce una vera e propria «città dei commerci» dotata di infrastrutture tecnologicamente avanzate in grado di offrire più volumi, più servizi e più qualità. Andiamo lì in piena notte, l'assessore Valentini e io, per assistere al momento fatidico dell'avvio delle prime contrattazioni ufficiali, attorno alle tre e mezza.

Non ci vuole molto a fugare i dubbi e le perplessità che diversi operatori hanno coltivato negli ultimi giorni: basta osservare i tir e i camion che entrano ed escono dalla nuova gigantesca struttura. Alla fine sono circa tremilacinquecento, con un incremento degli affari che quando è mattina viene valutato attorno al 40-50 per cento rispetto a un normale lunedì nei vecchi Mercati. È il segno che si apre una nuova pagina, che la sfida avviata è vincente.

C'è però da vincere anche l'altra partita, forse ancora più importante, di certo più complessa: il futuro dell'area sulla via Ostiense. Siamo in un quartiere che soprattutto negli ultimi anni ha sviluppato un'autentica «vocazione» giovanile, per la presenza dell'università di Roma Tre e per i numerosi locali che alimentano una vita notturna molto vivace. È pensando a questo che una mattina, nel mio ufficio in Campidoglio – mentre facciamo una riunione operativa a cui partecipano tra gli altri l'assessore all'Urbanistica Roberto Morassut e quello al Patrimonio Claudio Minelli –, propongo la mia idea: perché non creare una «Città dei giovani»? Un luogo che sia per loro un centro di attrazione e di aggregazione, dove si respiri cultura con librerie, teatri e mediateche, e al tempo stesso socialità, concentrando qui locali, punti enogastronomici, attività sportive e intrattenimento, oltre a servizi e altre possibilità che potremo cogliere ascoltando cittadini e associazioni, perché il metodo della partecipazione, quando in ballo c'è il futuro di un pezzo importante della città, è un'opportunità e insieme un dovere.

Il modello che ho in mente è un po' quello del Covent Garden di Londra, dove arrivano ragazzi da tutta Europa e che in fondo è nato proprio al posto di un vecchio mercato ortofrutticolo. Non ci sarà nemmeno bisogno di buttare giù i padiglioni esistenti, basterà riconvertirli, perché hanno il loro fascino e sono comunque veri capolavori di archeologia industriale vincolati dalla soprintendenza. Queste, comunque, saranno scelte di chi si aggiudicherà il progetto. Al Campidoglio spetta innanzitutto indicare i criteri da rispettare, le «destinazioni d'uso», e trovare i finanziamenti. A tal proposito la strada maestra è una: il coinvolgimento dei privati, assegnando la trasformazione dei Mercati generali sulla base di un nostro piano di fattibilità e in cambio di una concessione per sessant'anni degli spazi, che resteranno ovviamente di proprietà pubblica.

Il primo tassello, a ogni modo, lo poniamo noi, è del Comune: il 25 ottobre 2003, nella zona centrale dove c'erano i banchi dell'ortofrutta, subito dopo l'ingresso monumentale, nasce la nuova piazza delle Erbe, che si estende per circa un ettaro, ha un particolare sistema di illuminazione con enormi cubi di luce e resta aperta ai cittadini dall'alba al tramonto. Dopo di che, pochi giorni più tardi, pubblichiamo il bando di gara internazionale per il più grande intervento di recupero e riqualificazione in Europa dopo quello realizzato a Parigi nell'area di Les Halles, che in realtà è stato più di demolizione e ricostruzione. Alla fine, rispettate le scadenze ed espletati tutti i passaggi, dodici mesi dopo il quadro è chiaro. L'appalto se lo aggiudica una cordata italo-americana in *project financing*, con un investimento – la base d'asta era di 92 milioni di euro – di 230 milioni. Il progetto vincitore, invece, è quello dell'architetto olandese Rem Koolhaas, che ha già al suo attivo opere come la Casa da Música di Oporto, la Biblioteca centrale di Seattle e l'estensione della Tate Gallery a Londra. Basta osservare il plastico che prefigura la realtà per avere la suggestione di quel che potrà nascere: il teatro è il grosso parallelepipedo rosso che sembra una specie di nuvola quadrata, e poi ci sono il parco centrale e la più grande libreria d'Europa, gli spazi commerciali e i parcheggi sotterranei, le «terme moderne» con strutture per il fitness e per diverse attività sportive, la mediateca e la «città dei sapori», pub e jazz club, una multisala cinematografica, spazi per mostre, un asilo, una ludoteca e una sede per attività amministrative del Municipio. Tutto questo rispettando le percentuali stabilite: 40 per cento cultura e tempo libero, 19 per cento ristorazione, 35 per cento commercio e 6 per cento terziario.

Insomma, si entra nel vivo. O almeno così sembra, perché il ricorso della società francese arrivata seconda nella gara per l'aggiudicazione dei lavori blocca tutto, fino a quando il Tar del Lazio non dà ragione al Comune e si può così ripartire. Nel febbraio del 2007 inauguriamo il cantiere, dopo le demolizioni inizieranno i sondaggi per verificare l'eventuale presenza di resti archeologici e poi si potrà dare il via alla vera fase della costruzione. Così, quello che è stato per decenni un luogo di fatica comincerà a trasformarsi in un moderno e straordinario punto di riferimento della cultura giovanile a Roma. Sarà tutto pronto nel 2010, se con gli scavi non verranno alla luce ritrovamenti di particolare valore e se non ci saranno altre novità...

15

«Civis romanus sum»

31 ottobre 2002

«Si doveva lavorare ventiquattro anni... San Paolo ha fatto prima.» Sorride, il papa, mentre si volta verso di me, che sono seduto al suo fianco, e mi dice queste parole. È un po' stanco e affaticato, si vede, ma è contento. I ventiquattro anni sono ovviamente quelli del suo pontificato. È il tempo passato da quando è il vescovo di Roma. Il lavoro, ed è su questo che scherza, è quello che ha dovuto fare prima di ottenere la cittadinanza onoraria della sua «seconda città», come lui stesso l'ha definita.

Non è mai successo che un papa sia diventato cittadino romano. Sarebbe un fatto senza precedenti nella storia. Perciò, quando nove mesi prima ne ho avuto l'occasione, nel corso della tradizionale udienza di inizio anno, in Vaticano, con le istituzioni locali, ho pensato di chiedergli direttamente cosa ne pensasse. Ci avrebbe concesso il grande onore di accettare? Riteneva che questa proposta potesse avere un seguito? Domande di fronte alle quali mi ha risposto, molto semplicemente: «Vada avanti».

Non era la prima volta, questa di gennaio del 2002, che da sindaco incontravo papa Giovanni Paolo II. Nell'agosto precedente, il 30, ero stato ricevuto nella sua residenza estiva, a Castel Gandolfo. Ero andato con Flavia, Martina e Vittoria, ma prima del momento privato e familiare avevo avuto l'occasione di esporgli, in un colloquio a quattr'occhi, le nostre idee su cosa fare a Roma per le persone più deboli e per chi è in difficoltà, per i poveri, gli anziani, i bambini, i disabili, gli immigrati. Gli aspetti sociali sono quelli che più gli stanno a cuore e durante quella conversazione mi rendo conto che non si tratta di un'attenzione «dovuta», legata al ruolo che ricopre, al suo magistero. No, la sua è una partecipazione vera e profondamente umana, accompagnata da una grande curiosità intellettuale, che si manifesta in ogni argomento che affrontiamo. È il tratto che di lui mi ha sempre colpito di più. Già dalla mia visita in Vaticano di otto anni prima, quando dirigevo «l'Unità» e gli avevo portato una copia dei Vangeli che avevamo deciso di allegare al giornale. Lo ricordo, quella volta, scherzare con Vittoria, che allora era molto piccola e che un attimo prima del suo arrivo, nella sala dove lo aspettavamo, ci era sfuggita di mano ed era andata a mettersi proprio sulla sua sedia. Flavia e io eravamo decisamente imbarazzati, ma lui con un sorriso e una battuta aveva creato subito un clima cordiale e poi, partendo dall'iniziativa che gli stavo presentando, era passato a chiedermi un po' di tutto, con grande interesse per ogni cosa.

Per tornare a questo 2002, la decisione finale di conferire la cittadinanza a Giovanni Paolo II spetta ovviamente al consiglio comunale, fissato per il 17 ottobre. L'atmosfera che si respira in Aula Giulio Cesare quel pomeriggio è solenne e al tempo stesso serena, di gioia. È un momento storico, è vero, ma forse è ancora di più il segno di un grande affetto. Da parte nostra, che vogliamo esprimere così, nel modo più alto e profondo, la riconoscenza della città nei suoi confronti. E crediamo anche da parte del papa, che da quel lontano 16 ottobre 1978 ha avuto con Roma un rapporto forte e continuo, dimostrando una vicinanza anche fisica, con un vero e proprio pellegrinaggio che l'ha portato in ogni quartiere della città. Fin dall'inizio, appena eletto, al campo nomadi di Tor Bella Monaca o all'asilo di San Francesco Saverio alla Garbatella. Nelle carceri, intrattenendosi con i detenuti, anche con chi aveva alzato un'arma contro di lui, portando loro conforto. Negli ospedali, partecipando alla sofferenza dei malati, in particolare dei bambini, o nelle mense dei poveri, testimoniando con la sua presenza il valore dell'attenzione ai più deboli, della carità cristiana, della solidarietà. Nei giorni più difficili, come quelli dell'esplosione a Val Melaina o del crollo di via Vigna Jacobini nel dicembre del 1998, al Portuense; e nei momenti più felici, a cominciare dall'incontro con il milione di ragazze e ragazzi a Tor Vergata, in occasione della quindicesima Giornata mondiale della gioventù, nell'anno del Giubileo. Un rapporto speciale, stretto anche attraverso il lungo viaggio in quasi tutte le oltre trecento parrocchie romane, nelle nuove chiese delle periferie estreme della città; e tanti sacerdoti raccontano come si fermasse per ore e ore, quando era ancora nel pieno delle forze, ad ascoltare i problemi delle persone di ogni età e condizione sociale, a dar loro conforto e speranza. E poi come dimenticare la tappa diversa da tutte, breve come distanza, ma significativa come nessun'altra: il 13 aprile 1986, quando entrò nella Sinagoga, stupendo tutti, chiamando gli ebrei «i nostri fratelli maggiori». E l'allora rabbino capo Toaff che disse: «Ci sono voluti dunque duemila anni, con papa Wojtyła è caduto un muro».

Il voto del consiglio comunale, solo pensando a tutto questo, non può che essere unanime ed è salutato da un caloroso applauso. In attesa dell'appuntamento in Vaticano, fissato per il 31 ottobre, due settimane dopo.

La cerimonia di quel giorno si svolge all'interno del Palazzo Apostolico, nella sua biblioteca personale, ed è molto semplice e sobria. Se quello della battuta sui ventiquattro anni di lavoro e di attesa è il momento più simpatico, quello più emozionante è di sicuro quando il papa, dopo aver ricordato di essere arrivato a Roma per la prima volta nel lontano 1946 e di aver cominciato a conoscerla e ad amarla già allora, dice di sentirsi «onorato di poter ripetere oggi, con particolare intensità di significato, le parole dell'apostolo Paolo: *civis romanus sum*». E alla fine, al momento di congedarci – con me ci sono il vicesindaco Gasbarra, il presidente del consiglio comunale Giuseppe Mannino e i capigruppo di maggioranza e opposizione –, sorridendo mi fa la raccomandazione di salutare i suoi «concittadini».

È una cosa, la cittadinanza, che Giovanni Paolo II prende davvero a cuore. La frase latina con cui l'ha apprezzata nel momento più ufficiale trova anche il modo di tradurla, per così dire, nel febbraio del 2004, quando si rivolge ai parroci di Roma nel tradizionale incontro di inizio Quaresima dicendo loro, a mo' di esortazione: «*Damose da fa', volemose bene*» e «*Semo romani*». Alle tante lingue che già parlava, Wojtyła a quanto pare ha aggiunto il romanesco. E, ascoltandolo, di certo non c'è un solo romano che non si lasci scappare un sorriso o che non faccia una battuta per commentare con orgoglio la perfetta sintonia che ormai si è creata tra il papa venuto dall'Est e la città che lo ha accolto con una grande simpatia diventata, nel tempo, un legame molto più profondo.

In ottobre, peraltro, abbiamo festeggiato i venticinque anni del suo pontificato in Aula Giulio Cesare, con una riunione straordinaria del consiglio che vede la presenza del cardinale vicario Camillo Ruini, e con dei fuochi d'artificio che la sera, dal Gianicolo, illuminano il cielo della città. Al papa piacciono molto e quello spettacolo lo apprezza sinceramente, tanto che la domenica successiva, affacciandosi dalla finestra per rivolgersi ai fedeli, vorrà ringraziare per il dono ricevuto «l'amata Roma».

Un amore ricambiato. Lo si vedrà l'anno dopo nei momenti dolorosi del peggioramento della malattia e del ricovero al policlinico Gemelli e poi negli ultimissimi giorni, quando una stanza del terzo piano del Palazzo Apostolico viene allestita come una camera d'ospedale e di sotto, in piazza, sostano in veglia a pregare o a rivolgergli un pensiero migliaia di persone. È la sera del 1° aprile quando la basilica di San Giovanni in Laterano è meta di un lento e costante pellegrinaggio, fino a diventare gremita all'inverosimile. Ci sono tutte le principali cariche istituzionali, a cominciare dal presidente della Repubblica Carlo Azeglio Ciampi e dal premier Silvio Berlusconi. Centinaia di cittadini affollano le navate, uniti da uno stesso sentimento. Quello che prova chiunque di noi sia venuto ad ascoltare la messa celebrata dal cardinal Ruini, che usa un'immagine molto bella, dicendo che Giovanni Paolo II «già vede e già tocca il Signore».

Il giorno dopo è quello della fine, del dolore. Pensando all'importanza di ciò che abbiamo appena perso è inevitabile provarlo e sentirsi più soli. Ma ci sono anche serenità e profonda gratitudine, perché abbiamo avuto la fortuna di vivere il tempo segnato dal magistero di un grande papa. Grande perché era un uomo che sapeva procedere, in molti casi, in senso contrario rispetto alla corrente. Un filosofo come Emanuele Severino ha riconosciuto e spiegato con un'efficace similitudine come Giovanni Paolo II abbia saputo, a volte, parlare «come uno che, in mezzo a un torrente in piena, sostenga che l'acqua va dalla valle al monte», e come per questo obiettivo abbia anche «agito nel modo più vigoroso». È stato davvero così. In un mondo disseminato di conflitti, quelli grandi e noti e quelli numerosi e dimenticati, e in cui sembra quasi farsi strada l'idea che la violenza sia il modo «naturale» per risolvere le controversie, Giovanni Paolo II non ha mai smesso di vedere nella guerra «un'avventura senza ritorno». Mentre cresceva la globalizzazione dei mercati e delle economie nel segno di uno sfrenato liberismo, sosteneva la necessità di una globalizzazione della solidarietà, dell'impegno per contrastare la povertà, in special modo in Africa. E di fronte al disinteresse e agli sbagli dei potenti della Terra, incapaci di porre rimedio alla tragedia dei «trafitti dalla spada» e all'«orrore della fame», ammoniva richiamando «il silenzio di Dio, che non si rivela più e sembra essersi rinchiuso nel suo cielo, quasi disgustato dell'agire dell'umanità». Contro il flusso della corrente andava anche quando esortava i giovani a non farsi rapire dalle sirene dell'edonismo, dalla ricerca dell'immediato e del superficiale, e a riflettere invece sul valore della vita di ogni individuo, sull'importanza di pensare e di realizzare la propria esistenza non chiusi in se stessi, ma rivolti agli altri, al prossimo. E anche nell'ultima fase del suo cammino una grande lezione è venuta, in questa che rischia di essere sempre più la società dell'apparenza, dal mostrarsi nella sua debolezza di uomo, fragile e malato. Così facendo ha saputo parlare a tutti, ha saputo catturare lo sguardo e il pensiero di ognuno. Non è cosa che riguardi solo i credenti. Il terreno dei valori che servono per tenere insieme una società, per far crescere le comunità, è vastissimo, ha bisogno di essere coltivato da tutti. Non va mai dimenticato.

16

Ciao, Alberto

27 febbraio 2003

Un fiume ininterrotto di persone. Uomini, anziani, donne con il passeggino, ragazze e ragazzi con uno zainetto sulle spalle, bambini per mano ai genitori. Tutti in fila seguendo le tante serpentine create dalle transenne attorno al Marco Aurelio, a riempire la piazza, e poi salire su ed entrare in Aula Giulio Cesare per salutare – in quel luogo è successo prima solo per Petroselli – un uomo al quale i romani, gli italiani, hanno voluto bene. Perché li ha interpretati, li ha raccontati, come nessun altro ha saputo fare. E, soprattutto, perché li ha fatti ridere. Tanto, per più di mezzo secolo.

La notizia della morte di Alberto Sordi è arrivata la mattina del 25 febbraio. La voce si è sparsa in pochissimo tempo, ovviamente. E già il pomeriggio, chiunque arrivi in Campidoglio può assistere a una manifestazione di affetto davvero straordinaria. Tutti in attesa per ore, avanzando lentamente – alla fine saranno oltre duecentomila –, per poi restare solo pochi attimi nella camera ardente, il tempo di un fiore, un biglietto o semplicemente un «ciao» con la mano. C'è chi ha gli occhi lucidi ma ancora sorride, perché qualche minuto prima ha riso divertito passando davanti a uno degli schermi che lungo il percorso trasmettono le immagini dei suoi film.

È l'atmosfera che volevamo creare. Quando a metà

mattinata insieme a Ettore Scola sono andato nella grande casa sopra piazzale Numa Pompilio a salutare Aurelia, la sua amata sorella, lei è stata la prima a dire che i giorni che ci separavano dal funerale non avrebbero dovuto essere nel segno della tristezza. Tanto che decidiamo di non proclamare nemmeno il lutto cittadino.

Alberto era una persona allegra, che si divertiva a divertire gli altri. Solo una volta l'ho sentito giù di corda, abbattuto. L'ultima, purtroppo. Un paio di settimane prima, quando l'ho chiamato per dirgli che avevamo deciso di assegnargli il premio Campidoglio. Non era il tipo che tenesse ai riconoscimenti, Alberto. Troppo signore, troppo elegante il suo modo di stare al mondo, per far caso a cose del genere. Questo premio però gli faceva piacere, perché a darglielo era la sua città. Mi aveva salutato dicendomi che alla cerimonia non avrebbe potuto partecipare, ma che con la bella stagione sarebbe uscito di nuovo e sarebbe venuto senz'altro a ritirarlo. Avevo capito che la situazione non era buona, che quel «a presto» con cui aveva riattaccato era poco convinto, suonava male. Di solito non c'era telefonata, con lui, che non si aprisse e si chiudesse con una risata.

Eravamo amici, ci conoscevamo da tanto tempo. Ero il figlio dell'uomo, Vittorio Veltroni, che l'aveva chiamato a lavorare alla radio, per la Rai, dandogli l'opportunità di fare una trasmissione tutta sua, intitolata il *Teatrino di Alberto Sordi*. È dall'incontro tra loro due e Scola, con il quale a partire da quel momento nasce un lungo sodalizio umano e professionale, che escono fuori i personaggi che gli danno la prima fama e segnano l'inizio di una carriera unica. Un pezzo di storia non solo del cinema, ma del nostro Paese.

Che sia stato effettivamente così, lo dimostrano i funerali che si tengono due giorni dopo, il 27, nella basilica di

San Giovanni, con una folla gigantesca che riempie la piazza. E moltissimi altri seguono ai lati della strada, in un silenzio spezzato da applausi e da voci che scandiscono «Alberto, Alberto», il carro funebre che partito dal Campidoglio percorre via dei Fori Imperiali, poi via Labicana e via Merulana. In cielo, un aereo trascina uno striscione che dice «*Sta vorta c'hai fatto piagne!*». È un evento pubblico, ma è incredibilmente, al tempo stesso, una cerimonia «privata», nel senso che ognuno dei presenti ha un dolore personale e intimo, come avesse perduto una persona cara, di famiglia. Una signora fa il commento più bello: «Dicevano che non aveva figli e nipoti, invece guarda quanti ce ne sono oggi qua...».

Al termine della messa, sul palco fuori dalla basilica lo salutano Ettore Scola, Gigi Proietti, Carlo Verdone e il ministro per i Beni culturali Giuliano Urbani. Il primo a prendere la parola, però, sono io. Come sindaco di Roma, come suo amico. Non ho modo migliore, anche adesso, di dire tutto quel che penso di Alberto e che credo senta ogni persona presente in piazza e gli italiani che gli hanno voluto bene, se non attraverso le parole di quel giorno.

«Caro Alberto, l'altra mattina un tuo amico, Dino Risi, ha raccontato di aver ascoltato due persone parlare tra di loro. "Hai sentito?" diceva una. "È morto Sordi." E l'altro gli ha risposto: "Quelli che ci fanno ridere non dovrebbero mai morire". Sentiamo bisogno di sorriso. Viviamo tempi difficili, sottoposti a un eccesso di brutte notizie. Sembra si rincorrano, per metterci ansia e malinconia, per toglierci fiducia e serenità. La tua morte è l'unica brutta notizia che ci hai dato in tutta la tua vita. Per il resto dei tuoi giorni hai pensato a farci essere allegri, a farci divertire.

«Come è stata bella, in questi giorni, piazza del Campidoglio. A decine di migliaia, anche di notte alle quattro, la tua Roma è venuta a salutarti, è sfilata davanti a te. Roma, una Roma composta e commossa, che aveva la tristezza di vedere sparire un pezzo di sé. Eppure. Eppure, voltava lo sguardo allo schermo in piazza che trasmetteva i tuoi film e non riusciva a non sorridere. Gente che ride a un funerale. Penso che tu dovessi immaginarlo così, il tuo. Ti davano fastidio le occasioni formali, le circostanze rigide e tristi. Sei stato il buonumore di questo Paese, per cinquant'anni. Eri tante cose insieme. La comicità popolare dei tuoi personaggi, ma anche l'umorismo surreale delle tue canzoni folli e delle tue imitazioni della gallina o dell'aeroplano.

«Sei stato il cinico dottor Tersilli e il tenero Cencio della borgata La Certosa. Nando Moriconi, l'americano di Trastevere, e il vigile Celletti, opportunamente inflessibile. Sei stato Gastone e il marchese Del Grillo, Anselmo Pandolfini e il compagnuccio della parrocchietta. Sei stato giornalaio di via Veneto, maestro elementare, medico, annunciatore televisivo, editore egoista, prete e gondoliere, vetturino e tassista. Sei stato soldato costretto a diventare eroe in una guerra che non capivi. Sei stato tutti noi. Niente di smielato, niente di spietato. Una persona intera. Un prisma di occasioni, di opportunità, di necessità. Potevi essere un italiano cinico e cattivo, o un italiano che si arrangiava, o uno che si sacrificava per gli altri. Sei stato noi, tutti noi. Ci hai fatto ridere degli altri e vergognarci di noi stessi. Sei stato grande comico e grande attore drammatico, se richiesto. Tu guardavi, fotografavi, riproducevi. Per questo i tuoi film sono "La storia di un italiano" lungo cinquant'anni di vita nazionale, cinquant'anni di mutamento dei costumi.

«Si badi, la storia di un italiano. Solo degli sventurati o dei provinciali possono scambiare una inflessione, un dialetto con una parzialità. Eduardo e Totò parlavano napoletano, ma sono del mondo. Così tu, Alberto, che hai preso la lingua di Belli e Trilussa e l'hai continuata nel tempo. L'hai fatta diventare un modo di essere, più che un dialetto. Le pause, le domande ripetute, i verbi tagliati di una sillaba servivano a raccontare caratteri, a costruire personaggi universali.

«Ho visto in televisione una delle tue ultime apparizioni. E sono stato contento di essere il tuo sindaco e di essere stato tuo amico. Dicevi, con una espressione seria, ciò che io oggi voglio ripetere con decisione a nome di due milioni e seicentomila romani che condividono le tue parole. Dicevi: "Sono orgoglioso di essere italiano". Di essere figlio di questo Paese grande e carico di storia, fatto di gente di talento e generosa. Un Paese che è e resterà unito, dalla Valle d'Aosta alla Sicilia. Ma con lo stesso spirito io voglio dirti, a nome delle romane e dei romani, che siamo orgogliosi di te. Lo hanno fatto i quindicenni con le lacrime agli occhi e i bambini con i fiori che hanno sfilato per ore in Campidoglio. Lo hanno fatto i tassisti, anzi i tassinari, e i vigili urbani, le squadre di calcio della tua città, il popolo di Roma.

«Della tua città, per una bella idea di Francesco Rutelli, sei stato sindaco, nel giorno del tuo ottantesimo compleanno. E alla fine hai detto, togliendoti la fascia: "*Nun je la faccio più*". Tu hai sposato questa città. Della possibilità di unirti in matrimonio con una donna dicevi scherzando: "E che mi metto un'estranea in casa?". Ma i milioni di romani che hai scelto come primi compagni della tua vita, che sono stati il termometro della tua allegria, non li consideravi estranei. Tu amavi il popolo, perché eri popolo. Avevi la fierezza e l'umiltà, l'ironia e l'umanità di chi ha conquistato, con fatica, il diritto a vivere sereno.

«Roma, hai detto una volta, è una mamma che apre le braccia, accoglie, non respinge. Una sera ti raccontai che i bambini con la pelle nera che incontro nelle scuole parlano come te. E tu mi rispondesti: "Questa è Roma". E come è bella, Roma, Alberto. Tu l'hai descritta così: "Io continuo ad amarla, questa città. È qui che ho la mia casa, gli amici. È a Roma che ho legato il mio lavoro, i miei personaggi. Se potessi, vorrei prendere un mezzo, andare al mercato per risentire l'aria di casa mia, e in quelle serate calde, uniche al mondo con quei tramonti accesi sui monumenti, sulle case e sulle fontane di questa mia città, me ne starei seduto a mangiare una fetta di cocomero e, progettando il domani, tornerei ai vecchi tempi, quando sentivo nell'aria che arrivava la primavera, profumi di giardini in fiore e l'odore intenso delle fragole sui tavoli all'aperto delle trattorie". Siamo storia e futuro, noi romani. Siamo capitale e comunità, siamo borgo e mondo.

«Come è strana la vita. Da bambino, a casa, guardavo le foto e i filmati del funerale di mio padre. Avevate lavorato insieme, insieme avevate inventato il conte Claro e Mario Pio. In quelle immagini tu eri in un angolo, quasi nascosto, con la faccia di chi provava un dolore vero. Era la metà degli anni Cinquanta. Voi eravate giovani, in quella Italia giovane che guardava il suo futuro come si guarda un mare aperto. Con la stessa fiducia e la stessa speranza che oggi abbiamo il dovere di avere noi.

«Come è strana la vita. Ora io sono qui, sindaco della tua Roma, per portarti l'ultimo saluto. E per dirti che ti ho voluto bene. Per dirlo ad Aurelia, tua sorella, che amavi e proteggevi. L'ultima volta che ci siamo sentiti, venti giorni fa, mi hai detto: "Ci vediamo a primavera, quando fa più caldo". Non hai sbagliato. Ci vedremo, tutti insieme, per tutto il tempo che verrà. Tu resti con noi, e con chi verrà dopo di noi. Perché tu sei fortunato. I tuoi scherzi, la tua voce, la tua faccia restano nella vita di tutti, per sempre. E, sogno per sogno, fatti dire che ora, in qualche posto, forse vi siete incontrati di nuovo. Tu, Vittorio, Marcello, Ugo, Aldo Fabrizi, Anna Magnani, Totò. E magari anche Massimo Troisi. Se Fellini vi dirige, sarà come è stato qui. Una grande festa per tutti.

«Abbiamo riso e pianto con te. Per questo Roma, come si faceva un tempo, si toglie il cappello, lo appoggia al cuore e ti dice: "Grazie, Alberto".»

17

Villa Borghese torna a splendere

19 aprile 2003

A chi non è capitato di incontrare l'anima di un luogo, di coglierne il fascino, la forza e la magia? Di sentirsi meglio, sia fisicamente sia spiritualmente, a contatto con esso? Di restarvi legato per sempre e di portare con sé il suo ricordo, non di rado come una vera e profonda mancanza, una volta lontano? Io sono fortunato, perché il mio si trova non distante dal quartiere dove ho sempre abitato. Quindi non solo ci ho trascorso la mia infanzia e la mia gioventù, ma posso tornarci ogni volta che lo desidero. E la cosa capita piuttosto di frequente.

Il mio «luogo dell'anima» è Villa Borghese. Fin da piccolo, è stato per me un posto magico, di scoperte, di amicizie, di incontri. Una specie di Isola che non c'è di Peter Pan. Ho trascorso ore e ore a giocare interminabili partite a pallone, interrotte solo per andare al chiosco della grattachecca di via Raimondi. Al parco dei Daini ci sono praticamente cresciuto, tra il giardino zoologico, che ancora non si chiamava Bioparco, e piazza di Siena. È lì che vedevo passeggiare Aldo Moro e padre Mariano, è lì che all'inizio degli anni Sessanta Vittorio Gassman con il suo Teatro popolare italiano mise in scena un *Adelchi* rimasto famoso. Ed è lì che diventato più grande, e poi anche da adulto, sono andato a isolarmi dal resto del mondo, quando avevo bisogno di riflettere o di prendere una decisione.

Villa Borghese, con il verde che la avvolge, i suoi grandi spazi e i mille tesori che custodisce, con le persone che la frequentano e la rendono viva e la solitudine che i suoi angoli sanno comunque offrire, è per me quanto di più vicino esista alla parola «armonia».

Per tutto questo, essere diventato sindaco e potermene occupare non è un impegno, è un regalo. E non c'entrano solo i sentimenti e i ricordi personali. È che sono convinto di una cosa: che questo sia il più grande e il più importante parco culturale d'Europa. Non esiste da nessun'altra parte un posto così. Ottanta ettari di verde nel cuore di una metropoli, un museo all'aperto con eleganti e maestose fontane, edifici di pregio, monumenti e statue, giardini storici, collezioni straordinarie di opere d'arte. A cominciare da quelle di Raffaello e Caravaggio, Canova e Bernini, ospitate insieme a tante altre dal Casino Nobile pensato fin dall'origine come spazio espositivo, la Galleria Borghese. È toccata proprio a me, da ministro per i Beni culturali, la soddisfazione di riaprirla nel 1997, portando finalmente a compimento i lavori di consolidamento e restauro che duravano da quattordici lunghissimi anni.

Arrivato in Campidoglio, si tratta allora di riprendere il filo, per prima cosa tornando a far vivere le varie costruzioni sparse nel parco che nel corso del tempo sono andate incontro ad abbandono e degrado e che ora faticano a recuperare aspetto e funzioni degni del loro prestigio. È il caso, per esempio, della Casina Valadier, vero gioiello che dal Pincio permette di godere di una vista unica su Roma, pensata nella prima metà dell'Ottocento come luogo di ristoro sul modello dei bistrot francesi e divenuta, a partire dalla fine del secolo, un locale tra i più frequentati da esponenti del mondo della politica e della cultura, da Modigliani a Trilussa, da Toscanini a Pirandello; nel dicembre del 1931, nel corso della sua breve visita in Italia, si è fermato qui anche Gandhi.

Quell'antica bellezza, però, è solo un ricordo lontano. La Casina è chiusa e inagibile da diversi anni e l'opera di recupero è ferma. Il degrado contagia il Pincio e lo spettacolare affaccio su piazza del Popolo. Il primo compito, quindi, è sbloccare i lavori. Cosa che facciamo, occupandocene subito, scegliendo la via del *project financing* e permettendo di portare a termine un complesso ma riuscito restauro filologico, grazie anche al competente lavoro di Alberta Campitelli, direttrice dell'Ufficio ville e parchi storici della soprintendenza ai Beni culturali. Alla fine, nel giugno del 2004, libera da gru e ponteggi, la sagoma chiara del villino svetta come un tempo, con la scala d'ingresso che porta all'ombra del colonnato semicircolare, il corridoio dalla volta decorata in stile neoclassico, le sale affrescate e a terra le tonalità chiare del cotto ricreato come all'epoca. È una ferita sanata, una finestra su Roma che torna ad aprirsi come se fosse inedita, un altro pezzo di Villa Borghese che viene restituito ai cittadini e torna a essere ammirato da tutti.

Già, un altro pezzo, perché l'anno più importante, per la Villa, è stato quello precedente. Il 2003, il centenario della sua apertura al pubblico decisa dal sindaco Prospero Colonna dopo che lo Stato l'aveva acquistata e poi ceduta al Comune. È un anniversario che vogliamo celebrare nel migliore dei modi. E questo per noi significa festeggiare, certo. Ma, prima di ogni altra cosa, lavorare per riportare Villa Borghese al suo splendore originario. I cento anni, insomma, devono essere soprattutto un'occasione.

Il clou delle celebrazioni sarà a luglio con le rappresentazioni teatrali al parco dei Daini, con Gigi Proietti, Dacia Maraini e Nicola Piovani, e poi a settembre con l'arrivo del Théâtre du Soleil di Ariane Mnouchkine e con la magia e il fascino regalati da Giorgio Barberio Corsetti e dal festival «Metamorfosi», mentre alla Galleria nazionale d'arte moderna si potranno ammirare le opere di Giacomo Balla dedicate ai luoghi che amava e Villa Poniatowski ospiterà «Album di famiglia. I romani a Villa Borghese», con le foto del parco tra il 1903 e il 1970. Il via ai festeggiamenti lo diamo però prima, con una «tre giorni» che inizia il 19 aprile, approfittando anche del fatto che il giorno dopo è Pasqua e che Pasquetta coincide con il Natale di Roma. Nessuno sfarzo, niente cose in grande. Vogliamo sia una festa lieve, come l'atmosfera che si respira nel verde del parco. E quindi una serena girandola di iniziative, tra burattini e aquiloni, cacce al tesoro, proiezioni al Cinema dei Piccoli, visite guidate al Giardino del Lago, fuochi d'artificio dalla terrazza del Pincio e una mongolfiera sopra il Galoppatoio per offrire a tutti la prospettiva calviniana e leggera che descrive *Il barone rampante*, quella migliore per osservare ogni cosa.

Sabato mattina si inizia con la riapertura della Meridiana, che appena restaurata viene scelta come sede del nuovo punto informazioni, e con l'intitolazione a Vittorio Gassman del largo che si trova all'ingresso del Bioparco. È Diletta D'Andrea, sua moglie, a ricordare che il loro primo incontro avvenne quasi quarant'anni fa proprio qui. La Villa è anche questo: qualcosa che resta custodito nella storia di chi vive davvero la città. E, d'altra parte, Gassman è uno di quei pochi «non romani», insieme a Fellini e Pasolini, che è riuscito a penetrare alla perfezione l'anima più vera e profonda di Roma.

Una volta rimessa Villa Borghese al centro dell'attenzione, i mesi successivi sono dedicati alla sistemazione di tutte le tessere di un mosaico che deve tornare a brillare in pieno. Della seicentesca Casina di Raffaello, che viene liberata dalla presenza dei privilegiati affittuari e che per la gioia dei bambini diventa una grande e funzionale ludoteca, abbiamo detto. Della Casina delle Rose, che da quasi trent'anni è in stato di abbandono e che una volta terminati i lavori di ristrutturazione ospiterà la Casa del Cinema, diremo più avanti. La Casina dell'Orologio dovrà invece diventare uno spazio espositivo, visto che in fondo già a inizio Ottocento era stata un museo e di nuovo a metà del secolo aveva ospitato mostre di acquerelli di artisti romani; intanto, durante i lavori di restauro, nel settembre del 2005, gli operai rinvengono un prezioso affresco del Seicento raffigurante edere e uccelli in volo, con al centro lo stemma dei Borghese. L'Aranciera, a sua volta, non accoglierà più polverosi uffici comunali ma capolavori del Novecento, donati a Roma da Carlo Bilotti, imprenditore italo-americano e moderno mecenate: quadri e sculture di De Chirico e opere di Andy Warhol e Larry Rivers, di Giacomo Manzù e Gino Severini. Dopo anni di inattività torna a scandire il tempo della Villa, restaurato e unico nel suo genere in un parco pubblico italiano, l'Idrocronometro, l'orologio ad acqua del Pincio, splendido esempio di architettura meccanica di fine Ottocento, riparato da una scuola professionale della Capitale.

Ma non ci sono solo il recupero e la valorizzazione dell'esistente: la Villa assiste anche a nuove nascite. Il Teatro stabile dei burattini San Carlino, al Pincio. E poi in particolare un'altra, che inizia a prendere forma una mattina in Campidoglio, quando Gigi Proietti viene a trovarmi per parlare proprio dell'organizzazione del centenario. Tutte le grandi capitali europee, mi dice, d'estate tradizionalmente hanno in cartellone qualche rappresentazione shakespeariana. Perché non a Roma, magari *Romeo e Giulietta* in una versione «galleggiante», sul laghetto? Sono subito d'accordo, cominciamo a parlarne convinti di farlo. Solo che bisogna capire cosa ne pensa la soprintendenza, che dice senza troppi indugi che no, lì proprio non si può. C'è però, non lontano da piazza di Siena, dove il terreno digrada un po' verso sinistra, una piccola radura appartata che sembra fatta apposta. Riprendo a discutere con Gigi e a questo punto da cosa nasce cosa. Ricordando il seicentesco Globe Theatre costruito sulle rive del Tamigi, vicino alla cattedrale di Southwark, e la sua nuova versione del 1997, ci facciamo la stessa domanda di prima: perché non a Roma? E perché non a Villa Borghese, dove l'unica cosa che manca è proprio un teatro? Ne parliamo con i fratelli Toti, del gruppo Lamaro, che da tempo dicono di voler sostenere un'iniziativa culturale che possa essere intitolata alla memoria del padre Silvano. È anche questa una forma di mecenatismo, che può solo far bene a Roma e ai romani.

E così, in soli tre mesi di lavori e senza che il Comune spenda un euro, ecco che a metà ottobre nasce il Globe Theatre romano. Una struttura stabile ma senza fondamenta che si ispira, nelle dimensioni e nel senso drammaturgico, al teatro della tradizione elisabettiana: semicircolare, con tre piani tra balconate e platea, quasi milletrecento posti a sedere su panche o in piedi – così come si usava all'epoca – e tutto in legno di rovere, è un teatro «di parola» a cielo aperto, nel cuore della Villa. La sera della prima di *Romeo e Giulietta* è magnifica, magica. Le persone arrivano e vengono proiettate in un attimo nell'atmosfera della Londra del XVII secolo, tanto la nuova struttura è fedele all'originale e suggestiva. Anche il quotidiano inglese «The Guardian» ne parla: la cosa suona un po' strana, come se a Regent's Park costruissero una copia del Teatro Argentina, ma in fondo Shakespeare è stato influenzato dall'Italia e l'ha scelta come ambientazione di molte delle sue opere, dunque – conclude l'autore dell'articolo, che riempie il paginone culturale – «che gli italiani abbiano il loro Globe, glielo dobbiamo».

Il cerchio si sta quindi chiudendo. Villa Borghese si è trasformata, sta continuando a farlo. Anche con un nuovo logo: un cuore verde che unirà e contraddistinguerà tutto ciò che accade al suo interno. Questa è Villa Borghese. Non più solo un luogo dove andare a correre, ma un grande parco culturale nel quale storia, arte e natura sono coniugate in un disegno armonico unico al mondo. Un disegno che noi, in questi anni, abbiamo colorato e trasformato con tutto l'amore e l'impegno possibili.

18

Sul Tevere si naviga

27 aprile 2003

Er Ciriola, al secolo Luigi Rodolfo Benedetti, nel secondo dopoguerra vive nel rione Regola, che prende il suo nome dal latino *renula*, cioè la rena, la sabbia soffice, che ancora oggi il Tevere deposita durante le piene. E proprio al Tevere è profondamente legata la sua esistenza, perché il negozio di elettricista che ha vicino casa è solo una parte della sua attività lavorativa. L'altra ha a che fare con il mestiere di una volta di suo padre, che era un «fiumarolo», un po' barcaiolo e un po' pescatore di fiume, e con il barcone che gli ha lasciato. A suo tempo, poco prima della metà dell'Ottocento, pare fosse un piroscafo della marina reale britannica, poi acquistato dallo Stato Pontificio e arrivato qui dopo un lungo viaggio partito dalla foce del Tamigi.

Alla fine degli anni Quaranta *er Ciriola* – che è soprannominato così perché a nuotare è bravissimo e agile come un'anguilla, che a Roma è appunto la «ciriola» – prende il suo barcone, gli dà un bel nome suggestivo, *La nave dei folli*, e lo utilizza per mettere su un punto di ristoro sulla riva del fiume, una specie di stabilimento balneare, sotto il ponte Duca d'Aosta. Ci vanno soprattutto i ragazzi dei quartieri popolari del centro, viene considerato il ritrovo degli sfaccendati, dei «poveracci» che non saprebbero dove altro andare per divertirsi un po'. Fino al 1957, perché quell'anno Dino Risi gira proprio lì alcune scene di *Poveri ma belli*, e dal momento in cui sul «galleggiante» ci salgono in costume Marisa Allasio, Maurizio Arena e Renato Salvatori, cambia tutto. In realtà già quattro anni prima le stesse assi di legno sono state calcate addirittura da Gregory Peck e Audrey Hepburn, impegnati nella scena della rissa nel celebre *Vacanze romane*. E il barcone c'è anche nel 1961, nelle inquadrature di Pasolini, quando in *Accattone* Franco Citti si tuffa dal ponte e dice: «*Vojo morì co' tutto l'oro addosso*».

Insomma, i bagni nel Tevere, le sere d'estate, lo stabilimento frequentato da tanta gente: tra la metà degli anni Cinquanta e l'inizio del decennio successivo *er Ciriola* simboleggia nel modo migliore il rapporto che Roma e i romani hanno con il loro fiume. Un rapporto stretto, congenito – il fondatore di Roma non è stato forse affidato insieme a suo fratello proprio alle acque del Tevere, prima di essere trovato e nutrito da una lupa? –, che vive in quel momento la sua epoca d'oro. E però si tratta del vertice di una parabola destinata a discendere presto, già nel corso degli anni Settanta e poi sempre più in fretta.

Quando inizio la mia campagna per essere eletto sindaco, per questo metto il recupero del Tevere tra i punti più in evidenza del programma: mi provoca sofferenza vedere che da tempo, ormai, il fiume è poco più di una linea di separazione; che esistono i lungotevere, congestionati dalle auto e sinonimo di caos e traffico, mentre di fatto è come se non esistesse il Tevere. Serve un vero e proprio rilancio. Servono progetti concreti. E il primo è quello di tornare a renderlo navigabile, facendo in modo che sia quel che è stato in passato per la città, quel che la Senna e il Tamigi sono oggi per Parigi e per Londra.

Non è semplice, ci vuole un lungo lavoro per raggiungere l'obiettivo. Il primo impegno è quello di bonificare le sponde, di pulire gli argini e di assicurare la vigilanza e la manutenzione delle banchine. Contemporaneamente bisogna affidare la gestione del servizio, cosa che facciamo attraverso un bando di gara europeo vinto da un'associazione temporanea di imprese di cui fa parte anche la francese Vedettes du Pont Neuf che gestisce i *bateaux mouches* sulla Senna. Dopo di che si tratta di vincere una lunga battaglia burocratica, perché le autorità che hanno competenza sul fiume sono oltre venti: occorre metterle d'accordo tutte e coordinarle.

Alla fine, in meno di due anni siamo pronti. La mattina del 27 aprile 2003 posso salire, devo dire con molta soddisfazione, sul battello che dalla calata degli Anguillara, all'Isola Tiberina, fa altri cinque attracchi, cinque «fermate», per arrivare, in tre quarti d'ora, al ponte Duca d'Aosta. Cinque sono anche le imbarcazioni che attivano quella che è una linea per i romani, non solo per i turisti. Per loro, e per chi vorrà, c'è un battello più grande, che si chiama *Rea Silvia* ed è lungo ventitré metri, con guide multilingue e la possibilità di cenare a bordo. Al termine della giornata, i passeggeri sono tremila. Certo, non è come spostarsi prendendo la metropolitana. Ma per chi non ha fretta e ha un po' di tempo a disposizione, è comunque un'alternativa particolare e suggestiva: a guardarla dal basso è un'altra Roma, silenziosa e bellissima, mentre il battello scivola tranquillo sull'acqua passando in rassegna ponte Sisto, Castel Sant'Angelo, il Palazzaccio.

A ottobre, partiamo con la seconda fase, quella della navigazione da ponte Marconi a Ostia Antica. Venti chilometri di pace e di magia grazie alla motonave *Calpurnia*, realizzata appositamente per coprire questo tratto libero dai muraglioni, il più selvaggio e affascinante dal punto di vista naturalistico. Prende corpo, in questo modo, un progetto che è insieme ambientale, culturale ed economico:

alla fine di aprile del 2004, dopo un anno di attività, i passeggeri sono quasi duecentocinquantamila, il 65 per cento dei quali provenienti dalle agenzie turistiche.

È un grande risultato, che trova conferma l'anno dopo e ci convince della possibilità di procedere con un'altra riconquista: rendere balneare un tratto del fiume, fare un tuffo nel passato e tornare almeno in parte ai tempi dello stabilimento del *Ciriola*, portando i romani di oggi di nuovo in una spiaggia lungo il Tevere, come peraltro i parigini fanno da tre anni sulle banchine della Senna. L'estate del 2005 diventa quella buona. Proprio sotto Castel Sant'Angelo apre il Tevere Village: duecento metri di arenile attrezzato con sdraio e ombrelloni, servizi di ristorazione, area giochi e ovviamente due piscine, perché quel che di certo per motivi igienici e sanitari non si può fare più, nel fiume, è il bagno. È un altro esperimento riuscito, i romani apprezzano. E fa un bell'effetto, scendere le scale che permettono di lasciarsi alle spalle clacson e rumori del traffico e sentire al loro posto gli schiamazzi dei bambini e le voci delle mamme con il tradizionale richiamo «basta, esci dall'acqua».

Navigando su un battello o con un costume addosso, i romani stanno riscoprendo il loro fiume, lo stanno vivendo con una prospettiva diversa, mentre i turisti hanno un'attrazione in più. La città sta recuperando un rapporto che sembrava essersi interrotto per sempre. È proprio quello che volevamo.

19

Via le antenne dalla scuola Leopardi

16 luglio 2003

Se dei bambini ti scrivono, in una lettera, che sei «come il pifferaio magico e porterai via le antenne con il potere incantatore», il minimo che tu possa fare è non deluderli e realizzare quel che si aspettano da te. Anche se il potere che hai a disposizione non ha nulla di magico ed è quello di un sindaco costretto a muoversi, in questo come in altri casi, in un ginepraio burocratico che rende tutto molto complicato. Anche se le antenne in questione – televisive, radiofoniche e della telefonia mobile – stanno lì da un pezzo, a Monte Mario, attaccate alla scuola Giacomo Leopardi, e già da anni si sono costituiti comitati di genitori e di cittadini, perché le loro emissioni sono dannose e quello dell'elettrosmog è un problema molto serio.

Per questo cominciamo a occuparcene subito, in pratica appena formata la giunta. A fine giugno del 2001, con una lettera, l'assessore D'Alessandro chiede all'Arma dei carabinieri, a nome del Campidoglio, di fermare la costruzione di un megaimpianto di trasmissioni su un terreno dell'esercito – può essere solo una richiesta, perché secondo la legge in questo caso per chi costruisce basta una semplice comunicazione al Comune – vicino alla scuola. Qualche giorno dopo, con un'altra lettera, sollecitiamo la Regione Lazio e il ministero delle Comunicazioni all'applicazione della legge regionale, approvata nell'aprile precedente, che prevede il trasferimento delle antenne tv e radio da Monte Mario a Colle Anfagione, nel comune di Capranica Prenestina. Il problema è che la Regione continua a tergiversare e a prendere tempo, mentre il ministero sostiene addirittura che la questione non è di sua competenza.

Noi, invece, siamo determinati ad andare avanti sulla nostra strada. Tra marzo e aprile del 2002 raggiungiamo un risultato senza precedenti con la demolizione dei primi due tralicci delle antenne Telecom e Wind-Enel della telefonia mobile. È proprio in occasione della festa con cui i cittadini del quartiere e i genitori della scuola celebrano questa prima vittoria che annuncio l'intenzione di accelerare, usando tutti i mezzi a nostra disposizione per arrivare allo smantellamento delle altre strutture. Sono due le strade che in quel momento sembrano percorribili: una è quella della lotta all'abusivismo, perché le antenne sono illegali, sono state costruite senza alcun permesso; l'altra potrebbe essere legata a motivi sanitari, per via dell'inquinamento elettromagnetico. Quando il Tar del Lazio fa sapere che non ritiene il tema della salute di competenza comunale, ci buttiamo a capofitto sulla prima opzione: è ora di liberare l'area, che tra l'altro è nel cuore di un parco, in zona vincolata, con il divieto assoluto di occupazione e costruzione.

A forza di pressioni, otteniamo una migliore collaborazione del XVII Municipio al quale spetta, formalmente, il compito di procedere all'ordinanza di sgombero. La firma del provvedimento all'inizio del 2003, il 10 gennaio, finalmente arriva. Dal momento in cui i titolari dei tralicci ricevono la notifica, scattano novanta giorni di tempo entro i quali dovranno rimuoverli, o provvederemo noi. E non c'è dubbio che lo faremo, anche perché i dati che arrivano dall'Agenzia regionale dell'ambiente dicono che i valori dei campi elettromagnetici continuano a essere superiori a quelli consentiti dalla normativa europea, e questo non è più tollerabile.

Tutto slitta di tre mesi per gli immancabili ricorsi al Tar, che a metà aprile, però, per la prima volta dà torto a Rti – Reti televisive italiane, vale a dire Canale 5 e Rete 4 – e Retesole, Super 3 e Telepace: i loro impianti e quelli di diverse altre emittenti private si trovano nell'area di Monte Mario «senza uno specifico titolo» e per questo, a partire dal 15 luglio, dovranno essere rimossi e trasferiti nei nuovi siti previsti dalla legge regionale. Tutto finito? Ancora no, ovviamente. Parte un'altra raffica di ricorsi. Gli ultimi possibili, al Consiglio di Stato. Ed è proprio da Palazzo Spada che, una settimana prima della scadenza, l'8 luglio, arriva la sentenza definitiva, senza possibilità di appello: le antenne, alla data stabilita, dovranno sparire dal parco di Monte Mario, altrimenti già dal giorno successivo il Comune potrà intervenire con le demolizioni.

Sono molto felice, vuol dire che in un modo o nell'altro a settembre gli alunni della Leopardi potranno finalmente andare a scuola senza l'incubo di quei tralicci sopra la testa, in una condizione di piena serenità. È una vittoria di tutti i cittadini, degli insegnanti, dei genitori, che si sono battuti per veder riconosciuto il diritto alla salute e alla sicurezza loro e dei loro bambini. Ed è la conferma della correttezza della nostra azione, che è stata così determinata, persino dura, perché la posta in gioco era troppo alta per poter mollare anche solo di un centimetro.

Quanto a «in un modo o nell'altro», spetta a noi procedere, perché alla scadenza del termine fissato non è, come prevedibile, successo nulla. Chiaro che non perdiamo tempo: alle otto di mattina del 16 luglio entrano in azione le ruspe per abbattere le antenne delle prime due emittenti. Altre verranno giù alla fine del mese e ai primi di agosto. Dobbiamo fare così, intervenire in date diverse, in base al momento in cui le ordinanze di sgombero sono state notificate. Il primo giorno buono per demolire un'antenna noi siamo lì puntuali. E a metà settembre la bonifica è pressoché completata, con l'avvio del nuovo anno scolastico che può coincidere con una bella festa.

La facciamo nella pineta della scuola, nel prato dove un pezzo di una delle antenne rimosse è diventato uno strano albero con attaccate delle foglie di carta. In ognuna è riportato il pensiero di un alunno. Sono lì con Flavia, che mi accompagna, perché gli appuntamenti più ufficiali se può li evita, ma questa è tutta un'altra situazione, è allegria pura, con una marea di bambini che ci circondano ridendo e chiacchierando felici e un brindisi con tanto di torta al cioccolato a forma di traliccio, perché un po' di ironia fa sempre bene. A un certo punto dall'albero stacco una foglia e leggo: «Finalmente abbiamo vinto contro quei giganti di ferro!». Sorrido, queste sono le cose che ripagano di ogni fatica. Sicuramente tra i bambini c'è anche quello della lettera. Gli vorrei dire che i poteri incantatori del pifferaio magico non li ho, ma che stavolta sono bastati quelli del sindaco, delle persone che lavorano con lui e di tutte le mamme e i papà della scuola. I «giganti di ferro» li abbiamo sconfitti insieme, ed è stata proprio una gran bella vittoria.

Tutela della salute dei bambini, della loro vita e del loro futuro, insieme al rispetto del principio della legalità e alla sua concreta affermazione: non mi viene in mente molto altro per cui valga la pena lottare con tanto impegno. È stata davvero una battaglia di civiltà. E l'abbiamo vinta.

20

La «Notte bianca»

27 settembre 2003

«Era una notte incantevole, una di quelle notti che ci sono solo se si è giovani, gentile lettore.» Inizia così il romanzo in cui Fëdor Dostoevskij narra le vicende del malinconico e sognatore giovane uomo che nella città dove vive, durante una passeggiata serale lungo il fiume, incontra una ragazza, Nasten'ka, che risveglia in lui sentimenti ormai dimenticati e forse mai davvero provati. I due si vedranno, parlando e raccontandosi, per sole quattro notti, perché poi lei tornerà dal suo amato e lui – il suo nome non viene mai svelato – all'abituale esistenza solitaria e distaccata dalla realtà. Solo quattro lunghi incontri, ma indimenticabili, anche grazie all'atmosfera magica della città, San Pietroburgo, e delle sue notti d'estate, che per via della latitudine e del riverbero crepuscolare non sono mai avvolte completamente dall'oscurità e lasciano sempre spazio alla luce. È il fenomeno che Dostoevskij conosce bene e che dà il titolo al romanzo: *Le notti bianche*.

Una città che almeno una volta l'anno sia illuminata, «aperta» e vissuta in pieno dai suoi abitanti, dai turisti, da chiunque desideri farlo, come fosse giorno. Lo ha fatto Parigi, con la «Nuit Blanche» del 5 ottobre 2002, tra migliaia di visitatori a riempire musei e ammirare monumenti dal tramonto all'alba e i caffè sui boulevard affollati come nelle ore di punta. Perché non farlo anche noi? Non c'è proprio nulla di male a prendere ispirazione da un'ottima idea, se serve a creare un evento che ha molte possibilità di essere straordinario, pensando a tutto quello che Roma può offrire. Quindi coinvolgiamo la Camera di commercio – gran parte delle risorse arriveranno da qui, non dal Comune, non dai cittadini – e il suo presidente Andrea Mondello, persona dotata di un autentico amore per la città e la sua crescita. Valutiamo tutto e decidiamo: sabato 27 settembre 2003 la città vivrà la sua prima «Notte bianca».

Vogliamo creare un'atmosfera insolita e collettiva, una sorta di tempo sospeso fatto di tante iniziative non chiassose, che permettano di guardare con occhi diversi quel che tutti i giorni magari vediamo di corsa o appena di sfuggita. Una prospettiva nuova, un po' come salire su un monte e scorgere dall'alto lo stesso panorama che vedevamo dal basso, o prendere il largo su una nave e guardare la terra che, allontanandosi, si trasforma. Entreremo nei musei, andremo al cinema o a teatro, ascolteremo musica dove normalmente c'è silenzio, faremo sport, ci metteremo seduti al tavolino di un bar a chiacchierare con gli amici o sul banco di una chiesa per ammirare una volta o un dipinto, entreremo in un negozio per un acquisto o un regalo. Faremo quel che facciamo ogni giorno ma lo faremo con uno spirito diverso, che farà bene a ognuno di noi e al nostro stare insieme. Scopriremo cosa può voler dire perdersi di fronte a un Caravaggio a un'ora in cui di solito si sogna e cosa ci trasmettono le note di un concerto ascoltandole mentre si colora l'alba. Ci renderemo conto di come le facciate dei palazzi del centro, il cielo sul laghetto dell'Eur, le luci che si arrampicano verso Monte Mario, gli Studi di Cinecittà e le fontane di Villa Borghese abbiano una vita propria anche nelle ore più buie. E naturalmente parteciperemo a eventi pensati appositamente per quella che sarà una gigantesca festa. Alla quale sono invitati tutti. Perché così come facciamo per i grandi concerti e per tante altre manifestazioni culturali che organizziamo, sarà tutto a ingresso libero, per eliminare ogni differenza sociale e consentire di partecipare anche a chi altrimenti non potrebbe farlo. Gratis, a partire dalle otto di sera, saranno anche la metropolitana, gli autobus che intensificheranno le corse notturne e i battelli sul Tevere. E nemmeno dimenticheremo chi, in città, la notte la vive sempre e non per scelta: in tre centri d'accoglienza si svolgerà attività di volontariato e in alcune piazze tre grossi salvadanai permetteranno di raccogliere fondi per le persone senza fissa dimora, mentre il Bioparco coinvolgerà in un campeggio notturno allestito presso l'Oasi del lago i bambini del circuito del Comune in affido temporaneo.

Arrivati al giorno atteso, il programma è fittissimo. Per me la cosa si fa dura: vorrei essere dappertutto, ma ovviamente non posso. Chiedo però di predisporre una sorta di itinerario personale che mi consenta di vedere – diciamo la verità: di controllare, per assicurarmi che tutto vada bene – il maggior numero possibile di cose. Anche perché, almeno per le prime ore e finché vorrà, con me ci sarà proprio il sindaco di Parigi, Bertrand Delanoë, che è un caro amico e che vorrei apprezzasse al meglio le meraviglie di Roma.

Alla fine, i miei appuntamenti fissati per arrivare all'alba sono, dei circa cento in programma, una quindicina. Mi garantiscono che di più proprio non si può. Ci credo, anche se confido in un'improvvisata da qualche altra parte, staremo a vedere, la notte è lunga. Intanto, per non sbagliare, meglio partire in anticipo. Nel pomeriggio vado a visitare, al Vittoriano, le tre mostre dedicate a un uomo al quale ho voluto molto bene: Federico Fellini. Si intitolano, tutte insieme, «Romarcord», e sono ancora più belle di quanto immaginassi, perché le ha curate la persona più indicata per farlo: Vincenzo Mollica. A completare l'omaggio a Fellini tra qualche ora, nella piazza del Campidoglio, Nicola Piovani terrà un concerto con le musiche che ha composto per i suoi film.

Io intanto dal Vittoriano mi dirigo verso Villa Borghese. Perché se a chiudere la «Notte bianca», all'alba, saranno due concerti sulle terrazze più belle di Roma – al Gianicolo quello sinfonico dell'Orchestra di Roma e del Lazio, al Pincio quello dei più bravi jazzisti italiani, da Danilo Rea a Roberto Gatto –, ad aprirla invece è la novità del Globe Theatre, dove Gigi Proietti è impegnato nella preparazione di *Romeo e Giulietta*, che andrà in scena a ottobre. Per l'occasione, quindi, prove aperte al pubblico, che potrà incontrare regista e attori. Quando mi presento con Delanoë e Gianni Borgna sono ancora le sette e mezza, ma già ci sono centinaia di persone in fila. C'è chi mi dice che è arrivato apposta da Bari, altri da Pisa. Tutti salutano e ringraziano: la festa è cominciata, sembra proprio nel migliore dei modi. Quando ci spostiamo a Castel Sant'Angelo, infatti, la situazione è la stessa. Lucio Dalla sta allestendo la sua personale versione della *Tosca*, portata nel suo luogo storico naturale. A vedere le prove sono accorse talmente tante persone che si sono dovuti chiudere gli ingressi. «Come quando arrivarono i lanzichenecchi e ci fu il sacco di Roma» scherza Lucio ricordando quanto accadde nel 1527, con la calata da nord dei mercenari tedeschi al soldo di Carlo V d'Asburgo. Soprattutto, mi fa molto piacere quando mi dice che la canzone che ho usato per la campagna elettorale, *La sera dei miracoli*, la scrisse proprio immaginando una notte speciale come questa, in cui «è giusto sovvertire l'ordine, che a volte è anche un po' noioso, e dire a tutti» – queste più o meno le sue parole – «venite, vi vogliamo bene, viviamo nella stessa città, una città che vibra proprio per la gente che c'è».

Già, è così, e proprio per questo la nostra tappa successiva è una parrocchia di Testaccio, per una cena in favore di cinquecento persone disagiate. Tanti tavoli e un bel clima di solidarietà, che si sposa alla perfezione con quello che contemporaneamente si sta respirando in tutta Roma, nel segno della cultura e di una serena allegria. La vediamo, la condividiamo anche noi, mentre ci spostiamo verso il Colosseo, dove è allestita la mostra «Nike. Il gioco e la vittoria», che attraverso novanta opere, tra sculture e mosaici, racconta i giochi sportivi del mondo greco e romano. E poi risalendo la piazza del Campidoglio, gremita all'inverosimile, con una gran folla che riempie anche tutta la scalinata dell'Ara Coeli per ascoltare il concerto di Piovani. Deve ancora iniziare, così salgo sul palco, perché adesso tocca a me ringraziare i romani per la partecipazione e per la prova di civiltà che stanno offrendo. La centrale operativa che abbiamo allestito mi ha appena detto che sono oltre un milione le persone che hanno accettato l'invito a uscire e a riempire le vie e le piazze della città. Lo stanno facendo spensieratamente, davanti ai musei illuminati ci sono pazienti code bibliche, i monumenti sono diventati punto d'incontro naturale di chi vuole respirare l'aria diversa di questa notte, le librerie hanno file alle casse come fossimo a ridosso del Natale, non c'è un'iniziativa che non veda la presenza di una marea di gente. Un paio di giorni fa Umberto Bossi ha per l'ennesima volta attaccato la Capitale: non lo nomino, ma è chiaro che penso a lui e alla Lega – e, a giudicare dagli applausi, chi ascolta lo capisce – quando, microfono in mano, rivendico il fatto che nella lunga storia di Roma, di cui altri no, ma noi conosciamo la grandezza, una notte così non c'è mai stata; la notte di uno dei luoghi più belli del mondo, di una città colta e solidale che difende la qualità della vita dei suoi abitanti ed è accogliente con chi arriva da fuori.

Lasciata la piazza alle note di Piovani, riprendiamo il nostro tour. Passiamo per via Veneto, perché si sta proiettando *La dolce vita*, per arrivare al lungotevere, dove tra ponte Duca d'Aosta e ponte Risorgimento si svolge la regata del Circolo canottieri Lazio. Ci spostiamo quindi al laghetto dell'Eur, dove migliaia di persone assistono affascinate ai giochi di luce, di fuoco e d'acqua realizzati con la regia di Valerio Festi. È la volta poi della mostra di Odile Decq all'Acquario Romano, all'Esquilino, e dello spettacolo *Planet Rock* di Mtv alla stazione Termini. Ormai, anche se non si direbbe, è notte fonda, sono le tre e mezza.

Sono in via Marsala quando succede. All'improvviso, spariscono tutte le luci, il buio diventa immediatamente totale. Contrasto più forte, da un secondo all'altro, è difficile immaginarlo. Confesso che in quel momento, per un attimo, penso con terrore che potrebbe essere colpa nostra: magari un dispendio eccessivo di energia, come quando a casa capita di accendere contemporaneamente lavatrice, lavastoviglie e forno elettrico. Per fortuna no, niente del genere. Il giorno dopo mi spiegheranno che questo rischio in realtà non si è mai corso, perché i consumi sono stati nettamente inferiori rispetto a quanto si possa credere. Ora, appena mi metto al telefono con Achille Serra, il prefetto, vengo a sapere che sta succedendo in tutta Italia, per un albero caduto sulla linea elettrica al confine con la Svizzera, come sapremo poi. Dunque non dipende da noi. Ma ovviamente non c'è tempo per tirare un sospiro di sollievo, perché resta il problema di gestire i disagi, considerando che ci sono in giro ancora centinaia di migliaia di persone che devono tornare a casa, tra lampioni spenti, metropolitana ferma e semafori in tilt. «Potrebbe andar peggio, potrebbe piovere» dice Igor-Marty Feldman in *Frankenstein Junior*, mentre è impegnato a disseppellire cadaveri in un cimitero. Ecco, nemmeno a farlo apposta, mentre tutto viene avvolto dal buio sulla città si abbatte anche un veloce ma violento acquazzone, tanto per rendere più complicate le cose.

A ogni modo, tutto fila liscio. Merito del fatto che dopo i blackout di New York e Londra del 13 e del 28 agosto avevo chiesto di convocare in prefettura un incontro, poi avvenuto il 2 settembre, per mettere a punto un piano e non farci trovare impreparati. E poi merito del senso civico dei romani, che mantengono una compostezza e una serenità straordinarie. È anche grazie a loro che la macchina già predisposta per ogni esigenza di quella notte – forze dell'ordine, vigili urbani, volontari – riesce a essere «riconvertita» immediatamente e con efficacia per far fronte all'improvvisa emergenza. Tanto che quando tutto appare sotto controllo riesco ad andare al penultimo appuntamento che avevo in programma. Sacrifico l'ultimo, il concerto jazz al Pincio, al quale personalmente tenevo molto. Ma è più importante che il sindaco sia con i bambini in affido che hanno fatto il loro campeggio notturno al Bioparco.

La mia «Notte bianca» finisce con loro, alle sette del mattino, davanti a una tazza di tè fumante e insieme ad Andrea Mondello. Siamo soddisfatti, anzi siamo molto contenti. L'organizzazione ha funzionato. Ogni iniziativa ha avuto successo. Gli alberghi hanno fatto registrare il tutto esaurito. Roma ha dato una prova di grande compostezza e di maturità. Di solidarietà. Alla fine, nessuno può dubitare del fatto che questa giornata resterà nella memoria non per le difficoltà create dal blackout, ma per la magia e la gioia che hanno illuminato la città. Non c'è nemmeno da pensarci su per prendere una decisione: l'anno prossimo ci sarà una seconda edizione, e poi un'altra e un'altra ancora. Finché sarò sindaco, questo è poco ma sicuro.

Sarà così, in effetti. E ogni anno ci saranno più iniziative, più partecipanti, più turisti che arrivano in città. Difficile dire qual è l'edizione più bella. Lo è anche quella del 17 settembre 2005, funestata dalla pioggia, con piazza del Campidoglio ugualmente piena di persone che ascoltano Roberto Benigni recitare la *Divina Commedia*. Il commento migliore, dopo una notte così, è di Marco Lodoli, che scrive: «Non siamo solo codici fiscali, numeri di bancomat, numeri in fila al banco del supermercato, ma persone, che hanno bisogno degli altri e della bellezza, che sempre unisce». È questo il senso profondo della «Notte bianca» e di ciò che facciamo per moltiplicare, per tutti e non per pochi, le occasioni culturali offerte dalla città. È anche così che noi, le persone che vivono a Roma, ci uniamo, e siamo una comunità.

21

I viaggi e i luoghi della memoria

7 ottobre 2003

Oświęcim. È questo il suo nome attuale. Ma in ogni parte del mondo il luogo dove siamo diretti, decollati dall'aeroporto di Fiumicino in una nuvolosa mattina di ottobre, è conosciuto così come si chiamava allora: Auschwitz.

È un nome che è divenuto un simbolo. Il simbolo del male che l'uomo è stato capace di fare all'uomo, dell'abisso più profondo in cui l'umanità, nella sua storia, sia mai precipitata. In quel tempo, in quel luogo, successe qualcosa che prima non sembrava pensabile, che ancora oggi è difficile comprendere fino in fondo. «La pazzia entrò nella storia e la trasformò in un incubo» ha scritto il premio Nobel per la pace, Elie Wiesel. E davvero viene da pensare, da gridare, che è così, che dovette accadere qualcosa di simile. Un incubo. L'inferno in terra per ebrei, zingari, omosessuali, oppositori politici. Donne e uomini, bambini e anziani, imprigionati, umiliati e privati della vita, per una appartenenza, un'idea, una fede non tollerata da altri uomini, giudicata una inammissibile «colpa originaria».

Ma Auschwitz, quello che i duecento studenti delle scuole romane appena partiti per questo primo «viaggio della memoria» vedranno domani, rimane innanzitutto un luogo fisico, non solo un simbolo. Esiste, è concreto, ha cancelli e sbarramenti, ha le baracche dove erano ammassati esseri umani ridotti a un numero senza destino, ha i resti dei forni crematori dove venivano bruciati i loro corpi.

I ragazzi leggeranno una scritta, all'ingresso del campo. Dice: «Chi ignora la storia sarà condannato a riviverla». Ed è proprio questo il motivo per cui siamo qui, per cui abbiamo voluto questa iniziativa. È fondamentale conoscere, ascoltare e osservare, riflettere. È una responsabilità che abbiamo anche verso chi ha vissuto quell'esperienza, verso chi non è più tornato, verso chi ha trovato la forza di rimanere attaccato alla vita anche per poter raccontare. Lo hanno fatto in diversi. Hanno raccontato, per loro terribile ammissione, vincendo la paura di non essere creduti, tanto era assurdo quanto accadde. Ha raccontato Primo Levi, continuando a tormentarsi, a scavare nel proprio animo per riuscire a farlo. Lo ha fatto una donna al cui ricordo Roma è molto legata, una donna che insieme a tanti altri, come lei di religione ebraica, fu strappata dalla sua casa del Ghetto la mattina del 16 ottobre 1943 e caricata su un vagone piombato, con destinazione Auschwitz-Birkenau. Furono rastrellati in più di mille, al Portico d'Ottavia, in via della Reginella, in via Catalana e in via dei Funari. Tornarono appena sedici uomini e una sola donna, Settimia Spizzichino. Pensando alle sue compagne, a tutti gli ebrei romani – più di duecento bambini – che nel lager morirono, Settimia disse una volta: «A queste persone io devo il ricordo: devo ricordare per raccontare anche la loro storia». Per questo, finché è vissuta, è voluta tornare ad Auschwitz più volte; ha trovato la forza e il coraggio di farlo, per accompagnare altri studenti come quelli che sono qui ora. Per raccontare, accettando la dolorosa fatica di non dimenticare nulla e di mantenere viva la memoria, quando forse sarebbe stato più facile voltare pagina, far finta davvero di essere usciti da un incubo, e non di aver attraversato una realtà simile.

Ad affrontare la stessa fatica sono pronti, in questo nostro viaggio, Piero Terracina, Shlomo Venezia, Giuseppe Di Porto, Mario Limentani e Ida Marcheria, una triestina minuta, dai grandi occhi neri, che sembrano ancora meravigliati da tanto male. I ragazzi sono seduti insieme a loro, in uno dei pullman che da Cracovia ci portano a Birkenau. L'emozione è già palpabile, il vociare allegro che c'era in viaggio ha lasciato il posto a un silenzio interrotto solo da poche frasi bisbigliate. Una volta lì, le parole spettano innanzitutto a loro, ai sopravvissuti. Sono quelle di Piero, che di fronte alla *Judenrampe* e in mezzo al binario che taglia in due il campo racconta come in due venivano spezzate, in un attimo, anche le famiglie, le vite, le speranze di chi scendeva da quei vagoni piombati. Comprese le sue. «Qui, esattamente in questo punto, ho abbracciato per l'ultima volta mia madre» dice trattenendo a fatica le lacrime, tra la commozione di tutti noi. Sono le parole di Shlomo, che descrive la sua mansione, la più terribile che si possa immaginare, davvero «l'ultimo gradino dell'inferno», come dice lui stesso. Shlomo doveva, insieme agli altri membri del cosiddetto *Sonderkommando*, accompagnare i suoi fratelli fin dentro le camere a gas, aspettare che lo Zyklon B facesse effetto, quindi recuperare i cadaveri e trasportarli agli enormi inceneritori. Gli chiedo, mentre siamo seduti fianco a fianco sul pullman che ci conduce nel luogo della sua deportazione, se lui, che ha visto il punto estremo dell'inferno, abbia smesso di avere gli incubi. Mi risponde scuotendo la testa: «Li ho ogni notte».

Io ad Auschwitz sono già stato, nel 1997. Tornarci adesso con i testimoni, ascoltare la loro voce, vedere i loro volti e la sofferenza che provano ancora oggi, è un'altra cosa. Con noi ci sono anche il presidente della comunità ebraica romana Leone Paserman e il rabbino capo Riccardo Di Segni, che da due anni ha preso il posto della massima autorità spirituale e morale dell'ebraismo in Italia, Elio Toaff. Anche Di Segni, come i ragazzi, è per la prima volta ad Auschwitz. Mi dice, e mentre lo fa è teso, che si è sempre rifiutato di venire, ma che stavolta ha sentito il dovere di farlo. Ha portato con sé lo *shofar*, il corno di montone usato in alcune funzioni religiose per chiamare a raccolta i fedeli: sentirglielo suonare in memoria delle vittime, non lontano dalle betulle che danno il nome al campo di Birkenau, nel silenzio surreale che avvolge tutto, mette davvero i brividi. Così come si stringe il cuore, e in tanti piangono, quando entriamo nella baracca dove erano tenuti i bambini che non andavano direttamente ai crematori perché servivano al famigerato dottor Mengele, che veniva a sceglierli personalmente per i suoi esperimenti vergognosi e senza senso.

Bambini e bambine come Andra e Tatiana Bucci, che avevano quattro e sei anni quando furono rinchiuse qui dentro. Verranno con noi nel viaggio del 2004, sempre a ottobre, e racconteranno. Ripeteranno le parole che una delle carceriere responsabili della baracca, in un momento di umanità, disse loro: «Ascoltatemi bene: se vi radunano tutti insieme in fila e vi dicono "chi vuole rivedere la mamma faccia un passo avanti", te e tua sorella non vi dovete muovere. Ricordatevelo». Loro due ubbidirono. E avevano raccomandato di fare altrettanto a Sergio, il cuginetto che, partito da Napoli, era passato per la Risiera di San Sabba ed era anche lui arrivato in quel *Kinderblock* di legno. Ma il piccolo Sergio non diede loro ascolto. Forse la speranza fu più forte della paura. Forse pensò che piuttosto che restare da solo fosse meglio correre il rischio. Forse fu il puro istinto di un bambino disposto a tutto, pur di rivedere la mamma. Sta di fatto che Sergio De Simone il passo lo fece. E divenne uno dei venti, dieci maschi e dieci femmine tra i sette e i dodici anni, scelti per essere inviati al campo di concentramento di Neuengamme, vicino ad Amburgo, e messi a disposizione di altri «dottori» – ce ne vorrebbero mille, di virgolette – per altri esperimenti, altri trattamenti, altre torture. Per finire la sua breve vita giustiziato nei sotterranei della scuola di Bullenhuser Damm, pochi giorni prima della fine della guerra.

Non si possono ascoltare storie così, non si possono vedere luoghi come Birkenau, come il campo di Auschwitz 1 – con il cortile e il muro delle fucilazioni, con il museo e le grandi vetrine con dietro capelli, scarpe, valigie, montature d'occhiali, povere tracce di povere vite – e restare uguali a prima. Tutti i ragazzi torneranno a casa diversi, più consapevoli. Ed è una sorta di straordinario scambio, quello che si verifica. I giovani apprendono dai superstiti. I superstiti traggono forza ed energia dai giovani. Lo dirà direttamente a loro Sami Modiano, che nel 2005, sessant'anni dopo, vincerà anche lui il suo personale muro di riserbo e silenzio e per la prima volta tornerà con noi al campo: «È solo per voi che oggi sono qui, voi mi avete dato il coraggio di tornare per raccontare cosa successe allora, così che voi lo possiate trasmettere ai vostri figli... Io sono ignorante, ho solo la terza elementare, ho vissuto senza nessuno, ma voi no, avete studiato, avete famiglia, e allora dovete aprire gli occhi, ascoltare: perché non succeda mai più».

Ciò che mi ha sempre colpito, di Sami, Piero, Shlomo, Andra e Tatiana e tutti gli altri, è la loro immensa e forse incomprensibile dolcezza. Avrebbero ragione di odiare il mondo e di coltivare rancore nei confronti dell'umanità. Invece sono le persone più inclusive, aperte, tenere che abbia mai incontrato nella mia vita.

La memoria in una città come Roma deve essere salvaguardata, indipendentemente dalla sensibilità civile di chi la governa pro tempore. Per questo propongo al consiglio comunale, che accetta, di «istituzionalizzare», quindi rendere obbligatori, i «viaggi della memoria» degli studenti romani.

Non è solo la visita di un luogo terribile, dove l'uomo è diventato la negazione di se stesso. È un progetto per la città. Con il tempo i testimoni saranno migliaia e un giorno a raccontare resteranno loro: è una trasmissione della memoria, è un modo per rafforzare gli «anticorpi» contro i germi dell'antisemitismo e dell'intolleranza, per prevenire nuove sopraffazioni, per sconfiggere l'esclusione e ogni tipo di discriminazione che oggi può presentarsi sotto altre sembianze, facendo leva su suggestioni e argomenti differenti. Questo è il valore di tutte le nostre iniziative sulla memoria. Per esempio del Master internazionale di Didattica della Shoah, organizzato insieme all'università di Roma Tre, prima esperienza europea di questo tipo. Oppure, dopo i vergognosi striscioni antisemiti e razzisti apparsi allo Stadio Olimpico all'inizio del 2006, dell'incontro organizzato in Campidoglio tra i giocatori di Roma e Lazio e alcuni dei sopravvissuti ai campi di sterminio. E ancora, soprattutto, del progetto del Museo della Shoah a Villa Torlonia, che presentiamo insieme alla comunità ebraica romana in quello stesso periodo, il 27 gennaio, in occasione della Giornata della memoria.

La libertà e la democrazia sono un bene supremo, perduto e poi riconquistato a caro prezzo, e per questo sono da difendere e riaffermare ogni giorno. È lo stesso significato, lo stesso senso profondo, di altri «viaggi della memoria» che facciamo con gli studenti romani: a Marzabotto, a Sant'Anna di Stazzema, a Pietransieri. I luoghi delle peggiori stragi nazifasciste, eccidi brutali in cui persero la vita donne, anziani, bambini. Ed è il motivo per cui, insieme al mio delegato alla Memoria storica, Alessandro Portelli, decidiamo di celebrare nel modo più solenne, alla presenza del presidente della Repubblica, i sessant'anni trascorsi da una data che, insieme a quella del rastrellamento del Ghetto, rappresenta una ferita che, per Roma, non si è mai rimarginata del tutto: il 19 luglio 1943, il giorno del bombardamento di San Lorenzo. Ho immaginato questo giorno, la creazione di questo monumento, dalla prima volta che da sindaco sono venuto nel quartiere. Ho avvertito una mancanza. Non poteva non esserci una testimonianza concreta dell'orrore vissuto allora. E così ci siamo messi al lavoro: il Comune, il Municipio, insieme alla facoltà di Architettura di Valle Giulia. Un concorso, decine di progetti, l'esame di una commissione della quale, tra gli altri, ha fatto parte Sergio Zavoli, la scelta finale dell'opera, progettata dall'architetto Luca Zevi. Una lastra che corre per settanta metri lungo l'aiuola centrale del parco, che riporta 1492 nomi, pronta ad accoglierne altri, se altre vittime verranno ancora accertate.

Non c'è famiglia di San Lorenzo che non abbia pianto un parente o un amico. Tutto il quartiere fu colpito dal bombardamento: non solo lo scalo ferroviario, ma i palazzi, le case, i luoghi di lavoro. In via dei Latini, in piazza dei Sanniti, in via dei Marrucini; in via dei Sabelli venne colpito l'orfanotrofio statale, in via dei Marsi la Casa dell'infanzia Maria Montessori, in via dei Reti il carcere minorile. E poi il piazzale Tiburtino, quello del Verano e la basilica, la chiesa dell'Immacolata Concezione, diversi edifici della città universitaria, la fabbrica della Wührer in via degli Apuli e più su, in via Turati, la Centrale del latte. Scorrendo gli schedari anagrafici e le carte d'archivio che insieme alle segnalazioni arrivate da tanti cittadini sono servite a ricostruire l'interminabile elenco delle vittime, si ritrovano i mille mestieri di Roma. C'era chi faceva il «carrettiere» e chi la «rivenditrice di biscotti», chi lo «spazzino governativo» e chi «l'operaio di figure in gesso», la «donna di casa» e il «fattorino straordinario di eventi particolari». Lavori che non ci sono più, storie, persone in carne e ossa che persero la vita sotto le macerie della loro casa, della loro bottega. Quelle persone che racconta in una pagina bellissima della *Storia* Elsa Morante: «Giustina la portiera dagli occhi presbiti, che infilava l'ago a distanza. L'impiegato del primo piano che diceva *Salve* e *Prosit*, e aveva allestito un *orto di guerra* nel cortile. Lo stagnaro, che assomigliava all'attore Buster Keaton e soffriva di artrosi, e sua figlia, che attualmente vestiva la divisa di tranviera. Un apprendista elettrauto, che portava una maglietta con sopra stampato *Gomme Pirelli*. Proietti, l'imbianchino disoccupato che tuttavia teneva sempre in testa il suo cappellaccio da lavoro fatto di carta di giornale». Erano gli abitanti di San Lorenzo. Era il popolo di Roma, la sua anima più profonda. Per questo abbiamo voluto un monumento così, sessant'anni dopo.

Proprio il presidente Ciampi ha parlato, in tante occasioni, della necessità di coltivare, come Paese, come popolo, una «memoria intera». Ha perfettamente ragione. Abbiamo bisogno di leggere insieme e di far conoscere, in primo luogo ai giovani, tutte le pagine della nostra vicenda nazionale, comprese quelle più dolorose, quelle per troppo tempo rimosse. Nessun luogo, nessun evento, va dimenticato o sottaciuto. È il modo migliore per non tradire la storia, per sapere e per distinguere, per non offuscare le differenze.

Il viaggio che facciamo il 31 gennaio 2005 nella Venezia Giulia, dalla Risiera di San Sabba alla foiba di Basovizza, nasce in fondo proprio da qui. Vogliamo portare la memoria a un passato che è anche nostro. A Roma vive una comunità di cittadini originari dell'Istria, di Fiume, della Dalmazia, che iniziarono ad arrivare in città nel 1947, e trovarono una prima accoglienza nei cosiddetti «padiglioni» che avevano precedentemente ospitato gli operai addetti alla costruzione della mussoliniana E42, l'Esposizione universale. È una parte di Roma verso la quale vogliamo in questo modo saldare un debito di conoscenza, sono persone e famiglie che fuggirono da una tragedia che non può e non deve essere dimenticata. Una tragedia fatta di odio, di persecuzioni che in nome del comunismo costrinsero gli abitanti ad abbandonare la propria terra, di uccisioni di massa, di terrore, di una barbara violenza racchiusa in un nome: le foibe, dove vennero gettati, in molti casi ancora vivi, migliaia di italiani. Per lunghi anni su questa vicenda è calato, nel nostro Paese, un sostanziale oblio. Ha contribuito a tale colpevole rimozione una parte della cultura di sinistra, rimasta prigioniera dell'ideologia, subalterna – per dirlo con chiarezza – alle esigenze del comunismo internazionale, a un presunto realismo politico. Ora non sono più ammesse amnesie, né reticenze o rimozioni di sorta: quella dell'esodo-espulsione e quella delle foibe sono pagine vergognose della nostra storia.

Noi vogliamo che Roma le conosca tutte, queste pagine. Senza dimenticare o sottovalutare nulla. Non scordiamo i momenti più belli: il 4 giugno 1944, quando le truppe alleate entrarono in città e due giorni dopo piazza Venezia divenne il luogo dove, impazzendo di felicità, donne, uomini, ragazzi arrivarono un po' alla volta da tutti i quartieri, anche quelli più lontani, quelli che per primi avevano salutato l'ingresso in città dei liberatori, lungo la via Prenestina e la Casilina, lungo l'Appia, nelle borgate di Tor Pignattara e Centocelle. Ci si abbracciava come ci si conoscesse da sempre, come si fosse tutti amici e parenti. Villa Borghese con i soldati americani accampati, a riposarsi, a scherzare con i romani che andavano a chiedere, a parlare, a farsi capire a gesti. Via Veneto piena di bandiere, tricolori, a stelle e strisce. Le strade del centro attraversate da jeep che insieme ai militari portavano, con passaggi improvvisati, ragazze, bambini con in testa elmetti enormi per loro, incuriositi dai soldati americani di colore e da quelli indiani dell'esercito inglese con il turbante. Il 6 giugno 2004 invitiamo tutti i romani proprio in piazza Venezia e il clima che si crea sembra ricordare quello di sessant'anni prima: la musica delle band formate dai ragazzi degli oltre trenta laboratori musicali che abbiamo promosso nelle scuole superiori, le gigantesche foto in bianco e nero proiettate sulle pareti del palazzo, i fuochi d'artificio che chiudono la festa. A Roma, dopo il fascismo e i bombardamenti, dopo il buio e la morte, in quei giorni si ballava per strada. Così ora fanno i ragazzi, sotto il balcone da cui Mussolini avviò la follia della guerra.

Non dimentichiamo i momenti più tragici, come la strage delle Fosse Ardeatine con i suoi responsabili. A cominciare da Erich Priebke, che dopo il processo e la condanna sconta la sua pena in un'abitazione romana. Non dimentichiamo e non sottovalutiamo. È una delle pochissime volte in cui non sono d'accordo con il mio amico Adriano Sofri, che scrive un articolo esortandomi a rispondere con un'alzata di spalle alla richiesta di grazia avanzata dai suoi legali e perorata da esponenti della destra estrema che continuano a inneggiare a lui, disegnando svastiche sui muri e chiedendo di manifestare a suo favore. No, l'occupazione di suolo pubblico il Comune non la concede, e io insisto molto con il prefetto affinché decida, come poi farà, di vietare la manifestazione. Davvero non riesco a non pensare a chi sia quest'uomo. Un individuo colpevole non di un omicidio, ma di una strage di innocenti in ginocchio, di bambini e di reclusi in via

Tasso; una strage per la quale è scappato, lasciando dietro di sé il dolore di tante famiglie, che hanno il diritto di veder rispettati i loro sentimenti e, se credono, di non perdonare. La giustizia non deve essere mai accanimento, non deve essere inumana, deve saper guardare alle persone, che con il tempo possono non essere più le stesse. Ma nel caso di Priebke siamo di fronte a un uomo che non ha mai dato segni di pentimento o di ravvedimento, né di pietà verso le vittime del nazismo. Non c'è equilibrio fra 335 morti innocenti e un uomo che è fuggito e non ha mai riconosciuto l'orrore assoluto del proprio comportamento. Almeno la memoria, quell'equilibrio deve salvaguardarlo.

Noi lo facciamo anche quando portiamo avanti quella che è stata definita da qualcuno la «politica delle strade», vale a dire l'intitolazione di vie e piazze di Roma a persone la cui memoria è giusto onorare. Per esempio a ragazzi come Valerio Verbano, che il 22 febbraio 1980 fu barbaramente ucciso appena tornato a casa, davanti ai genitori, per mano di neofascisti appartenenti ai Nar, che rivendicarono la sua uccisione, per quanto poi a quella sigla non seguirono mai i nomi dei colpevoli. Ma anche a ragazzi della parte politica opposta. Come Paolo Di Nella, il militante del Fronte della gioventù che una sera di febbraio del 1983 fu aggredito e colpito a morte da estremisti di sinistra in piazza Gondar, mentre affiggeva manifesti che pubblicizzavano una raccolta di firme per espropriare e riqualificare Villa Chigi.

In quegli anni morirono molti giovani che avevano scelto la militanza politica. E morirono ragazzi colpevoli di portare un eskimo o dei Ray-Ban, persone che assomigliavano ad altre, poliziotti, magistrati, cittadini che si trovavano nel posto sbagliato al momento sbagliato. Tutti pagarono con la vita l'assurdità di un tempo chiuso in una gabbia fatta di odio ideologico e di contrapposizione violenta. È doveroso ricordare. Gli uni e gli altri. E se qualcuno ancora non vede quanto sia «naturale» far questo, quanto sia semplicemente giusto intitolare una via della città a un ragazzo vittima di una violenza lontana, la risposta è proprio qui: nel fatto che finalmente quel tempo buio, il tempo delle ideologie e dell'odio, il tempo in cui da una parte e dall'altra si era costretti a piangere vittime di destra e di sinistra, è finito.

La memoria è fatica. Il suo esercizio va coltivato. Quando si tratta di sottolineare i nodi più complessi e difficili della nostra storia intitolando un luogo di Roma a Giorgio Ambrosoli e al commissario Luigi Calabresi, a Peppino Impastato e Pio La Torre, a Massimo D'Antona e Marco Biagi, al piccolo Stefano Tachè, ucciso nel corso dell'attentato compiuto nel 1982 alla Sinagoga di Roma. E così quando si ha l'opportunità di rendere omaggio a figure che con il loro lavoro, il loro impegno, il loro talento, hanno contribuito a rendere migliore il Paese o anche semplicemente più lievi alcuni momenti della nostra vita: da don Lorenzo Milani a Giuseppe Dossetti, da Nilde Iotti a Luciano Lama, da Marcello Mastroianni a Sergio Leone, da Andrea Barbato a Enzo Tortora.

C'è una memoria del passato che deve essere trasferita ai giovani. C'è un patrimonio collettivo che è incancellabile e che è importante resti impresso nelle coscienze delle generazioni future.

La vita di ciascun essere umano deve costituirsi di tre dimensioni: passato, presente, futuro. Dimenticare la prima e temere la terza ci fa precipitare in un «presentismo» vorace senza grandezza, senza coscienza storica né prospettiva futura.

22

La via dell'integrazione

24 ottobre 2003

«Molti di noi, compresi sette bambini, sono morti durante la traversata. All'inizio gettavamo i loro corpi in mare. Poi abbiamo cominciato a nasconderci sotto i cadaveri per ripararci dal freddo.» È il racconto terribile di Mouhane, ventidue anni, uno dei superstiti dell'ennesima tragedia del Mediterraneo, ricoverato all'ospedale civico di Palermo. È lui, nella notte di una triste domenica di ottobre del 2003, a ricostruire l'odissea di un gruppo di somali, fuggiti dal loro Paese per morire di stenti su un vecchio barcone di una dozzina di metri alla deriva nel canale di Sicilia. La nave della marina militare che ha prestato i soccorsi ha un nome che ora suona beffardo, si chiama *Chimera*. Ha tratto in salvo i vivi, ha recuperato i cadaveri rimasti a bordo, si è messa in cerca dei dispersi in mare, che sono tanti. Perché a partire, secondo le testimonianze, sono stati almeno in cento. Per i tredici morti accertati, a Lampedusa più di una messa non si può fare. Nel piccolo cimitero dell'isola non c'è più posto.

Quando vengo a conoscenza di questo, penso che sia un dovere del nostro Paese garantire rispetto e dignità alle povere persone morte nelle nostre acque per inseguire il sogno di una vita migliore. E che spetti alla Capitale organizzare per loro una cerimonia laica, da ospitare nella piazza più significativa della città, quella del Campidoglio.

Il pomeriggio del 24 ottobre è qui, su un tappeto rosso ai piedi della scalinata di fronte al Marco Aurelio, che vengono adagiate le bare appena arrivate dall'aeroporto di Ciampino sui carri funebri messi a disposizione dal Comune. Tredici bare che diventano il simbolo di tutte le persone che hanno perso la vita nei viaggi della speranza verso l'Italia. Tredici bare avvolte dalla bandiera somala, e tanti sono gli esponenti di questa comunità che si raccolgono per un ultimo saluto ai loro connazionali. «Non so nemmeno chi fossero queste persone» mi dice una donna commossa che tiene in braccio il suo bambino di otto mesi, «ma al loro posto potevo esserci io, poteva esserci mio marito.» Altri sicuramente pensano lo stesso o temono che dentro una di quelle casse di legno ci sia un parente. Una ragazza ne è convinta, dice che si tratta di suo fratello, Laahi Maracadde. Ha venticinque anni, non lo vede da sei. Sa solo che aveva deciso di provare la traversata del Mediterraneo partendo dalla Libia e che è in una lista di dispersi accertati, con il numero diciotto. Anche lei, come gli altri, chiede di poter avere delle fotografie dei cadaveri, almeno per mettere un nome sulle tombe del cimitero di Prima Porta, dopo la cerimonia religiosa che appena terminato qui si svolgerà alla Moschea di Monte Antenne. Nel frattempo, piange tutte le salme allo stesso modo e con la stessa tristezza.

Con lei, con la comunità somala, su questa piazza c'è Roma. A rendere omaggio a persone che oggi sentiamo nostri concittadini. La loro storia è una storia di dolore. Un dolore che inizia da una terra da troppo tempo dimenticata, martoriata da una guerra civile dalla quale oggi, con fatica, cerca di uscire. È la storia di chi ha lasciato tutto e tutto ha perso dentro il mare, persino il proprio nome, così che in questo momento non possiamo neppure ricordarne con precisione l'identità. È la storia di sopravvissuti che hanno cercato riparo sotto i corpi senza vita dei compagni. Di chi ha lottato contro il freddo, il vento e la fame, cercando respiro e speranza. La loro è la storia eterna del cammino che da secoli i dannati della Terra sono costretti a intraprendere per scappare dalla miseria, dalla guerra, dalla disperazione. Su quella barca hanno portato con sé le immagini, i nomi, i ricordi più cari, lasciati per un sogno che non si è realizzato. Con sé, nelle tasche, nelle borse, avevano le fotografie che raccontano un'esistenza. Immagini di famiglia. I genitori, i figli, la casa. Quelle stesse fotografie che i nostri nonni, a migliaia, portavano al di là dell'oceano in altre traversate piene di speranza e di disperazione. Oggi le possiamo vedere sui muri di Ellis Island, l'approdo a un passo dall'America, dove spesso per settimane attendevano che un visto di entrata desse ragione a quel viaggio. È lo stesso sogno dunque, lo stesso cammino di speranza che ce li fa sentire fratelli, che ci unisce in un unico dolore.

Troppe volte non sembra ci si renda conto che la nostra è una «comunità di destino», che il dramma del Sud del mondo, della povertà, della fame, riguarda tutti noi. Anche i ricchi, persino i più cinici ed egoisti. Non c'è nulla di più realista del capire questo. La povertà, oltre che moralmente inaccettabile, significa instabilità, tensione, conflitti. E le crisi saranno sempre più drammatiche se la comunità internazionale non sarà capace di agire insieme, prendendo misure condivise, coordinate. In molti Paesi africani la vita media dura la metà di quella di chi ha avuto in sorte di nascere in Occidente. Sono qui le radici dell'immigrazione. Chiunque di noi, sapendo di poter raddoppiare così il tempo della vita del proprio figlio, salirebbe su una barca, cercherebbe qualsiasi mezzo per approdare a una tale speranza. La via, allora, non può che essere quella della lotta alla povertà, della riduzione degli enormi squilibri che spezzano in due il pianeta. È la via della cooperazione, dell'integrazione. Del riconoscimento dei diritti, e insieme dei doveri, di chi vive e lavora nella città in cui è arrivato per costruire il futuro dei propri figli e dove è giusto abbia visibilità, voce e rappresentanza.

È per questo che nell'Aula Giulio Cesare siederanno i rappresentanti delle comunità straniere di Roma. Lo abbiamo deciso proprio due settimane prima, insieme alla mia delegata alle Politiche della multietnicità, Franca Eckert Coen, approvando il regolamento per l'elezione di quattro «consiglieri aggiunti» in consiglio comunale – uno per continente, comprendendo l'Oceania nell'Asia – e di un consigliere in ogni Municipio. Avranno diritto di parola su ogni argomento, non solo sui problemi degli immigrati. Potranno presentare interrogazioni, interpellanze, *question time* e intervenire nelle commissioni consiliari. Non avranno diritto di voto, ma porteranno in Campidoglio la voce e le richieste della loro gente. E i primi trenta dei non eletti faranno parte della consulta cittadina per la rappresentanza delle comunità straniere.

Roma è la prima città italiana a compiere un passo del genere. È una scelta che abbiamo fatto con grande determinazione, perché siamo convinti che sia una questione di civiltà, perché crediamo sia un segno importante di apertura e di attenzione verso un futuro che sarà sempre più multietnico, perché anche di qui passano la crescita della coesione sociale e la stessa lotta al terrorismo, prosciugando i bacini d'odio ai quali attinge. Più integrazione significa più giustizia e anche più sicurezza.

Roma, peraltro, ha come sua caratteristica distintiva la mancanza di quei ghetti etnici che sono presenti in altre realtà metropolitane e che costituiscono una vera e propria barriera dal punto di vista sociale. Nella nostra città in questo momento ci sono circa 270.000 immigrati, la loro forza lavoro è stimata attorno alle 120.000 persone e le richieste di regolarizzazione sono state 104.000, pari a circa il 15 per cento del totale nazionale. Ma anche lasciando stare le cifre, come si fa a non vedere che negli asili nido e quasi in ogni classe delle scuole elementari è ormai consueta la presenza di bambini di origine asiatica, africana, sudamericana? Sono bambini nati e cresciuti qui, che con ogni probabilità saranno i futuri professionisti, operai, artigiani e commercianti di Roma. Nel mio studio, sulla scrivania, ho una foto che mostro spesso agli ospiti e che dice più di molte parole: c'è un bimbetto nero, di origine africana, che mostra orgogliosissimo la sua maglietta della Roma. Non ho proprio dubbi: è non solo un dovere, ma una cosa «naturale», rendere al più presto cittadini italiani, a tutti gli effetti, questi bambini. Noi, intanto, cominciamo col dare un adeguato riscontro istituzionale agli immigrati che vivono e lavorano qui. Così facendo, la città si apre e gli stranieri si responsabilizzano, con una crescita complessiva in termini sia di serenità sia di sicurezza.

Una volta approvato il regolamento, il passo successivo è far partire la campagna di iscrizione al voto. Il risultato, calcolando che è la prima volta che si sperimenta una cosa del genere, è molto buono: le richieste alla fine sono trentatremila, pari a oltre il 22 per cento del bacino potenziale. Può sembrare una partecipazione non travolgente, ma in realtà non è troppo distante da quella registrata in molti referendum italiani o alle ultime elezioni europee in Gran Bretagna e Olanda. Ed è anche significativo che quasi la metà delle iscrizioni, oltre quindicimila, siano di donne.

Il 28 marzo 2004 è il giorno del voto. I seggi sono trentasei, dislocati in tutta la città. Ovunque si vedono le stesse scene: persone col «santino» del candidato in mano, con i figli sulle spalle e un largo sorriso sul volto, felici di votare e di iniziare a contare. Io, insieme a Mariella Gramaglia, visito il seggio di via Petroselli e trovo una piccola folla festosa, tra candidati in giacca e cravatta compresi nel ruolo e donne con abiti tipici del loro Paese. Un ragazzone con lunghi capelli rasta mi viene incontro per stringermi la mano, scusandosi per i calli da suonatore di *djembe*, il tamburo a forma di calice originario dell'Africa occidentale. Un altro, un ragazzo del Camerun, mi propone di considerare per la prossima volta la possibilità di fare delle primarie per i rappresentanti di ciascun continente, così da selezionare in modo più efficace i candidati. «Oggi nasce una speranza» mi dice una giovane eritrea, «Roma ci sta dicendo che possiamo essere cittadini anche noi.» È davvero una bella prova di democrazia, è una gran giornata. E speriamo ce ne possa essere presto un'altra in tutta Italia, con il voto per gli immigrati alle elezioni amministrative.

A ogni modo la nostra strada è tracciata. Nel giugno del 2005 inauguriamo anche, in via Assisi, il primo Centro cittadino per le migrazioni, l'asilo e l'integrazione sociale, che potrà ospitare fino a centocinquanta richiedenti asilo, offrendo loro la possibilità di frequentare corsi di formazione e orientamento al lavoro. Al tempo stesso, pochi mesi dopo, nel marzo del 2006, senza che avvenga il minimo incidente sgomberiamo le prime palazzine del residence Roma, in via di Bravetta, sistemando altrove le centoventiquattro famiglie che hanno diritto all'assistenza alloggiativa e predisponendo la riqualificazione del complesso, che era occupato da qualche tempo da gruppi di immigrati, prevalentemente di origine senegalese, ed era diventato un luogo degradato e insicuro. La stessa cosa abbiamo fatto un paio di anni prima, nell'agosto del 2004, con il cosiddetto «Hotel Africa», un capannone fatiscente di seimila metri quadri nei pressi della stazione Tiburtina che ospitava circa seicento persone provenienti da diversi Paesi africani. Anche in questo caso abbiamo individuato in anticipo alloggi e centri di accoglienza, e così abbiamo risolto nella calma più assoluta e in sicurezza una situazione che poteva essere potenzialmente esplosiva. Ci siamo riusciti mettendo in pratica uno dei principi che danno vita a quello che comincia a essere definito il «modello romano». È il principio della concertazione: le decisioni vanno prese, anche quelle difficili, anche quelle dolorose, ma in un dialogo continuo con le ragioni di tutti. Nulla va imposto se non si è convinto o, almeno, non si è dato il massimo nel confronto tra le idee e gli interessi. Soltanto così le soluzioni sono vere e alla lunga funzionano. Il dialogo con i rappresentanti dei rifugiati e con le associazioni che hanno partecipato a questa esperienza è stato lungo e talvolta complicato, alla fine però la sintesi l'abbiamo trovata. Siamo stati disposti ad ascoltare fino al giorno prima, quando un gruppo di sudanesi ha manifestato perplessità sulla soluzione prospettata per loro e ne abbiamo individuata un'altra. Nessuno ha lasciato la sua vecchia sistemazione senza essere convinto di trovarne una migliore. E noi abbiamo liberato l'area, così come era necessario fare.

Roma è una città che accoglie e che allo stesso modo è severa nel chiedere il rispetto delle regole. Diritti e doveri insieme, come per tutti i cittadini. Integrazione, partecipazione, responsabilità e sicurezza. Questa è la via da seguire.

23

Per l'ambiente e la bellezza di Roma

8 novembre 2003

Monto in sella alla mountain bike che mi porgono e penso, con un pizzico di apprensione, che proprio in perfetta forma non sono. Per fortuna, però, i chilometri del nuovo percorso ciclabile all'interno dell'area fluviale del parco dell'Aniene che stiamo inaugurando non sono tantissimi, ce la posso fare. Sarebbe diverso tornare qui tra un po' di tempo, perché questa è solo la prima parte di un sistema di piste ciclabili previste lungo la dorsale del fiume Aniene. A breve partiranno i lavori per il tratto da Villa Ada a ponte Nomentano, poi un lungo percorso di ventidue chilometri si snoderà sulla riva sinistra del fiume e comprenderà diramazioni verso il quartiere Prato della Signora e la stazione Nomentana della linea ferroviaria Roma-Firenze.

Lo so, Roma è una città storicamente considerata «difficile» per chi ama andare in bicicletta: troppo traffico, vie congestionate, manto stradale sconnesso, automobilisti non proprio inclini alla placidità e all'attenzione nei confronti dei ciclisti e pure i sette colli con gli inevitabili saliscendi che rendono tutto più faticoso rispetto a chi pedala in piano a Modena o a Mantova. Eppure, quella di rendere Roma una città adatta alle bici, a chi vuole utilizzare questo mezzo non solo come un passatempo, ma anche per spostarsi in modo «pulito» e alternativo rispetto alla macchina o al motorino, è una nostra fissazione.

Ed è il motivo per cui insieme all'assessore all'Ambiente Dario Esposito non tralasciamo davvero nulla per estendere quanto più possibile la rete delle piste ciclabili. Anzi, «estendere» non è nemmeno il termine giusto, perché alla fine la triplicheremo, questa rete: dai settantacinque chilometri scarsi trovati all'inizio del mandato, ai duecentoventicinque raggiunti sette anni dopo. Con un altro momento particolarmente importante che arriva il 14 ottobre 2005, quando dell'altra dorsale, quella del Tevere, apriamo il tratto finale da ponte Risorgimento a ponte Sublicio, che si allunga per 5,6 chilometri all'interno della città storica e unisce le piste che si snodano da nord a sud sul fiume. Il Tevere si trasforma, così, in una vera e propria «autostrada» per ciclisti lunga oltre trenta chilometri, che parte da Castel Giubileo e arriva senza interruzioni fino al ponte di Mezzocammino.

Circa la metà dell'intera rete ciclabile, peraltro, è immersa nel verde. Cosa quasi inevitabile, considerando che Roma ha una ricchezza naturalistica, storico-archeologica e agricola che la rende unica nel panorama internazionale delle grandi metropoli. È la città che possiede il maggior numero di aree protette: tra parchi, riserve e monumenti naturali, un territorio di circa quarantamila ettari. È evidente che questo straordinario patrimonio intendiamo curarlo e valorizzarlo nel migliore dei modi. È quel che facciamo con i venti ettari del parco del Pratone delle Valli, dove portiamo avanti un'imponente opera di riforestazione urbana, seconda solo alla bonifica e alla ricostituzione dell'ecosistema necessarie a far rinascere la pineta di Castel Fusano, distrutta dall'incendio del luglio del 2000. Ed è quel che facciamo aprendo e riqualificando parchi e ville in ogni area della città: da Villa Torlonia al Giardino degli Aranci all'Aventino e al parco di via Meda al Tiburtino, dal parco degli Scipioni al parco Centrale di Ostia e a quello di San Placido sull'Ardeatina, da Villa Paganini a Villa Sciarra, e ancora Villa Bonelli e Villa Chigi, Villa Pamphilj e Villa Fiorelli, Villa Mercede e Villa Carpegna. Realizziamo anche diversi «Punti verde qualità», che recuperano spazi di verde pubblico spesso in stato di degrado, affidandone ai privati, tramite bando, la manutenzione e la gestione di servizi sportivi e di ristoro. Anche qui si va da una parte all'altra di Roma, perché ne nascono a Torrino Nord e ad Acqua Traversa, alla Madonnetta e ai Prati Verdi della Bufalotta, a Fidene e a Torraccia, a Casal Morena e al parco dei Pescatori, per dirne solo alcuni.

In diversi parchi, cominciando da quello dedicato al fondatore dello scoutismo, Baden Powell, nel quartiere Tiburtino Sud, installiamo anche una serie di lampioni dotati di pannelli fotovoltaici, per favorire il risparmio energetico. Non si tratta di una scelta minore o estemporanea: promuovere l'applicazione e la diffusione di tecnologie volte a utilizzare fonti rinnovabili di energia è una strategia precisa che abbiamo deciso appena iniziato il nostro lavoro. Già dal 2002, infatti, Roma è la prima città in Italia ad aver introdotto l'obbligo di installare impianti fotovoltaici e di solare termico nei progetti di edifici pubblici di proprietà comunale. Nel febbraio del 2006, poi, facciamo un passo ulteriore, approvando una delibera che rende obbligatoria per tutti i nuovi edifici – e per quelli ristrutturati in modo consistente – la copertura di almeno il 30 per cento del fabbisogno energetico complessivo e del 50 per cento minimo per la produzione di acqua calda sanitaria mediante l'utilizzo di fonti rinnovabili di energia.

«Una buona iniziativa, è ora di dire basta a nuove centrali e sì a case che consumino di meno» scrive sul suo seguitissimo blog Beppe Grillo a proposito di questa misura. La cosa importante è che grazie alla nostra decisione ci poniamo all'avanguardia rispetto all'attuazione del

Protocollo di Kyoto, l'accordo internazionale sul riscaldamento globale e sui cambiamenti climatici siglato alla fine del 1997. Puntare sull'energia solare e sullo sviluppo delle fonti rinnovabili, questo dobbiamo fare. Per affrancarci dalla cultura del petrolio, che non è solo destinato a esaurirsi presto, ma ha prodotto i livelli di inquinamento con cui siamo costretti a misurarci ogni giorno. In particolare nelle metropoli, nelle grandi città. Non ce n'è una che possa dirsi al riparo da questo problema. E Roma non fa eccezione, ovviamente.

Per questo, per combattere l'inquinamento atmosferico, adottiamo sia provvedimenti emergenziali, limitando la circolazione delle auto in caso di superamento dei livelli di concentrazione dei maggiori inquinanti nell'aria, sia misure più strutturali. Per esempio stabiliamo, dal 1° gennaio 2002, il divieto di circolazione dei veicoli Euro 0 all'interno dell'Anello ferroviario, e da gennaio del 2004 estendiamo il Bollino blu della verifica dei gas di scarico anche alle due ruote, così come in quello stesso anno avviamo il piano di dismissione delle caldaie a carbone e l'anno dopo di quelle a gasolio. Siamo perfettamente consapevoli che le targhe alterne un giorno a settimana e le «domeniche a piedi», con il blocco totale del traffico, aiutano ma non possono risolvere il problema. Si tratta di una grande emergenza nazionale. Le istituzioni che governano le città non possono essere lasciate sole, costrette a adottare le uniche misure che competono loro e che però rappresentano, inevitabilmente, provvedimenti che sono una cura, ma non possono essere la guarigione dal male.

Abbiamo vissuto, e stiamo ancora vivendo, in un tempo dominato dai mezzi di trasporto privati, dalle auto, con tutte le conseguenze di insostenibile traffico urbano, di bassa qualità dell'aria e della vita. Si tratta di compiere, in questo senso, un'autentica rivoluzione. Ma questo si potrà realizzare, in nome dell'ambiente urbano e della salute dei cittadini, e al tempo stesso senza penalizzare altri aspetti della loro vita, solo facendo diventare una priorità nazionale concreti e massicci piani di investimenti nel trasporto pubblico, solo costruendo più linee metropolitane, aumentando e rinnovando i mezzi, migliorando i collegamenti ferroviari attorno alle grandi città, individuando più spazi per i parcheggi. E, perché no, anche sperimentando servizi alternativi come il *bike sharing*, cosa che avviamo realizzando venti postazioni che consentono di noleggiare e restituire una bicicletta. Insomma, noi a Roma per quanto riguarda trasporti e infrastrutture – e zone a traffico limitato, tutto questo lo vedremo – la nostra parte la facciamo. Tanto che alla fine riusciamo a far scendere gli indicatori dell'inquinamento da benzene, monossido di carbonio e biossido di azoto anche al di sotto dei limiti europei.

E a proposito di dati e numeri, se ce n'è uno che restituisce in pieno l'idea del nostro impegno per la qualità ambientale, è quello relativo alla raccolta differenziata dei rifiuti, che passerà dalle 120.000 tonnellate del 2001 alle 290.000 del 2008, che in termini percentuali vuol dire salire dall'8 al 19,5 per cento. Un risultato importante, raggiunto con l'avvio del «porta a porta» all'interno degli spazi condominiali, con il potenziamento delle «isole ecologiche» – aree attrezzate dove i cittadini possono portare rifiuti ingombranti, gratuitamente e in modo differenziato – e con l'aumento della raccolta diretta presso gli esercizi commerciali, in particolare degli imballaggi di cartone. Certo, questo è un campo in cui sono fondamentali le iniziative messe a punto dall'amministrazione, ma poi contano molto, moltissimo, gli atteggiamenti dei cittadini, perché senza una diffusa consapevolezza, senza la crescita di senso civico e di comportamenti conseguenti, anche le migliori decisioni sono destinate a restare solo sulla carta, inapplicate e senza effetto. Per questo lanciamo diverse campagne di comunicazione e sensibilizzazione che producono evidentemente i loro effetti, pensando per esempio che a Colli Aniene, uno dei quartieri «pilota», si raggiungono medie di raccolta differenziata addirittura del 63 per cento.

Quella dei rifiuti è una partita troppo delicata per non essere gestita con il massimo dell'attenzione. Se a Roma in questi anni non si vive una sola situazione di emergenza è perché ci impegniamo a fondo per aumentare il volume dei rifiuti indifferenziati sottoposti a trattamento e poi a termovalorizzazione: erano semplicemente «zero» all'inizio del decennio, arriveranno a oltre 200.000 tonnellate nel 2008. Decisivo è mettere mano al problema storico della sotto-infrastrutturazione della città dal punto di vista dell'impiantistica ambientale: per riuscirci scegliamo di coinvolgere per la prima volta, a fianco delle imprese private specializzate già esistenti, anche quelle pubbliche locali. È così che in questi anni, mentre Ama mette in funzione a Maccarese uno dei più grandi impianti di compostaggio d'Europa, possiamo aprire i due impianti di trattamento di Rocca Cencia e Malagrotta e metterne in costruzione altri due: un secondo a Malagrotta e uno al Salario. Al tempo stesso avviamo una fondamentale programmazione per quanto riguarda termovalorizzazione e gassificazione, con l'Acea del presidente Fabiano Fabiani e dell'amministratore delegato Andrea Mangoni che acquista un impianto a Paliano e uno a San Vittore, dove viene autorizzata a costruirne altri due. Nel 2007, poi, Ama e Acea promuoveranno un altro progetto per l'impianto di Albano e avanzeranno un piano industriale per mantenere all'interno dell'impiantistica pubblica il polo di Colleferro.

Accanto a tutto questo c'è il lavoro quotidiano, continuo, incessante, per tenere pulita Roma. Il presidente dell'Ama Massimo Tabacchiera e l'amministratore delegato Domenico Tudini fanno un gran lavoro, ma ciò non toglie che sono oggetto pressoché quotidiano delle mie telefonate: ogni volta che muovendomi in città vedo qualcosa che non va, che merita un intervento, li chiamo e chiedo di provvedere immediatamente. Davvero non trascuriamo nulla, adottiamo tutte le possibili misure fino ad arrivare all'aumento dei turni di pulizia e alla grande operazione per sostituire i vecchi cassonetti con trentamila nuovi contenitori, con l'obiettivo di migliorare sia il sistema della raccolta, sia il decoro urbano.

Questo è un punto decisivo per la nostra amministrazione. Lo splendore di Roma non può essere mortificato come niente fosse. Contro le affissioni abusive e indiscriminate di manifesti, contro le scritte che deturpano muri e palazzi – e pali della luce, piloni della tangenziale, cartelli segnaletici, vagoni della metropolitana – ingaggiamo una lotta senza quartiere, istituendo un apposito «Ufficio per il decoro urbano» e un nucleo operativo che interviene anche su molti altri fronti, dalla riparazione dei cigli stradali alla copertura di piccole buche sui marciapiedi, dalla pulizia dei sottovia alla sistemazione di tombini e caditoie, per evitare che un qualsiasi temporale improvviso finisca per allagare le strade di mezza città. Di manifesti, solo nel 2006, ne stacchiamo più di un milione, riuscendo addirittura a ripulire via del Muro Torto, diventata in passato una specie di gigantesca «bacheca» dei vari partiti politici.

Roma ha bisogno di essere amata, rispettata e curata. E noi non esitiamo a spendere lavoro e fatica, a impiegare uomini e mezzi, per essere all'altezza di questo compito, per tutelare il suo ambiente, per preservare il suo patrimonio storico e artistico, per mantenere l'integrità del suo aspetto e la sua bellezza.

24

La stagione delle riaperture

4 dicembre 2003

Per i romani, che forse ormai la consideravano persa per sempre, era diventata solo una zona di degrado e di abbandono, come se il buio si fosse impossessato definitivamente di lei. Invece noi alla Galleria Colonna, affacciata su via del Corso e a due passi da Palazzo Chigi, riportiamo finalmente la luce. E non è un modo di dire, perché la grande festa che il pomeriggio del 4 dicembre segna la riapertura e il ritorno alla città di questo gioiello liberty, che ora diventa allo stesso tempo hi-tech, di un'altra epoca e insieme di tendenza, è davvero un meraviglioso spettacolo di luci e coreografie curato da Valerio Festi.

Un effetto speciale, una «pioggia di stelle» che cade dai soffitti dove sono stati restaurati i vetri originali, spazza via l'oscurità, mentre appaiono ballerine-carillon che danzano sui pianoforti, danzatrici-free climber che si arrampicano con grazia tra i portici, madamigelle con vestiti dell'Ottocento che sfilano con altissimi trampoli, attraversando le geometrie dei pavimenti a mosaico che richiamano quello mai realizzato del primo progetto, e due coppie che sospese in aria grazie a fili d'acciaio ballano un immaginario e affascinante valzer. Si sentono solo le note di Strauss, il rumore della città è tenuto fuori dalle gigantesche vetrate trasparenti che chiudono le tre entrate e formano una sorta di protettiva teca di cristallo. Le tantissime persone che si sono affollate per assistere a questo evento restano a bocca aperta, immobili e silenziose. Non si aspettavano una cosa del genere. Non credevano, soprattutto, che dopo i più svariati progetti di ristrutturazione nemmeno avviati e dopo essere diventata addirittura un rifugio per i senzatetto, in soli due anni di lavori la Galleria Colonna sarebbe rinata «più bella e più superba che pria», come direbbe il Nerone del grande Ettore Petrolini.

È vero, a differenza di altre città italiane Roma non è fatta di gallerie e portici, ma questa è la nostra Galleria, è un luogo che in ottant'anni ha visto un po' di tutto ed è stata il «salotto buono» della città, con i suoi locali alla moda e i suoi caffè, con il suo teatro poi diventato cinema dove mosse i primi passi d'attore Alberto Sordi. E non a caso Alberto scelse di girare proprio qui, insieme a Monica Vitti, il suo primo film come regista, *Polvere di stelle*, con la scalcinata compagnia d'avanspettacolo di Mimmo Adami e Dea Dani, capocomico e soubrette, marito e moglie, che cerca di sbarcare in qualche modo il lunario nella Roma occupata del 1943 e poi – dopo una improbabile tournée in Abruzzo sotto le bombe e un effimero successo al Petruzzelli di Bari – in quella appena liberata dagli Alleati.

Non c'è cosa più giusta e naturale, allora, che intitolare a lui questo luogo. Organizziamo la cerimonia appena tre giorni dopo, il 7 dicembre, nel modo più semplice e affettuoso. Decine di gigantografie di Alberto scendono dal soffitto, mentre altoparlanti invisibili trasmettono la sua voce, la sua inconfondibile risata, le musiche legate a lui e ai suoi film. Quando faccio cadere il drappo giallo e rosso che copre la targa con scritto «Galleria Alberto Sordi», la gente – è pieno all'inverosimile – applaude e Aurelia, sua sorella, piange commossa. «Ad Alberto sarebbe piaciuta questa atmosfera» mi sussurra mentre si appoggia al mio braccio. È un'altra bellissima giornata. La galleria senza nome ora ne ha uno grande, che accompagnerà la sua nuova vita, dopo che quella precedente ha conosciuto fasti, ma anche molte miserie.

Peraltro una mostra che racconta la sua storia attraverso progetti, lavori e restauri succedutisi nel tempo è ospitata, da un paio di settimane, in un altro luogo che nel maggio del 2002 abbiamo riaperto e restituito ai romani dopo quindici anni di chiusura: Palazzo Braschi. Un altro pezzo importante della vicenda di Roma, voluto alla fine del Settecento da papa Pio VI per donarlo al nipote prediletto Luigi Braschi Onesti, e soggetto anch'esso, come la Galleria Colonna, agli alti e bassi imposti dal tempo, passando da sede del ministero degli Interni – fino allo spostamento al Viminale nel 1925 – a tetto per decine di famiglie di sfollati nell'immediato dopoguerra. Sta di fatto che si trovava in condizioni drammatiche, addirittura con rischi di crollo. Un lungo e complesso lavoro di recupero architettonico, con un investimento di circa 9 milioni di euro, l'ha salvato dalla rovina verso cui stava precipitando. Cosa che sarebbe stata gravissima, imperdonabile, perché Palazzo Braschi è la sede del Museo di Roma, con i suoi inestimabili tesori, con le oltre centomila opere d'arte che contiene e che raccontano la città dei papi, delle grandi famiglie nobiliari, degli artisti che nel corso dei secoli sono arrivati qui lasciando le tracce concrete e preziose del loro ingegno. Sono talmente tante e di grande valore, queste opere, che decidiamo di esporle a rotazione, così che romani e turisti possano tornare più volte ad ammirare sempre nuove collezioni.

Un luogo in continua trasformazione, dunque. Un po' come vogliamo sia tutta Roma. Anche attraverso le riqualificazioni e riportando alla luce posti che meritano di tornare a vivere con tutte le loro attività, come abbiamo appena fatto con il PalaLottomatica, e in tutto il loro splendore, come la Casina Valadier e la Casina delle Rose a Villa Borghese e come appunto la Galleria Sordi e Palazzo Braschi.

Ma lo stesso discorso vale anche per altre meraviglie perdute della città e ora riconquistate. Il Portico d'Ottavia, per esempio. Un angolo prezioso del centro storico, che oltre ad avere un grande significato simbolico è, con tutte le sue numerose stratificazioni dalla Roma imperiale al Medioevo, un gioiello dimenticato, tenuto in disparte, quasi ci si fosse scordati di averlo. Invece è lì, e noi come amministrazione non facciamo altro, nel luglio del 2002, che restituirlo ai cittadini, creando una nuova rampa e una scalinata e facendolo diventare un passaggio pedonale che collega il Ghetto con l'area del Teatro Marcello e con le falde del Campidoglio, attraversando scorci suggestivi, prima inaccessibili. E mi fa piacere ascoltare il rabbino capo Di Segni, quando mi racconta che lui da piccolo giocava proprio in mezzo a queste bellezze archeologiche. Abbiamo più o meno la stessa età: come la mia infanzia è legata a Villa Borghese, la sua lo è al Portico, a questi vicoli. Ci diciamo che sarebbe bello veder giocare qua attorno i bambini di oggi della comunità ebraica. E comunque, questo posto non poteva restare lasciato a se stesso, doveva tornare a riempirsi di vita, anche in omaggio a chi la vita iniziò a perderla il giorno ricordato dalla targa che, nemmeno tre mesi dopo, nel segno della memoria, mettiamo proprio qui, in «largo 16 ottobre 1943».

Un altro pezzo perduto e recuperato, con una lunga storia iniziata nel 1927, si trova alla Garbatella: è il Palladium. È nato come teatro, è stato anche un cinema, ci ha recitato Aldo Fabrizi, ci ha cantato Claudio Villa, si trova in un quartiere che è nato come borgata non appena finita la Grande guerra e che ha sempre avuto un'anima profondamente «popolare». Insomma, si può ben considerare un vero simbolo di «romanitudine». Eppure con il tempo ha conosciuto una lenta decadenza: ha mantenuto almeno un po' di vivacità negli anni Novanta come sala per concerti rock, per poi precipitare ulteriormente fino a rischiare sul serio di diventare una sala bingo. La risalita è iniziata nel 2002, con l'affitto prima e l'acquisto poi da parte dell'università di Roma Tre. È partito così il progetto, sostenuto dal Comune, di trasformarlo nello spazio culturale per eccellenza dell'ateneo. Progetto che è andato in porto, perché dopo un anno e mezzo di lavori, alla presenza del presidente Ciampi, il 15 ottobre 2003 è nato un teatro completamente rinnovato, dove saranno di casa anche il cinema, la danza e la letteratura, tra arte e convegni. Una serata non sarà mai uguale all'altra, insomma. Un po' come le cinquecentocinquanta poltrone della platea, tutte di colori diversi. Un posto originale, un laboratorio di cultura e sperimentazione forse unico, che diventerà un punto di riferimento per giovani e studenti.

Mentre il Palladium rinasce, hanno preso il via anche i lavori per ristrutturare radicalmente e riaprire quello che vogliamo diventi il nostro MoMA, lo spazio di Roma dedicato all'arte contemporanea: il Palazzo delle Esposizioni. Progettato e costruito dall'architetto Pio Piacentini, inaugurato nel 1883, è nato come edificio interamente dedicato alle belle arti, per esaltare la vocazione culturale della città. Nel corso del tempo ha conosciuto diversi interventi di ristrutturazione, ma ora si tratta di fare qualcosa in più, perché c'è bisogno di una profonda innovazione dal punto di vista funzionale e tecnologico, per creare una struttura all'avanguardia e in grado di dialogare con le più importanti realtà culturali europee. Dopo la gara per aggiudicare l'appalto e l'apertura del cantiere, tutto procede per il verso giusto e l'inaugurazione è prevista per la fine del 2004. La mattina del 14 settembre, però, mi arriva una di quelle telefonate che un sindaco deve sempre aspettarsi – non riesco a smettere di pensare a via Ventotene – e che possono anche togliere qualche anno di vita: al Palaexpo è crollato un solaio. Dall'ingresso di via Piacenza stavano scaricando e portando dentro dei pannelli di cartongesso molto pesanti quando si è sentito un boato improvviso e tutto è venuto giù. Mi precipito sul posto col presidente Raffaele Ranucci, ovviamente. La cosa più importante è che i vigili del fuoco, che hanno la loro caserma proprio lì dietro, in via Genova, sono intervenuti immediatamente e che i cinque operai feriti sono tutti fuori pericolo. Nel cantiere è tutto a norma, ma gli incidenti avvengono ed è doveroso che la magistratura faccia chiarezza, come si dice in questi casi, «sulla dinamica dell'accaduto». È evidente, però, che scatterà il sequestro e che i lavori si fermeranno per parecchio tempo. Per una volta, il nostro cronoprogramma non sarà rispettato.

Dovremo arrivare al 2007. La nuova data fissata per l'inaugurazione è il 6 ottobre, partendo subito con tre grandi mostre dedicate al cinema, alla pittura e alla scultura, con le opere di tre geni nel loro campo come Stanley Kubrick, Mark Rothko e Mario Ceroli. Stavolta non abbiamo problemi a rispettare l'impegno in calendario. Anzi, lo anticipiamo anche, perché un mese prima, l'8 settembre, c'è la «Notte bianca». È l'occasione perfetta per aprire il Palazzo delle Esposizioni, ormai praticamente pronto, e offrire a tutti, romani e turisti, la possibilità di entrare ad ammirarlo.

Per chi lo fa, la cosa che colpisce di più è l'impatto luminoso, è la luce che riempie ognuno dei dodicimila metri quadri di questo immenso spazio, dal bookshop alla caffetteria, dal laboratorio d'arte alla sala dedicata al cinema, fino alle quindici gigantesche sale che accoglieranno le più grandi mostre a livello internazionale, grazie anche alla collaborazione e all'importante sostegno finanziario del presidente della Fondazione Roma Emmanuele F.M. Emanuele, che è sempre disponibile nell'interesse della città e accetta di essere vicepresidente dell'Azienda Speciale Palaexpo, presieduta da Giorgio Van Straten. E poi, ovviamente, la luce è anche quella della nuova «serra» di vetro trasparente aperta verso il cielo, che al piano superiore ospiterà il roof garden e il ristorante dello chef Antonello Colonna. Era stata demolita nel 1931 perché troppo calda o troppo fredda secondo la stagione. Ora, grazie anche all'aiuto della tecnologia bioclimatica, l'architetto Paolo Desideri ha ripensato e ricostruito quella che sembra davvero una «lanterna magica», una vera «lampada urbana», come la definisce lui. Roma è questo, è storia e modernità, è passato e innovazione. Portare a nuova vita le sue meraviglie, a cominciare da quelle che sembravano dimenticate o che avevano perso un po' della loro bellezza, è una delle più grandi soddisfazioni che da sindaco si possano avere.

25

Il Piano regolatore sociale

15 marzo 2004

Era la Roma delle baracche, senza luce, senza acqua né fogne. Delle borgate dimenticate, dei quartieri-ghetto, senza strade e servizi: la Magliana, Pietralata, Tiburtino, Val Melaina, Acilia. Era la Roma cresciuta a dismisura dopo la guerra, con l'afflusso massiccio di popolazione da tante parti del Centro e del Sud Italia, e con una espansione urbanistica dilatata e disordinata, figlia di interessi e di speculazioni. Era la città con il più elevato numero di alloggi lasciati sfitti, e insieme con il più alto deficit abitativo del Paese. La città con oltre duemila bambini abbandonati in «istituti» che spesso avevano poco di civile, e con tante zone che non avevano ospedali pubblici ma molte case di cura private, riservate a pochi.

Questa era Roma, ancora all'inizio degli anni Settanta. C'era chi la conosceva bene, quella realtà, perché ogni giorno era a contatto con le sue domande e i suoi bisogni. Basta aprire gli occhi e volgere lo sguardo intorno, diceva don Luigi Di Liegro, per vedere che «all'interno delle città convivono numerose sotto-città popolate di cittadini nullatenenti, disoccupati, clandestini, senza casa, fuori famiglia, inabili, sbandati, drogati, alcolizzati, senza fissa dimora». Nacque da qui, da questa profonda consapevolezza, il famoso convegno del 1974 sui «mali di Roma», che noi trent'anni dopo, il 27 febbraio 2004, decidiamo di ricordare nel modo più solenne possibile, in Aula Giulio Cesare.

Il lavoro di preparazione di quel convegno fu lungo e approfondito. Don Di Liegro ne fu l'anima, instancabile e appassionato come sempre, come fu in tutti gli anni seguenti, alla guida della Caritas diocesana. Il risultato? Quattro giorni di intenso dibattito, di incontri con migliaia di partecipanti nella basilica di San Giovanni in Laterano e di assemblee che si svolsero nelle parrocchie circostanti. Si trattò davvero, come lo definì il cardinale vicario Ugo Poletti, di una sorta di pubblico «esame di coscienza» sulle responsabilità che i cristiani, certo, ma più in generale ogni cittadino, ogni uomo di buona volontà – a cominciare dagli amministratori pubblici – aveva nei confronti della città, del territorio, delle persone, in primo luogo dei più deboli. Un giovane Giuseppe De Rita parlò dello «sviluppo a forbice» di Roma, di una città dove «chi sta meglio ha il meglio, e chi sta male ha poco o nulla», dove cioè i benestanti diventavano sempre più ricchi e i poveri sempre più poveri. De Rita denunciò meccanismi sociali come «la rincorsa corporativa, gli egoismi individuali e di categoria, la decrescente attenzione e la deresponsabilizzazione verso i bisogni dell'intera collettività», e sottolineò come la strada nuova da percorrere passasse «attraverso una lunga modifica non già della struttura economica, ma della struttura "culturale" dei vari gruppi sociali, attraverso un aumento del pluralismo, delle sedi di responsabilità, delle sedi di aggregazione e iniziativa sociale».

Un'analisi che il cardinale Poletti mostrò di condividere. In un discorso rimasto giustamente nella memoria di tanti, parlò infatti della necessità di dare una nuova dimensione al concetto di «carità»: occorreva «riscoprirne i contenuti sociali», sentirsi individualmente e collettivamente chiamati ad «accorgersi di chi ci sta attorno», coltivando «le relazioni tra gli uomini per perseguire, a diversi livelli, obiettivi comuni di progresso, di libertà e di giustizia». Bisognava far questo «in dialogo con tutte le componenti della società, senza timore del pluralismo di esperienze che caratterizza il mondo contemporaneo [...] affinché questa città divenga progressivamente una vera comunità».

Ricordo bene, anche per essere stato poco tempo dopo consigliere comunale, quanto forte e duratura fu l'eco del convegno e prima ancora l'impatto immediato che ebbe sulla classe dirigente locale, e cioè sostanzialmente sulla Democrazia cristiana romana e non solo. Molte cose cominciarono a cambiare, a partire da quel momento. Da lì prese le mosse il movimento Febbraio '74, che poi diventerà la Comunità di Sant'Egidio, una delle realtà sociali e civili più vive di Roma. Il vento che tempo due anni avrebbe portato alla prima giunta di sinistra, con Giulio Carlo Argan come sindaco, iniziò probabilmente a sollevarsi proprio in quei giorni.

Se a trent'anni dai «mali di Roma» tengo tanto all'iniziativa in Campidoglio, però, è soprattutto per la vitalità e l'attualità del messaggio profondo che venne lanciato allora, e perché dal primo giorno del mio impegno di sindaco mi sono posto questo come obiettivo: far sì che la nostra città sia davvero, nel senso più pieno, una comunità sempre più aperta e accogliente, attenta a ogni persona che ne fa parte, e soprattutto a chi è più debole e fragile. E poi ci tengo perché Roma sta per diventare – questione di un paio di settimane – la prima città in Europa a dotarsi di un vero e proprio «Piano regolatore sociale»: una mappa del disagio sociale, un'analisi dei bisogni e degli obiettivi e soprattutto l'indicazione degli interventi concreti a partire dal territorio, muovendo dal basso, proprio come esortava a fare il convegno del 1974.

Non c'è dubbio, sono cambiate moltissime cose rispetto a quel tempo, che ora appare lontanissimo. Confrontando la fotografia di Roma scattata allora con una di oggi, vediamo una struttura socioeconomica radicalmente diversa: la vecchia Capitale burocratica è diventata, secondo il Censis, la Capitale produttiva del Paese; la città definita da De Rita «culturalmente inerte, moralmente opaca, politicamente deresponsabilizzata» è stata sostituita da una città tanto ricca di cultura da far parlare gli osservatori internazionali – lo abbiamo visto – di un nuovo «Rinascimento romano», da una città governata in modo onesto e trasparente, nel segno della responsabilità e della partecipazione. Istituzioni, mondo dell'impresa, associazioni di categoria, organizzazioni sindacali, realtà del volontariato collaborano, «concertano» strategie e decisioni, per tenere insieme crescita economica e coesione sociale. È il «modello romano». La nostra stella polare è il principio per cui la città non può crescere se la crescita non riguarda ogni cittadino, nessuno escluso. È il senso del nostro impegno.

Del resto basta davvero volgere intorno lo sguardo, come diceva Di Liegro, per vedere che tra le pieghe delle nostre società ci sono enormi problemi, ci sono le difficoltà di tanti, la sofferenza di chi non ha voce, la disperazione di chi è emarginato. E allora, di fronte a ciò, quale deve essere il compito di un'amministrazione, dell'istituzione che per sua natura è più vicina ai problemi delle persone, se non quello di farsi carico di chi soffre ed è più sfortunato? Quello di lavorare perché la città sia sempre più una vera comunità, dove conta il «noi», e non solo l'«io»? E di definire politiche sociali inclusive, solidali, capaci di garantire servizi per gli anziani, per i minori in difficoltà, per le persone non autosufficienti, per chi rischia di essere escluso?

Ecco il motivo per cui il 15 marzo è un giorno importante: in Aula Giulio Cesare il consiglio comunale si riunisce per approvare definitivamente il Piano dopo un percorso di elaborazione durato oltre un anno, con il coinvolgimento di più di seimila persone e oltre cinquecento associazioni, organizzazioni sindacali, imprese sociali. È la traduzione, nero su bianco, della nostra idea di una vera *welfare community*, dove le risorse della società civile, di tanti volontari e associazioni, delle imprese, delle stesse famiglie, disegnano una rete in grado di garantire la coesione sociale e di rendere effettiva la parola «inclusione», andando molto al di là dell'assistenzialismo fine a se stesso. Non è l'indicazione nobile ma astratta della città che vorremmo: sono le cose che faremo – partendo non più dalle categorie, ma dalla realtà dei quartieri; non più inseguendo le emergenze, ma programmando – e che si aggiungono a quelle già fatte, come il mettere a disposizione degli anziani teleassistenza e «Pony della solidarietà», per esempio, o centri di accoglienza per le mamme e i bambini in difficoltà.

Ma potremmo anche dire di un altro progetto al quale tengo molto e che mi fa sempre pensare a una bellissima storia, raccontata da un medico e riportata sulle pagine di un quotidiano. In un pronto soccorso di una grande città arriva trafelato, di mattina presto, un anziano signore: deve farsi rimuovere dei punti da una ferita al pollice, ma ha molta fretta, dice di avere un appuntamento alle nove, guarda in continuazione l'orologio. Il medico gli chiede se per caso ha in programma un'altra visita o qualcosa di simile. L'anziano signore risponde che deve essere puntuale alla casa di cura dove si trova sua moglie, per fare colazione con lei, come ogni giorno, immancabilmente. E poi racconta al medico, che gli domanda come mai lei si trovi lì, che da tempo soffre del morbo di Alzheimer. Il dottore allora chiede se la moglie si preoccuperebbe di un suo eventuale ritardo. «No» risponde l'anziano signore, «non mi riconosce da ormai cinque anni.» Il medico è sorpreso, e domanda al signore come mai allora vada lo stesso a trovarla ogni mattina, visto che lei nemmeno sa chi è. L'uomo sorride, batte una mano sulla spalla del dottore e dice: «Lei non sa chi sono, ma io so ancora perfettamente chi è lei».

Ecco, per sostenere persone così, per chi si prende cura di un padre, di una moglie, di un fratello che soffre di Alzheimer, facciamo nascere in questi anni undici «centri di sollievo». Non si tratta di ospizi, di case di riposo. No, l'idea è un'altra: cercare di fare in modo che i malati possano restare con le proprie famiglie, fornendo per questo assistenza durante il giorno e ospitalità quando i parenti devono allontanarsi per brevi periodi, magari per le ferie estive, per recuperare un po' di energie da restituire poi moltiplicate a chi ha bisogno di tanta attenzione e stimoli continui.

È servito e serve anche a questo aver aumentato da 230 a 304 milioni di euro, in sette anni, i fondi per la spesa sociale, senza mai invertire rotta, nemmeno di fronte ai continui e pesanti tagli del governo che colpiscono i Comuni, e quindi i servizi ai cittadini.

Grazie a questo impegno abbiamo aperto la Sala operativa sociale, che è in funzione ormai dal 2002 ed è un po' il nostro «118» per tutto ciò che riguarda questi problemi, perché è attiva ventiquattro ore su ventiquattro e raccoglie ogni mese migliaia di chiamate di chiunque voglia segnalare una situazione difficile, una persona bisognosa di aiuto. Il primo inverno, sindaco da pochi mesi, seguivo un metodo piuttosto «artigianale», telefonando all'assessore Raffaela Milano ogni volta che vedevo qualcuno che, per esempio, dormiva all'addiaccio, abbandonato in un angolo di strada. Poi abbiamo «istituzionalizzato» il sistema, con oltre cento assistenti sociali, psicologi e educatori pronti a intervenire a ogni segnalazione dei cittadini. Ne arrivano in grandissima quantità, a dimostrazione di come in città si stia consolidando un clima prezioso di solidarietà e di attenzione agli altri.

In cinque anni la Sala riceverà oltre un milione di chiamate, con le unità operative impegnate in più di centoquarantamila interventi diretti, grazie anche a un sistema satellitare che permette loro di essere costantemente in contatto con la sede centrale.

E a proposito di sedi, sempre nel 2002 è nata, in una villetta di due piani a Prati sottratta alla criminalità organizzata prima utilizzata come bisca, la Casa del Volontariato. Un luogo frequentato da giocatori d'azzardo e malviventi è diventato così il centro di coordinamento e di sostegno per le associazioni del settore che desiderano avere informazioni e assistenza da parte del Comune e il punto di riferimento per migliaia di persone che vogliono impegnarsi per gli altri e magari all'inizio non sanno nemmeno come fare. C'è una grande ricchezza, nella nostra città, ed è rappresentata proprio da questa rete di diversi soggetti che svolgono un'attività preziosa, che spendono una parte del proprio tempo per aiutare chi è in difficoltà, per il bene della comunità. Sono più di quattrocento le organizzazioni, cattoliche e laiche, presenti sul territorio; in tutto sono dodicimila volontari, e il 65 per cento sono donne.

Ogni periodo invernale, per esempio, i nostri operatori della Sala operativa sociale sanno che possono contare su di loro, quando si tratta di raggiungere e aiutare le persone che vivono per strada, anche quelle che per diffidenza o paura non si rivolgono ai centri di accoglienza. Quest'ultimo inverno insieme alla Caritas, a Sant'Egidio, a tante associazioni, abbiamo portato avanti un gran lavoro, dando il via a un «Piano freddo» che offre assistenza, cibo e ricovero a chi dorme dove può, arrangiandosi tra i cartoni, sotto un portico o su una grata che manda un po' d'aria calda. A dicembre è nata, per questo, la cosiddetta «Isola della solidarietà», un grande tendone riscaldato installato nei giardini di Castel Sant'Angelo. Facciamo davvero tutto il possibile, e il risultato più bello è che anche quest'inverno, come il precedente, non c'è stata nessuna vittima – in precedenza si registravano in media oltre dieci morti l'anno – tra i duemila senzatetto che vivono in città.

E poi, oltre a rispondere alle esigenze fondamentali di avere un pasto e un riparo dal freddo, vogliamo fare in modo che chi vive senza avere una dimora fissa non perda la propria dignità e si senta comunque cittadino di Roma. L'idea, allora, è quella di creare per queste persone una «strada virtuale», un indirizzo anagrafico convenzionale che permetta di ottenere i documenti, di accedere ai sussidi, di avere gratuitamente i farmaci, di esercitare i propri diritti civili. Nasce così, con diciannove numeri civici diversi, uno per Municipio, «via Modesta Valenti», dal nome di una anziana clochard che il 31 gennaio 1983 nei pressi della stazione Termini morì dopo essersi sentita male ed essere rimasta a terra, per ore, nell'indifferenza generale.

Molto spesso è questo, il nemico principale da sconfiggere: l'indifferenza. La scarsa attenzione, delle persone così come delle istituzioni, può far scivolare una vita ai margini e può far cadere poi nell'esclusione. Perciò bisogna intervenire prima, quando le difficoltà e il disagio non sono ancora disperazione e indigenza assoluta. Serve a questo, per esempio, la battaglia che conduciamo dal Campidoglio contro il caro prezzi, siglando un accordo con le associazioni dei commercianti per non far aumentare il costo di una serie di prodotti, alimentari ma non solo. Parte così già nel 2002, a cominciare dai supermercati e dai mercati rionali, per poi estendersi a bar e negozi, la campagna «Roma spende bene», che ha il merito di aiutare le famiglie costrette a fare i conti anche con l'introduzione dell'euro, di contrastare l'inflazione e di costruire un rapporto migliore tra consumatori, distributori e produttori.

Ancora maggiore, se possibile, è l'impegno che mettiamo nel fronteggiare un problema che è andato facendosi sempre più drammatico e che nella nostra città tocca ormai la vita e il futuro di migliaia di persone: quello della casa. Considerando anche la totale assenza di una concreta ed efficace politica nazionale, come amministrazione giochiamo tutte le carte a nostra disposizione per migliorare la situazione. Assistiamo ogni anno circa duemilacinquecento famiglie a bassissimo reddito e in condizioni di grave disagio con un contributo mensile per la stipula di un contratto d'affitto. Eroghiamo in sette anni circa settantacinquemila «buoni casa», per far fronte all'emergenza sfratti e sostenere i cittadini alle prese con il vertiginoso aumento degli affitti. Introduciamo sgravi dell'Ici per chi affitta a canone agevolato. Assegniamo complessivamente tremila alloggi di edilizia residenziale pubblica e nel maggio del 2005 approviamo in consiglio comunale una «Delibera programmatica sulla casa» che tra le altre cose prevede un accordo con gli imprenditori per destinare una parte degli immobili in costruzione alle locazioni a canone concordato e solidale.

Insomma, tutto quello che facciamo è perché vogliamo che Roma sia una comunità aperta e accogliente, che riconosca il valore dell'esperienza umana, che sia vicina al dolore, che sappia rispondere ai bisogni e offrire opportunità. Vogliamo una città dove la cultura della solidarietà prevalga su ogni forma di resa o di assuefazione allo stato delle cose, dove i poveri e i più deboli possano sentirsi a casa propria, dove ogni persona abbia garantita una vita degna di essere vissuta. Vogliamo ciò che disse di volere don Luigi Di Liegro scrivendo proprio del convegno sui «mali di Roma» all'indomani della sua conclusione: «Una città che sia la città del dialogo, tra i suoi cittadini, tra fede e tecnica, tra aspirazioni e impegni. Una città diversa, una città nuova, che appartenga a tutti perché fatta da tutti».

26

Il ritorno di Marco Aurelio e «Campidoglio 2»

21 giugno 2004

Una cittadella di quasi ottantamila metri quadri dove trasferire la macchina amministrativa e burocratica del Comune, concentrandola in un unico luogo e semplificando parecchio, così, la vita dei romani. Un'operazione da circa 250 milioni di euro che ci permetterà però di risparmiare gli affitti delle sedi occupate attualmente, per un totale di 10 milioni di euro l'anno. La creazione, utilizzando gli spazi liberati con questo gigantesco trasferimento, di un grande polo museale in un'area archeologica unica al mondo. Bastano questi pochi ma fondamentali elementi per capire perché il voto del consiglio comunale del 21 giugno 2004 fila liscio come previsto, senza problemi, senza che si levino voci discordanti. Il progetto di quello che viene chiamato «Campidoglio 2», e che a me piace pensare come una «Casa dei cittadini», può andare avanti.

È già da un paio d'anni che, insieme all'assessore al Patrimonio Claudio Minelli, ci stiamo lavorando. Fondamentale è senz'altro l'acquisto dall'Agenzia del Demanio dei palazzi della Manifattura Tabacchi. È qui, nel cuore dell'Ostiense, tra la circonvallazione e piazza Giovanni da Verrazzano, all'ombra della ciminiera alta sessanta metri della vecchia fabbrica e in altri due nuovi edifici per la cui progettazione gareggeranno alcuni tra i migliori architetti a livello internazionale – un altro stabile, in via della Moletta, verrà invece utilizzato dopo un lavoro di ristrutturazione –, che si trasferiranno oltre cinquemila dipendenti comunali, tra quelli degli assessorati, dei dipartimenti e degli altri uffici tecnici e amministrativi, che attualmente sono distribuiti in trentasei diverse sedi sparse per la città. Nel Palazzo Senatorio rimarranno solo il sindaco con il suo gabinetto, la giunta e il consiglio comunale.

È il progetto, insomma, di una moderna cittadella amministrativa, che dovrà permettere agli uffici di dialogare e collaborare più efficacemente tra loro, e a ogni cittadino di avere un qualsiasi documento senza impazzire nel traffico o iniziare un faticoso pellegrinaggio bussando di porta in porta e passando da uno sportello all'altro. Anche per i dipendenti comunali la situazione potrà migliorare, perché se oggi ognuno di loro ha a disposizione, in media, uno spazio di circa quindici metri quadri – che scendono a otto in Campidoglio –, con la nuova sistemazione a Ostiense lo standard aumenterà fino a venti metri quadri, per di più in una zona molto ben collegata dai mezzi pubblici, tra ferrovia, metropolitana e autobus. E a tutto questo si aggiunga che sono previsti ampi parcheggi, asilo nido e mensa.

Oltre a quello di razionalizzare e di rendere efficiente al massimo il funzionamento dell'amministrazione e il suo rapporto con i cittadini, l'altro importante obiettivo è, come si diceva, quello di dar vita alla più grande area museale e archeologica d'Europa, compresa tra via dei Cerchi e via della Greca, via dei Fori Imperiali e i Musei Capitolini.

Questi ultimi, diretti e animati da Anna M. Sommella, stanno poi per guadagnare tremila metri quadri di nuova superficie espositiva, passando dagli attuali ottomila a undicimila. Succederà in una giornata da ricordare, perché sarà quella del ritorno della statua del Marco Aurelio sotto gli occhi dei romani e dei turisti, dopo ben ventisei anni. Il 23 dicembre 2005, infatti, l'imperatore filosofo in sella al suo cavallo sarà visibile al centro di quel meraviglioso spazio irregolare, attraversato da piani di luce unici, che è l'esedra realizzata grazie al genio dell'architetto Carlo Aymonino nel cosiddetto «Giardino romano», inserito tra il Palazzo dei Conservatori e Palazzo Caffarelli. Tra l'altro, gli straordinari scavi archeologici effettuati per realizzare la sala vetrata progettata da Aymonino hanno portato al rinvenimento del grande Tempio di Giove, il massimo santuario della romanità, del quale tutti potranno ammirare alcune mura perimetrali. La nascita di questa nuova ala dei Musei rappresenta davvero un passo importante per valorizzare la bellezza e l'immenso patrimonio del cuore di Roma. Un passo che sembra aspettare solo che ne vengano fatti altri.

Per tornare agli spazi da liberare grazie al progetto del «Campidoglio 2», nel palazzo di via dei Cerchi, allora, si potrebbe spostare dall'Eur il Museo della civiltà romana, con il plastico della Roma imperiale che troverebbe la sua collocazione ideale, e nascerebbe anche uno spazio multimediale su Roma antica, creando quindi un nuovo grande museo della storia della città sin dalle origini, come per esempio avviene a Londra con il Museum of London. Il mio sogno, poi, è che qui venga ospitata anche la collezione Torlonia, la cui acquisizione è in fase di trattativa. Alla fine, l'insieme dei siti e degli edifici interessati supererà i sessantunomila metri quadri, quasi come l'estensione del Louvre a Parigi.

Resta che quando nel gennaio del 2007 presentiamo il bando di gara internazionale per aggiudicare la costruzione del «Campidoglio 2», insieme a Minelli abbiamo fatto il conto: per arrivare fin qui sono stati necessari già centottanta passaggi amministrativi, e siamo ancora lontani dallo scrivere la parola «fine». È una vera corsa a ostacoli, dal cui esito dipende la sorte di uno dei progetti urbanistici più importanti della città.

Siamo abituati, è vero. Pensiamo soltanto alle già ricordate difficoltà incontrate per tradurre il progetto di fare degli ex Mercati generali la «Città dei giovani». Oppure pensiamo, sempre nell'ambito della nostra strategia complessiva di decentramento amministrativo, al comprensorio direzionale di Pietralata, ultimo erede del vecchio Sistema direzionale orientale, per il quale completiamo gli espropri e approviamo il piano particolareggiato dopo quarantacinque anni di attesa, finanziamo le opere pubbliche per viabilità e urbanizzazioni – 150 milioni di euro – e chiudiamo i protocolli istituzionali per ospitare sedi universitarie, impianti sportivi, un grande parco e direzioni di agenzie pubbliche, a creare una sorta di moderna «Defense» romana.

Sta di fatto che a volte viene davvero da pensare che è defatigante dover affrontare sempre percorsi burocratici tanto accidentati, pieni di veti e di risposte che fino a prova contraria sono un «no», quando si tenta di fare qualcosa di nuovo.

A ogni modo le procedure sono ormai tutte ben avviate. Entro ottobre dovranno essere presentati i progetti, dopo di che verrà scelto il vincitore. E a questo punto ci dovrebbe essere solo una precisa e contraria volontà politica per non realizzare, finalmente, la «Casa dei cittadini».

27

La Casa del Cinema e il «sistema» delle Case

18 settembre 2004

Nel corso della sua storia è stata un po' di tutto e un po' di tutto le è successo. Entrata a far parte dei possedimenti dei Borghese fu restaurata e adibita, come racconta Gioacchino Belli, a trattoria. Danneggiata nel 1849 nel corso dei combattimenti tra i difensori della Repubblica romana e l'esercito francese venuto in soccorso del pontefice, fu nuovamente sottoposta a restauro e usata dopo qualche anno per ospitare stalle per mucche e una rivendita di latte. Rimasta «vaccheria» anche dopo il passaggio di Villa Borghese al Comune, fu solo negli anni Trenta del secolo scorso che assunse una veste più elegante, diventando un punto di ristoro di lusso. Celebre come dancing e sede di eventi mondani all'epoca della «Dolce vita» con il nome La Lucciola, iniziò a cadere in disgrazia nel 1976, quando i concessionari avviarono interventi non autorizzati, con conseguente blocco dei lavori e contenzioso legale risolto solo negli anni Novanta.

Sono queste le tappe della lunga vicenda della Casina delle Rose. Un altro luogo di Roma bellissimo, a un passo da piazza di Siena e da Porta Pinciana, finito a un certo punto in uno stato di abbandono, lasciato in un angolo, degradato. È così che l'ho trovata quando sono venuto qui, all'inizio del mio mandato.

Sul fatto che questa situazione dovesse aver termine,

non potevano esserci dubbi. Su come utilizzare l'edificio una volta rimesso a nuovo, rispetto al progetto previsto ho fatto un'altra scelta. Molto diversa, in effetti. Durante il primo sopralluogo mi viene detto che dovrà diventare la sede delle copie delle statue di Villa Borghese. Le copie... Mi sembra un'utilizzazione che allontana quel luogo dalla città. Avrà invece una funzione più «viva» e io credo più importante, perché diventerà la Casa del Cinema. Non un posto per soli addetti ai lavori, una sorta di «club» per registi, attori e produttori, ma un grande spazio di duemilacinquecento metri quadri aperto a tutti gli appassionati, specialmente i più giovani, e adatto a mille attività. Al piano terra emeroteca, bookshop specializzato e una serie di postazioni multimediali dove si potranno vedere film in dvd. Di sopra, una grande sala con centoquarantacinque posti e uno schermo di sette metri per tre, per proiezioni o convegni. Tra le altre sale, quelle dedicate a Sergio Amidei e Cesare Zavattini, come a dare l'idea che qui dentro ci sarà davvero tutto il cinema italiano, dalla A alla Z. E poi il sogno è che in questa Casa ci si possa venire anche solo per il piacere di starci, per godere dell'ombra degli alberi e del silenzio del parco, magari nelle belle giornate con una sosta al ristorante che avrà tavoli anche all'esterno e che contribuirà all'autonomia finanziaria della struttura. Più avanti, è previsto che partano i lavori per rimettere in funzione il teatro all'aperto, dove una volta si faceva il *café chantant*, giusto davanti alla giostra.

E cosa c'è di meglio, se non che ad accompagnare la nascita di questa nuova struttura, che sarà diretta da Felice Laudadio, sia il nome di uno dei più grandi e popolari attori del cinema italiano? Così, il 18 settembre 2004, insieme a Ettore Scola e Gillo Pontecorvo, a Stefania Sandrelli e Giuliano Montaldo, a Francesco Rosi e Citto Maselli, festeggiamo non solo il primo giorno di vita della

Casa del Cinema, ma anche il nuovo nome dell'area antistante: largo Marcello Mastroianni. C'è anche sua figlia Barbara, quel giorno. È commossa, è contenta del fatto che chiunque verrà qui ricorderà chi era suo padre. Il mio, di ricordo, è ancora vivo, anche se è passato qualche anno. Proprio con Scola e Flavia ero andato a Napoli, a vedere quello che sarebbe stato il suo ultimo spettacolo teatrale, intitolato – quasi un segno del destino – *Le ultime lune*. Mastroianni era già gravemente malato, tanto che di lì a qualche giorno avrebbe dovuto interrompere la tournée per tornare a Parigi, eppure manteneva quella leggerezza, quell'umorismo garbato e quel sano disincanto che lo rendevano una persona davvero speciale, oltre che un eccezionale artista.

Casa del Cinema e largo Marcello Mastroianni, insomma, formano un'accoppiata perfetta. E la cosa più bella è che questo luogo diventa immediatamente una delle mete preferite dei romani e non solo, tanto che nel primo anno di attività si contano quarantamila partecipanti alle diverse iniziative, con trecentodieci film proiettati e oltre duecento tra rassegne ed eventi. È il segno di come Roma sia davvero la città più «cinematografica» d'Europa, il luogo del cinema che c'è stato, che c'è e che ci sarà. E al tempo stesso è la dimostrazione di come rendere quanto più possibile permanenti le attività culturali – al di là dei singoli eventi, per quanto grandi e prestigiosi possano essere – sia una chiave vincente, da riproporre in tanti altri ambiti. Quello delle «Case», allora, diventa un vero e proprio modello, un «sistema», di cui peraltro fa parte, in qualche modo, anche la rete delle trentacinque biblioteche comunali – sedici delle quali inaugurate da noi – in attività quando saranno trascorsi sette anni dall'inizio del nostro cammino.

A tutto questo lavorano, con grazia e decisione, Gianni

Borgna, mio amico di sempre, Giovanna Marinelli, qualcosa di più di un direttore di dipartimento, e il soprintendente Eugenio La Rocca.

C'è poi la Casa delle Letterature, l'unica che al momento del nostro arrivo in Campidoglio era già attiva. La nascita del Festival delle Letterature le dà però un ruolo e una visibilità che prima non aveva, tanto che le iniziative e gli incontri arrivano a moltiplicarsi anche nel resto dell'anno. In più, tra il 2005 e il 2006 – con un temporaneo spostamento durante i lavori a Villa Poniatowski – viene ristrutturata la sede di piazza dell'Orologio, il prestigioso complesso borrominiano dell'ex Oratorio dei Filippini, al cui interno l'anno successivo entra in funzione una libreria dedicata alla letteratura del Novecento e la biblioteca si arricchisce della straordinaria collezione di libri di uno scrittore, di un intellettuale, al quale ho voluto molto bene, Enzo Siciliano.

Nata pressoché contemporaneamente a quella del Cinema, c'è poi la Casa dei Teatri, che si trova nello storico Villino Corsini di Villa Pamphilj e che per i suoi spazi adatti a mostre, incontri e proiezioni offre la possibilità di vivere lo spettacolo teatrale in una prospettiva multidisciplinare, risultando per questo una struttura davvero unica nel panorama romano. Così come unica nel suo ambito, inaugurata il 13 novembre 2003 con due mostre e una conversazione sul tema «Gli spazi del vuoto» – alla quale partecipo insieme a Massimiliano Fuksas e a Wim Wenders –, è la nuova Casa dell'Architettura, che trova la sua sede nell'ottocentesco Acquario Romano di piazza Manfredo Fanti, nel cuore del quartiere Esquilino. Ecco un altro edificio che in più di un secolo di storia ha fatto diversi e disparati «mestieri», perché rispetto a quella che doveva essere la sua originaria destinazione ha ospitato feste e spettacoli teatrali e cinematografici, è stato galleria d'arte e persino luogo adatto ad accogliere un circo equestre, per poi diventare deposito del vicino Teatro dell'Opera e sede di uffici comunali nemmeno troppo importanti. Dopo una ristrutturazione durata quasi vent'anni, riusciamo a trasformarlo in un luogo che peraltro è simbolo di un aspetto al quale teniamo molto, quello della qualità urbana. E in più, il «filo rosso», l'obiettivo, è sempre lo stesso: favorire la formazione e la diffusione di una cultura, in questo caso architettonica, quanto più rivolta al grande pubblico, e non solo a una ristretta cerchia di professionisti e accademici.

Di tutti, lo abbiamo visto, vogliamo sia anche la consapevolezza delle vicende che hanno contraddistinto la nostra storia. Nessuna pagina deve essere esclusa, men che meno quelle che hanno segnato più in profondità la vita dei romani, dei nostri padri, dei nostri nonni, durante gli anni della guerra, dell'occupazione tedesca, della Resistenza. Per questo scegliamo il 24 marzo, il giorno del massacro delle Fosse Ardeatine, per far nascere nel 2006 la Casa della Memoria e della Storia. Per essa si è battuto, e lo voglio ricordare, Massimo Rendina, vecchio collega di mio padre in Rai e, da ultimo, presidente dell'Anpi provinciale.

La Casa ha sede a Trastevere, in via San Francesco di Sales, una traversa di via della Lungara, vicino al carcere di Regina Coeli, dove furono imprigionati tanti oppositori del regime. Il palazzetto, di tre piani, ospitava una scuola della comunità ebraica – che con l'aiuto del Comune si è trasferita al Portico d'Ottavia – e ora, completamente ristrutturato, può accogliere i principali istituti storici della città e le associazioni dei partigiani e dei deportati, riunendo in un unico luogo, pensato soprattutto per gli studenti e i giovani, i loro fondi documentari e le loro biblioteche.

E in fondo è sempre la memoria a caratterizzare un'ultima tessera di questo mosaico, un altro tassello del nostro «sistema», al quale stiamo lavorando e che per la sua particolarità e il suo significato meriterà tra poco un discorso a parte: la Casa del Jazz.

28

Roma, Africa, Mondo

2 ottobre 2004

«Roma-Maputo, andata e ritorno.» Sono in aeroporto, a Fiumicino, un sabato sera di inizio ottobre, in partenza per il Mozambico. Questa però non è la semplice dicitura di un biglietto aereo, e quello che stiamo per fare non è un viaggio come tanti altri. È di più, molto di più. È un progetto che coinvolge cento studenti romani. È un modo diverso di guardare alle disuguaglianze e alle ingiustizie del mondo, al fossato che separa le sue parti ricche da quelle più povere. È un obiettivo concreto, inseguito per mesi e ora finalmente raggiunto: la costruzione di una scuola per i bambini di Guava, sobborgo della capitale mozambicana dove si vive tra miseria e malattie.

A Guava sono già stato un anno fa, nel luglio del 2003, ed è allora che è nata l'idea. Ero stato da poco ospite per alcune sere – più notti che sere, a dire il vero – di una trasmissione su Radio 2, portando ogni volta alcuni dei miei brani musicali preferiti, e alla fine ne era venuta fuori una compilation, un cd intitolato *Me, We*, messo in vendita con l'obiettivo di destinare l'intero ricavato all'associazione Movimondo per la costruzione di pozzi d'acqua proprio in Mozambico, Paese che avevo visitato nel 2000, quando ero segretario dei Ds, e che mi è rimasto nel cuore, come tutto il continente africano.

Con i proventi del cd di pozzi siamo riusciti a finanziarne quattro, cosa che ha voluto dire portare acqua potabile a duemila famiglie di Guava. Tra le altre, quella di Isabelita, una bambina di dieci anni che con un grande sorriso mi ringrazia e ringrazia Roma, prendendo la parola all'inizio della semplice cerimonia che dà il via alla festa di tutto il sobborgo. Con i suoi occhi grandi legge una lettera indirizzata ai bambini romani: «Siamo bravi studenti, ma abbiamo molte difficoltà, ci manca il materiale per studiare; i nostri genitori non hanno lavoro; non abbiamo vestiti. Ci sediamo per terra, ma quando piove non possiamo studiare perché l'acqua entra dappertutto». So di cosa parla, perché un maestro sconsolato mi ha appena portato a vedere l'aula – e per chiamarla così bisogna davvero fare uno sforzo – dove insegna come può: una capanna, senza una lavagna e nemmeno un banco, coperta da uno strato di lamiera, che effettivamente non riesce a trattenere la pioggia d'inverno e diventa rovente nella stagione calda. È sempre lui a raccontarmi di come la malaria faccia tante vittime, tra i suoi alunni. Di come molti siano orfani per colpa dell'Aids. Di come però non perdano il sorriso e la gioia di vivere, la voglia di imparare almeno a leggere e a scrivere.

Ripenso alle sue parole, quando nel grande spiazzo dove si ride e si balla per l'arrivo dell'acqua riconosco quei sorrisi, incontro gli occhi di quei bambini pieni d'allegria. Sarebbe bello avessero una scuola vera. Sarebbe bello potessero studiare e fare dell'educazione la chiave per aprire la porta di un futuro migliore. È il pensiero che tengo con me da quel momento in poi, per tutto il viaggio di ritorno, e che appena rientrato a Roma diventa un progetto concreto, grazie al coinvolgimento dei ragazzi di quattro licei storici della Capitale come il Mamiani, il Tasso, il Visconti e il Virgilio. La loro risposta è fantastica. Si mettono sotto per raccogliere fondi in ogni modo – collette, tornei di calcetto, piccoli concerti e rappresentazioni teatrali, cene con amici e parenti – e inventano anche un bello slogan: «Vado al liceo e faccio la scuola elementare».

È una passione determinata che fa raggiungere l'obiettivo. La scuola viene costruita, è pronta, e ora eccoci qui tutti in partenza, all'inizio di un viaggio che per questi ragazzi sarà un'esperienza unica, di certo piena di emozioni e sentimenti contrastanti, perché dell'Africa toccheranno in pochi giorni la grandezza e la fragilità, la bellezza e la miseria, il dolore e la speranza. Da un estremo all'altro, come in una sorta di doccia scozzese, che inizia con la visita ai sessanta bambini dell'orfanotrofio 1° de Maio – di cui mi occuperò poi per molti anni –, con la tristezza per le condizioni di Carlotta che ha tre mesi ed è pelle e ossa, e per quelle di Bernardo, che di mesi ne ha sei ed è ancora più magro di lei. Prova a farsi strada, poi, il pensiero che non tutto è perduto, che le cose possono cambiare, vedendo come lavorano i medici e i volontari del centro della Comunità di Sant'Egidio a Machava, che nell'ambito del progetto «Dream» si occupa delle persone malate di Aids, della loro cura, della prevenzione. Ma si precipita di nuovo nell'angoscia arrivando alla megadiscarica, la *lixeira*, di Maputo: un'immersione nella povertà più assoluta, quindici ettari di rifiuti maleodoranti dove tra le grigie nuvole di fumo causato dagli incendi che si sviluppano per autocombustione si vede in lontananza un andirivieni di uomini, donne e tanti bambini intenti a riempire sacchi e ceste con avanzi di cibo o qualsiasi oggetto possa essere riutilizzato e venduto nel mercato vicino. Arriva, finalmente, la gioia dell'inaugurazione della scuola, una scuola vera, due edifici in muratura con tre aule, luce elettrica e tutto quel che serve per studiare. Si chiama «Roma», e la soddisfazione dei ragazzi per l'impresa portata a termine è raddoppiata, dopo tutto quello che hanno visto in questi giorni.

L'apertura della scuola è una saga della felicità, per tutti. Finirà con una partita di calcio tra i ragazzi, Roma-Maputo. E così l'ultima sera è bello lasciarsi andare, ballare e divertirsi in piazza dell'Indipendenza, insieme a migliaia di ragazzi mozambicani venuti ad ascoltare la musica dei loro gruppi preferiti e quella di due artisti romani che non conoscono ma che in un attimo, dopo poche note, imparano ad apprezzare. Già, perché con noi ci sono, fin dall'inizio del viaggio, Daniele Silvestri e Max Gazzè, che danno vita a un concerto da ricordare, con Claudio Amendola che per una volta smette i panni dell'attore per indossare quelli del presentatore. Diventa una splendida serata di festa, un'occasione di scambio musicale e culturale, la conclusione migliore di un'esperienza straordinaria, per tutti noi.

Che poi, proprio conclusione non è. Alcuni ragazzi mi dicono che qui ci torneranno appena avranno un po' di vacanze, a fare volontariato. Altri decidono che il loro impegno per sostenere il Mozambico continuerà attraverso un'associazione, Kanimambo, che significa «grazie» e che promuoverà progetti di cooperazione decentrata. Per me, per tutta l'amministrazione, è un impegno che prosegue e che viene da un convincimento profondo. L'Africa per troppo tempo è stata lasciata sola. In questo inizio di nuovo millennio, il suo dolore rappresenta una cicatrice sulla coscienza del mondo. C'è anche, lo sappiamo bene, chi di questo non si cura. Ma il punto è che anche la persona più egoista e cinica, anche chi non vuole aprire gli occhi su una realtà fatta di tremila bambini con meno di cinque anni che muoiono ogni giorno di malaria e di seimila persone uccise ogni giorno dall'Aids, insomma anche chi non sente un dovere morale verso di loro e non vuole provare ad avere una «coscienza globale» delle questioni del nostro tempo, ha comunque delle considerazioni estremamente «realiste» da fare. La fame e le emergenze sanitarie, i conflitti che seminano morte e moltiplicano la povertà, non sono cose circoscritte, che restano lì, lontane, separate da noi. Tutto ciò attraversa i confini, anche fisicamente, spingendo alla ricerca di un altro luogo in cui provare a vivere una vita più dignitosa. E spesso questo finisce per avere a che fare con le insicurezze e le paure delle nostre società, dei nostri Paesi, che sbagliano se pensano di poter rispondere chiudendosi in se stessi. Raddoppiare gli aiuti allo sviluppo, cancellare il debito dei Paesi che ne hanno bisogno, stabilire un totale embargo della vendita delle armi, eliminare gli ostacoli che impediscono loro di trarre benefici dalla mondializzazione economica e creare le condizioni di un sistema commerciale e finanziario aperto, basato su regole precise e non discriminatorio: sono queste le scelte politiche non più rinviabili. Perché il destino dell'Africa non è immutabile. La sua rinascita e la nostra sicurezza sono sorelle, non nemiche.

È il messaggio che abbiamo lanciato anche il 17 aprile, quando nemmeno il cielo plumbeo e la pioggia della mattina hanno impedito a decine di migliaia di persone di sfilare in modo allegro e colorato da piazza Barberini a piazza del Popolo, in occasione della prima manifestazione «Italia-Africa». Non era mai successo che una capitale occidentale si fermasse per parlare di un continente dimenticato, per mettere sotto i riflettori i suoi problemi e le sue speranze, per cercare di promuovere una presa di coscienza collettiva. E quando sulla mia scrivania sono arrivati i messaggi di approvazione di Giovanni Paolo II, del segretario generale dell'Onu Kofi Annan e di Nelson Mandela ho pensato che sì, abbiamo fatto bene a insistere nel volere questa manifestazione, a chiamare a raccolta i sindacati, la Comunità di Sant'Egidio, la Fao e l'Unicef, tante ong e associazioni. Quel che ha scritto Mandela nella sua lettera è vero: «Così com'è avvenuto per la fine dell'apartheid, il sostegno della comunità internazionale è decisivo per la rinascita dell'Africa».

È in sostanza quello che dice, alla platea strapiena di studenti che sono venuti ad ascoltarlo al Teatro Argentina il pomeriggio del 19 maggio dell'anno dopo, il 2005, l'ex presidente degli Stati Uniti, con il quale ormai da diverso tempo ho stretto un bel rapporto di amicizia, Bill Clinton. Ho voluto invitarlo perché dopo pochi giorni, il 28, ci sarà la seconda manifestazione «Italia-Africa», e un «testimonial» così può senz'altro contribuire alla sua riuscita. Il fascino che esercita sui ragazzi è enorme. Seduto sul palco vicino a me si rivolge a loro e ironizza: «Quando sono andato in pensione, ho dovuto immaginare una nuova vita. Con la fondazione che ho creato mi occupo di risolvere alcuni scandali apparentemente senza soluzione. Per esempio: perché in Africa i bambini non vengono mandati a scuola? Perché i sieropositivi non ricevono le cure adeguate? Come mai i Paesi ricchi pretendono il pagamento di debiti e interessi da Paesi allo stremo? Perché il commercio mondiale è così chiuso alle nazioni più povere?». Non esita a fustigare i governi occidentali ed è categorico quando parla del debito dei Paesi poveri: «Siamo franchi: noi non abbiamo bisogno di quei soldi». Parla dell'Aids e ricorda la foto della piccola Maria, che custodisce nel suo ufficio a New York: una bambina nigeriana nata da madre sieropositiva, simbolo e speranza di una nazione. «Il padre ha dovuto combattere per avere i farmaci che bloccano la trasmissione del virus al feto: ma dove eravamo noi, quando lui lottava?» Ricorda, senza alcuna autoindulgenza, la tragedia del 1994 in Ruanda: «Il più grande rammarico della mia carriera politica. In soli cento giorni è stato ucciso il 10 per cento della popolazione. Non mi perdonerò mai di non aver agito per tempo». E infine conclude il suo intervento con una esortazione «kennediana», dicendo ai ragazzi, tra gli applausi: «Chiedetevi cosa potete fare per l'Africa, pensatelo ogni mattina. Anche i piccoli gesti sono importanti. Non delegate tutto ai governi. In quel continente, difficile e straordinario, si sta disegnando anche il vostro futuro».

Archiviato il successo di «Italia-Africa» di nove giorni dopo e anche quello dello straordinario concerto del Live 8 promosso da Bob Geldof, che il 2 luglio vede tra i protagonisti mondiali Roma e un Circo Massimo riempito da settecentomila persone, il nostro nuovo «piccolo gesto» ha a che fare proprio con il Ruanda. Dal 26 al 29 novembre, con altri cento studenti di oltre venti scuole superiori della città, è lì che andiamo. A Kigali, la capitale, e in un villaggio a centocinquanta chilometri, Gatare, immerso tra le montagne e raggiungibile solo con delle jeep in grado di inerpicarsi su strade sterrate e decisamente impervie. Ci mettiamo quattro ore per arrivare, ma sono sicuro che la fatica, per i ragazzi, sia minore di quella provata il giorno prima, quando abbiamo visitato il memoriale del genocidio che costò la vita a oltre ottocentomila persone, tra tutsi e hutu moderati, uccise dagli estremisti di etnia hutu. È stata un'emozione fortissima, prima davanti alle fosse comuni coperte adesso da pergolati con rampicanti fioriti, poi nella semioscurità del mausoleo, guardando le foto dei massacri, i fucili e i machete usati contro donne e bambini, le urne di vetro piene di ossa e teschi di cadaveri mai identificati. Ora il Ruanda è pacificato e sta cercando di rimettersi in piedi. Certo, ha bisogno di aiuto, di sostegno, e noi siamo qui per questo, perché ancora una volta si è messa in moto la macchina della solidarietà e senza che l'amministrazione comunale abbia speso nulla, con donazioni e raccolte fondi, è stata raggiunta la somma necessaria per completare l'obiettivo, anzi gli obiettivi. Già, perché arriviamo a Gatare, accolti da tutti gli abitanti del villaggio in festa, per inaugurare una nuova scuola, che ospiterà trecento bambini hutu e tutsi e si chiamerà «Roma» come quella aperta in Mozambico, e un acquedotto, intitolato invece ad Alberto Sordi, perché è grazie a 500.000 euro donati da Aurelia che siamo riusciti a farlo costruire. E ci toccano il cuore le parole di suor Rosa, della missione locale, quando dice che «il dono dell'acqua non ha uguali, perché chi dona l'acqua dona la vita».

Quando arriva il momento di ripartire, di tornare a casa, a una quotidianità molto diversa dalla realtà in cui per tre giorni ci siamo immersi, ho la stessa sensazione provata al termine del viaggio a Maputo: per i ragazzi questo è stato davvero un corso accelerato di altruismo contro l'indifferenza; nessuno di loro sarà uguale a prima, tutti sapranno guardare con occhi diversi alle cose della vita e del mondo.

Sarà lo stesso per gli studenti che dal 27 aprile al 2 maggio di due anni dopo andranno in Malawi a inaugurare altre due scuole costruite grazie a loro, nella periferia della capitale Lilongwe e nel villaggio di Matola. Una delle aule della prima scuola sarà intitolata a una splendida ragazza del liceo Augusto, Giulia Songini, che sarebbe partita insieme a noi, se non se ne fosse andata a soli sedici anni per colpa di un tumore. Giulia aveva una grande passione per l'Africa e a Natale aveva regalato ai suoi genitori – un regalo d'addio, perché stava già molto male – due diverse adozioni a distanza, di un bambino del Madagascar e di uno indiano. Sua mamma, Anna, mi ha raccontato che Giulia voleva fare la volontaria in una missione, e che ripeteva sempre: «Abbiamo un grande lavoro da fare, fino a che ci sarà povertà nel mondo e fino a che questo sarà diviso tra chi ha tutto e chi nulla».

In fondo sono proprio queste parole che restituiscono nel modo migliore il senso di tutto il nostro impegno di questi anni, fin da quando, l'abbiamo visto, in avvio di primo mandato abbiamo lanciato la proposta di istituire – considerando che il G8 comprende i Paesi più ricchi e potenti ma non dà voce agli altri, Africa e Sud America in testa – un «C15» delle città più importanti del mondo, un'alleanza tra metropoli pronte a dare un contributo per affrontare concretamente, muovendo da un altro punto di vista e definendo strategie comuni, i problemi della globalizzazione, della povertà, delle migrazioni di massa, dei diritti umani, dell'ambiente.

E a proposito di Sud America, una spinta importante a procedere su questa strada è venuta anche dal viaggio che ho compiuto all'inizio del 2002 in Brasile, in occasione del World Social Forum di Porto Alegre, la città del mio amico sindaco Tarso Genro. È stata una settimana dura e molto intensa, tra gli «irregolari» della Terra, in mezzo alla miseria assoluta in cui vivono i bambini della *favela* di Vila Farrapos e il coraggio dei volontari e dei padri del Don Orione, che hanno trasformato un ex lebbrosario in una casa di accoglienza per i minori, e poi a Foz do Iguaçu, nello Stato di Paraná, dove si incontrano i confini di Brasile, Argentina e Paraguay e la vita stessa è una frontiera, al di là della quale c'è il nulla. Traffici di droga, di armi e di esseri umani sono l'economia più «florida» di quest'angolo di mondo, pieno anch'esso di *favelas* che i turisti, attratti dalle meravigliose cascate, durante la loro permanenza nemmeno vedono. Quella di Morenita 2, per esempio, dove in ottomila vivono stipati in baracche quando va bene, in rifugi di ogni tipo negli altri casi. Non è facile vivere qui, ma quando piove è quasi impossibile. Con un paio di enormi stivaloni cerco di seguire le suore di Nossa Senhora Aparecida, suor Anna Maria e suor Anita, che agili e determinate entrano nei vicoli allagati per portare almeno una parola e un sorriso, un gesto normale in esistenze che non lo sono affatto. Ma per questa gente di «finimondo» è normale vivere tra legno e lamiera, con le fogne a cielo aperto, la pioggia che entra in casa e bagna le poche cose che si hanno. Qui, soprattutto per donne e bambini, l'esistenza può essere un inferno. La sera, quando stiamo per dormire, nel refettorio risuona, nitido, il rumore di una sparatoria. Suor Anna Maria ci guarda, sorride e sussurra: «È normale». Le suore distribuiscono anche i contraccettivi, perché sono suore di frontiera, la Chiesa dei dogmi è lontana e i bambini continuano a nascere. A ricordarsi di loro sono rimasti religiosi e volontari, che con un'opera quotidiana davvero straordinaria e attraverso progetti di cooperazione tentano di dare un'occasione di vita a chi altrimenti difficilmente ne avrebbe. Progetti concreti e mirati, con le istituzioni locali, quelle più vicine ai problemi delle persone, schierate in prima fila e capaci di collaborare per raggiungere obiettivi comuni e affermare una dimensione umana della globalizzazione.

L'idea del Glocal Forum, che si svolge a Roma pochi mesi dopo, dall'11 al 13 maggio, e che di fatto recupera lo spirito della proposta del «C15», nasce su questa base. Per la prima edizione – altre ne seguiranno – arrivano in Campidoglio venticinque sindaci da ogni parte del mondo, da Parigi e da Porto Alegre, da Boston e da Hanoi, da Barcellona e da Dar es Salaam, da Amsterdam e da Kigali. «Finora non sapevo bene cosa potesse significare la parola "glocalizzazione"» dice proprio il sindaco della capitale ruandese nel corso del suo intervento, «ma adesso ho capito che può essere una grande opportunità, una rete di solidarietà che può arricchire le esperienze e scambiare i progetti.» Ne metteremo a punto diversi, di questi progetti. E il migliore riconoscimento arriva l'ultimo giorno, quando papa Giovanni Paolo II ci riceve tutti in udienza in Vaticano, nella magnifica Sala Clementina del Palazzo Apostolico, e ci incoraggia a proseguire il cammino intrapreso, perché «la solidarietà» dice «deve essere la caratteristica principale dell'anima di ogni città».

Roma quest'anima solidale la possiede, e lo dimostra in ogni possibile occasione. Per esempio due mesi dopo, con gli aiuti in generi alimentari e medicine inviati ai bambini argentini, prime vittime della pesantissima crisi economica che ha colpito quel Paese. Ma anche con l'attività svolta dalla Casa internazionale dei diritti umani delle donne, che è nata nel 2004 e si impegna su quel terreno fatto di diritti e solidarietà su cui si muove la storica Casa delle donne del «Buon Pastore», accogliendo coloro che nel proprio Paese sono state vittime di una violenza fisica talmente feroce da richiedere importanti interventi di chirurgia plastica e ricostruttiva. Abbiamo inoltre messo in piedi il progetto «Roxanne», una rete di supporto alle vittime di tratta sessuale, con unità di strada e «case di fuga» che consentono alle donne sfruttate dal racket della prostituzione di costruirsi un futuro diverso.

E poi servono anche le scelte simboliche, come la cittadinanza onoraria consegnata a settembre dello stesso anno a Safiya, la giovane donna nigeriana condannata alla lapidazione perché «colpevole» di aver dato alla luce una figlia nata fuori dal matrimonio dopo essere stata violentata, e poi salvata in appello grazie alla mobilitazione dell'opinione pubblica internazionale e in particolare della nostra città. Oppure serve la lunga e alla fine vincente battaglia per arrivare alla liberazione di Ingrid Betancourt, la coraggiosa politica ambientalista tenuta per anni prigioniera dalle Farc, le Forze armate rivoluzionarie della Colombia. Per lei, diventata cittadina romana nel dicembre del 2003, ho anche partecipato a una grande manifestazione che si è svolta all'inizio del 2004 nelle strade di Bogotá, insieme al sindaco Luis Eduardo Garzón e al premio Nobel per la pace, la guatemalteca Rigoberta Menchú.

Insomma, tutto questo per dire che se è vero quel che scriveva Theodor Mommsen, e cioè che «non si può stare a Roma senza propositi cosmopoliti», diverse cose ci potranno forse essere rimproverate, ma non quella di non aver provato a tenere fede a questo impegno, indissolubilmente legato alla vocazione universale di una città unica al mondo.

29

Una firma storica

29 ottobre 2004

Una gigantesca gru con un braccio lungo più di ottanta metri sulla piazza del Campidoglio, tra il Marco Aurelio e Palazzo Senatorio, occupata a tirare giù dalla cima della torre campanaria una pesante statua di quasi tre metri, è destinata ad attirare l'attenzione, anche se è una calda mattina dell'ultimo giorno di agosto. E infatti non ci vuole molto perché si formi una piccola folla di turisti e curiosi, desiderosi di capire cosa succede. I vigili che sono lì per controllare le operazioni rispondono pazientemente alle loro domande e spiegano che la statua deve essere spostata ai Musei Capitolini per essere restaurata. Si potrebbe anche aggiungere che, a giudicare dal peplo in cui è avvolta, risale molto probabilmente alla seconda metà del IV secolo avanti Cristo, che fu ritrovata nel corso di uno scavo del 1875 nel quartiere Esquilino e che originariamente rappresentava Minerva, ma le persone che la osservano mentre viene portata a terra forse non chiedono tanto. Chiedono, semmai, il perché di tutti quei lavori, considerando che, se si guardano attorno, tra la pavimentazione delle strade, le facciate dei diversi edifici e i giardini, è tutto il colle che da qualche settimana sta assumendo una luce nuova, ancora più bella del solito. «Ma come, non lo sa?» dice un vigile a una signora venuta a Roma con il marito per festeggiare le nozze d'oro. «A fine ottobre arrivano qui i presidenti di tutta Europa a firmare la nuova Costituzione, e il Campidoglio si sta tirando a lucido.»

Già, è quello che sta succedendo. Pochi mesi fa il Consiglio europeo ha raggiunto l'accordo sul testo del nuovo Trattato costituzionale che dovrà garantire all'Unione la prosecuzione del cammino di integrazione. Io il 20 giugno ho scritto al presidente del Consiglio, Silvio Berlusconi, sottolineando che se la firma, come pare, avverrà davvero in Italia e a Roma, la sede più giusta e «naturale» non può che essere il Campidoglio, non può che essere la stessa Sala degli Orazi e Curiazi dove tutto iniziò, il 25 marzo 1957, con la storica sigla dei Trattati istitutivi della Comunità europea. La risposta di Berlusconi è arrivata dopo otto giorni, per ringraziare della disponibilità e per accettarla. La decisione di Bruxelles si è fatta attendere un po' di più, ma il 9 luglio abbiamo finalmente saputo che sì, il 29 ottobre Roma sarà di nuovo il centro, il cuore pulsante, del disegno europeo.

La corsa contro il tempo è partita in quel momento. L'immagine che la Capitale offrirà ai capi di Stato e di governo che la raggiungeranno da tutt'Europa sarà quella dell'Italia, motivo per cui non possono esistere differenze di colore politico e la collaborazione deve essere totale. Cosa, questa, che peraltro viene resa ancora una volta più facile dall'azione di Gianni Letta, con il quale ci mettiamo al lavoro per fare ciò che diceva il vigile: tirare a lucido il Campidoglio, renderlo una splendida cornice per un evento così importante e permettere, in uno stretto e corretto rapporto con la Protezione civile capeggiata da Guido Bertolaso, che l'organizzazione e la sicurezza siano garantite ai massimi livelli e senza la minima sbavatura.

Il pomeriggio del 26 ottobre, quando ormai ci siamo, perché mancano solo tre giorni, Berlusconi viene a fare un sopralluogo finale. Chissà se preferisce che effettivamente tutto sia a posto oppure se non gli dispiacerebbe trovare qualcosa che non va per poter fare delle critiche, per muovere qualche appunto. Propendo per la prima ipotesi, perché comunque, dicevamo, è l'immagine del nostro Paese a essere in gioco. E a ogni modo, anche se così non fosse, non gli forniamo alcun argomento, perché tutto è perfetto. Lo aspetto all'ingresso dei Musei Capitolini e in pratica facciamo a ritroso il percorso che faranno gli ospiti. Cominciamo dalla Sala degli Orazi e Curiazi, maestosa, dove sono tornate a risplendere le due statue monumentali di papa Urbano VIII Barberini, opera del Bernini, e di papa Innocenzo X Pamphilj, di Alessandro Algardi. Passiamo dalla Protomoteca per arrivare nell'Aula Giulio Cesare, dove si terranno i discorsi ufficiali prima della firma, e quindi nella Sala delle Bandiere, dove riceverò le delegazioni dopo che Berlusconi le avrà accolte sulla piazza. Ultima tappa il mio studio, dove condurrò presidenti e premier per un momento meno formale e dove anche con il presidente del Consiglio possiamo almeno per un attimo abbassare la guardia e alleggerire i toni. Quando si siede alla mia scrivania per vedere che effetto fa essere sindaco di Roma gli chiedo scherzando se mi vuole rubare il posto, e un po' meno per scherzo gli dico che, per far funzionare come si deve la Capitale, il governo dovrebbe impegnarsi a metterci un po' più di soldi. «Non li avrai» mi risponde lui, «altrimenti questo posto già incantevole diventa unico al mondo.»

L'importante, adesso, è che tutto sia pronto per il 29, e così è. La mattina tanto attesa, infatti, tutto va come deve andare. Piove, questo sì. Ma d'altra parte pioveva anche quel giorno del 1957, può essere un buon auspicio. Per il resto ci sono delle differenze, ovvio. Intanto in piazza, dove allora c'era una folla festante a salutare la firma accompagnata dai rintocchi della Patarina, la campana del Campidoglio, ora non c'è nessuno, per motivi di sicurezza una volta nemmeno lontanamente immaginabili. E poi, se prima le bandiere esposte erano sei, quelle dei Paesi fondatori, ora sono diventate venticinque, il numero degli Stati membri dell'Unione Europea.

Tutti i leader rimangono colpiti dalla bellezza del luogo che li ospita e, in particolare, quando li invito a turno ad affacciarsi dal balconcino della mia stanza che dà sui Fori Imperiali, davvero cade ogni tipo di formalismo, con buona pace del responsabile del cerimoniale Sebastiano La Spina Della Cimarra, che come sempre ha curato tutto nei minimi dettagli: da Schröder a Zapatero, da Blair a Barroso, è tutto un susseguirsi di sorrisi e di esclamazioni, di «meraviglioso» e «spettacolare». Chirac mi prende sottobraccio e mi dice che «Roma è una città impeccabile».

E in effetti sì, lo è, lo siamo. Abbiamo fatto attenzione a ogni particolare. Addirittura, quando al termine della cerimonia, che si conclude con la nuova storica firma della Costituzione europea, tutti scendono per una foto di gruppo nel cortile dei Musei Capitolini, davanti alla statua «Roma Cesi», definita sempre come una «Roma sedente fra i barbari» perché ai suoi lati ci sono le statue di due re barbari prigionieri, preferiamo glissare sulla seconda parte della definizione, presentandola solo come «sedente», per non rischiare minimamente di urtare la sensibilità dei nostri ospiti.

A proposito di Musei Capitolini: quando tutto è terminato decidiamo di aprirli gratuitamente per qualche giorno, fino al 9 novembre, così da consentire a chiunque ne abbia voglia di visitare il luogo dove si è appena vissuto un momento tanto importante. È un piccolo ringraziamento nei confronti dei cittadini romani e in particolare degli abitanti della zona, che ancora una volta hanno sopportato con grande pazienza gli inevitabili disagi che si sono venuti a creare. Ma in fondo è anche un modo per ribadire che il sogno dei padri fondatori potrà rimanere vivo solo se le istituzioni europee non si chiuderanno in se stesse fino ad apparire un'entità burocratica, attente esclusivamente alle grandi questioni economiche e finanziarie, lontane dalla vita quotidiana delle persone e dai loro problemi.

Uno di quei padri fondatori, il nostro Alcide De Gasperi, sapeva che l'Europa unita, al di là della sua architettura istituzionale, avrebbe avuto bisogno di mantenere innanzitutto «un'anima». «La costruzione degli strumenti e dei mezzi tecnici, le soluzioni amministrative» scriveva De Gasperi «sono senza dubbio necessarie. Queste costruzioni formano l'armatura: rappresentano ciò che lo scheletro rappresenta per il corpo umano.» Ma, aggiungeva, si sarebbe corso il rischio di una loro decomposizione, se non vi fosse penetrato un «soffio vitale».

Di questo, davvero, c'è bisogno: di un'Europa ricca delle sue diversità culturali e forte della sua unità politica. Ne hanno bisogno le nostre comunità, perché in un'Europa debole e divisa nessuno Stato nazionale, grande o piccolo che sia, può riuscire ad assicurare ai suoi cittadini sicurezza e prosperità. La nuova Europa avrà un'anima se saprà rispondere a tutte quelle domande poste in forme e lingue differenti ma figlie delle stesse sensazioni, delle stesse ansie: quali tutele ci accompagneranno in un mercato del lavoro che continuerà a darci più opportunità ma certo anche più precarietà; quali misure di sicurezza ci renderanno meno esposti alla minaccia del terrorismo internazionale se viviamo in una grande città; quali regole faranno sì che l'immigrazione sia una risorsa economica e culturale e non qualcosa da guardare con timore; quali controlli faranno sì che nelle mense scolastiche dei nostri figli arrivino cibi non nocivi; quali decisioni ci permetteranno di non vergognarci perché avremo lasciato a chi verrà dopo di noi un ambiente sempre più deteriorato, un clima sempre più stravolto, una qualità della vita più scadente, un futuro più incerto.

Quel «soffio vitale» di cui parlava De Gasperi prenderà a spirare, ad attraversare il nostro continente, a rassicurare e a unire i cittadini, se la costruzione europea saprà fare quel che è indispensabile a ogni impresa umana, e cioè essere «popolare», coinvolgere e convincere le persone, per primi i giovani.

30

La Città dello Sport

25 novembre 2004

Avrebbe compiuto trent'anni lo scorso gennaio, sarebbe nel pieno della vita e della carriera sportiva, che lo aveva già visto giocare diciotto volte con la nazionale italiana di basket. Un giorno di agosto del 1997, invece, quando con la maglia numero 4 della sua squadra, la Virtus Roma – che in quella stagione si chiamava Pompea –, era impegnato a Gubbio in un'amichevole estiva contro i francesi del Nancy, si è accasciato a terra mentre si dirigeva verso la panchina per chiedere un cambio al coach Attilio Caja. Ha fatto in tempo solo a dire che si sentiva male, poi è crollato. Il trasporto d'urgenza nella Capitale, all'ospedale San Filippo Neri, e i tentativi dei medici di salvargli la vita, non hanno potuto far nulla.

Si chiamava Davide Ancilotto, ed è a lui che intitoliamo il primo dei tanti playground – i campetti di basket a ingresso libero tipici degli Stati Uniti – che vogliamo costruire a Roma e che la mattina del 25 novembre inauguriamo nel parco di San Gregorio al Celio. Con me ci sono anche il presidente della Virtus Lottomatica, Claudio Toti, e alcuni giocatori guidati dal capitano Alessandro Tonolli, che con Davide ha giocato. È infatti proprio la società capitolina, che lotta ormai stabilmente per le prime posizioni nella massima serie del campionato di basket, ad aver permesso la realizzazione di questo impianto e dei due che inaugureremo nel pomeriggio, al parco della Cecchina, zona Bufalotta, e al parco Gioia, a Corviale.

È l'avvio di quella che abbiamo chiamato «Operazione cento playground». È il segno di come ci stiamo muovendo per far crescere lo sport nella nostra città. Perché le grandi manifestazioni sono importanti, e Roma ne ha diverse che ormai sono consolidate e «storiche», dagli Internazionali di tennis al Foro Italico al Concorso equestre di piazza di Siena, dal Gran Premio della Liberazione di ciclismo al Gran Gala di atletica leggera allo Stadio Olimpico. E poi ci sono gli eventi che periodicamente ci vengono assegnati, dagli Europei maschili di pallavolo del 2005 ai Mondiali di nuoto che si svolgeranno qui nel 2009. Fino alla Maratona di Roma e al Sei Nazioni di rugby, con la nazionale italiana che, dopo la ristrutturazione che portiamo a termine, trova la sua casa allo Stadio Flaminio.

Detto ciò, è la diffusione della pratica sportiva a tutti i livelli e in ogni parte della città, coinvolgendo innanzitutto i giovani e i ragazzi delle scuole, la cosa più preziosa. Come anche mettere a disposizione delle società sportive tutti gli impianti cittadini esistenti, intervenendo quando necessario per rimetterli a nuovo e renderli perfettamente agibili. L'opportunità di esercitare il diritto allo sport ha molto a che fare con la qualità della vita, in una grande città, e nelle realtà più difficili e complesse diventa anche uno strumento importante per far crescere la coesione sociale.

Per questo un'attenzione particolare la mettiamo nel cercare di moltiplicare nelle scuole il numero dei campi multifunzionali, attrezzati cioè per più discipline, soprattutto in periferia. Quello che il 24 ottobre 2005 inauguriamo al Laurentino 38, per esempio. È il diciassettesimo della serie e permetterà a quattrocento alunni della scuola elementare Ada Tagliacozzo di giocare a basket, pallavolo e calcetto. Piove, e la festa per la struttura appena nata si fa al coperto, nel teatro dell'istituto, pieno di bambini allegri e sorridenti. È l'aspetto più bello del mestiere di sindaco: prendere un impegno e portarlo fino in fondo, realizzando qualcosa di concreto che migliora l'esistenza delle persone. Quando poi si tratta di bambini e ragazzi, la cosa vale doppio.

È già successo tante altre volte. Nel maggio del 2003, nello stesso giorno, il 16, ne abbiamo inaugurati tre: all'istituto di via Alessandro Crivelli ai Colli Portuensi, alla scuola Andersen a La Rustica e alla Don Giuseppe Morosini di Primavalle. Il 29 aprile dell'anno dopo, insieme a Gianni Rivera, altri due, alla scuola media Luigi Capuana e alla scuola elementare Corrado Corradi, a Torre Spaccata e a Torre Maura. E andiamo avanti così in modo spedito, tanto che già nel gennaio del 2006 raggiungiamo quota venticinque campi realizzati negli ultimi due anni con quello della scuola Giovanni XXIII di viale Partenope, vicino alla Prenestina.

Tutto questo lo possiamo fare perché nelle strutture per lo sport abbiamo deciso di investire praticamente da subito: già nel giugno del 2002, infatti, la giunta ha stabilito di stanziare 3 milioni di euro per altrettanti bandi relativi a contributi per le associazioni che ne hanno fatto richiesta, progetti per le periferie, eventi e ristrutturazione di impianti. Rientrano in quest'ambito, per esempio, la restituzione ai romani del Palazzo dello Sport dell'Eur, che diventa il PalaLottomatica e ospiterà sia manifestazioni sportive sia concerti e congressi; il completo rifacimento della pista dello Stadio di Caracalla, che intitoleremo a un telecronista amato da tutti gli italiani, Nando Martellini; i lavori di adeguamento dello Stadio delle Aquile, intitolato a un altro grande telecronista come Paolo Rosi, anche lui, con Martellini, collega di mio padre; la riapertura al pubblico dello Stadio Stella Polare di Ostia; gli interventi che danno un nuovo volto e più funzioni al Centro dell'Acqua Acetosa.

Poi, certo, insieme a questo lavoro estremamente concreto e capillare nulla ci impedisce di portare avanti progetti più grandi e ambiziosi. La Città dello Sport, per esempio, destinata a sorgere in un'area di circa cinquanta ettari di proprietà dell'università di Tor Vergata, pensata per assumere l'aspetto di un vero e proprio campus e ospitare diverse discipline sportive, con un palazzo per il basket e la pallavolo – il progetto iniziale prevede ottomila posti, portati poi a quindicimila perché questo è uno dei requisiti necessari per candidarsi alle Olimpiadi – e una serie di piscine olimpiche. È proprio dalle Olimpiadi, quelle del 1960, che a Roma non si costruiscono impianti multidisciplinari di alto livello. Ma questo progetto, la cui realizzazione è condizione necessaria per la presentazione della candidatura di Roma alle Olimpiadi, non ha solo una finalità sportiva. Rientra in un disegno di ricucitura urbana che parte dall'idea che l'unico modo di unire la città sia trasferire in periferia funzioni urbane di rilievo. Un impianto di quel genere, collegato al campus dell'università di Tor Vergata, può essere il motore di una rilevante operazione sociale e civile. E poi, noi vogliamo portare il segno della bellezza della nuova architettura proprio nelle zone della periferia urbana.

Del progetto, guidato dall'università e dal provveditorato ai Lavori pubblici del Lazio e coordinato dal Comune, incarichiamo, su proposta della stessa università, un architetto di fama internazionale come Santiago Calatrava. È insieme a lui, il 21 marzo 2007, che andiamo a posare la canonica «prima pietra», e all'inizio dell'anno successivo il cantiere è avviato, con il progetto definitivo già finanziato per 270 milioni di euro dei 330 complessivi. Vale quel che abbiamo detto per i Mercati generali: l'eventualità di non finire un'opera nei tempi previsti non può far desistere dall'iniziarla; meglio lasciare ai propri successori dei lavori da terminare, piuttosto che cassetti vuoti di idee. È quello che abbiamo fatto noi, ci piacessero o no i progetti preesistenti. Basti pensare a cosa sarebbe accaduto se per esempio avessimo lasciato incompiuto l'Auditorium.

Ambizioso è anche il tentativo che facciamo, a partire dalla fine del 2005, di candidare Roma per le Olimpiadi del 2016. Ancora brucia la mancata designazione per quelle che si sono appena svolte ad Atene. Sappiamo che è difficile, quasi impossibile, anche perché è stato da poco deciso che Londra ospiterà quelle del 2012 e la scelta consecutiva di due città europee come sede si contrappone a una consuetudine ormai consolidata. Però proviamo. Il primo ostacolo, la contemporanea richiesta di Milano, lo superiamo quando Letizia Moratti annuncia il ritiro della candidatura. Il secondo si rivela per molti mesi ostico e dimostra ancora una volta come sia difficile, nel nostro Paese, trovare unità d'intenti anche quando si tratta di stringersi attorno a un obiettivo di interesse nazionale. Chiedo a Gianni Letta di presiedere il comitato organizzativo e lui dà la sua disponibilità, salvo poi doverla ritirare spiegandomi che sono venute meno «le condizioni politiche». Succede, in buona sostanza, che ad aprile del 2006 si sono svolte le elezioni politiche, il centrosinistra le ha vinte, il governo – con Giovanna Melandri che è ministro per le Politiche giovanili e le Attività sportive – è favorevole, ma il capo dell'opposizione, Berlusconi, ritiene di non dover sostenere in modo bipartisan questa sfida. La cosa sembra a un certo punto rientrare, con Letta e Giovanni Malagò pronti a dirigere la partita, ma quando nella primavera del 2007 prima viene respinta la candidatura dell'Italia come Paese ospitante degli Europei 2012 di calcio, poi vengono assegnati i Giochi olimpici invernali a un'altra città europea, Sochi, diventa chiaro che gli spazi si restringono e che non ci sono le condizioni minime per andare avanti. Magari se ne potrà riparlare per i Giochi del 2020, chissà.

Roma ha bisogno delle Olimpiadi, e non si vede proprio perché fra tutte le città europee debba essere l'unica a non cogliere questa grande opportunità. La Città dello Sport di Calatrava, la ristrutturazione del Palasport dell'Eur, la diffusione degli impianti, unite alla bellezza dei luoghi della Roma storica, possono costituire un elemento esemplare di fascino culturale e di rigore amministrativo.

Alla fine, la priorità resta quella che dicevamo: la strategia che stiamo portando avanti dà i risultati voluti, tanto che è il Cnel a dire che Roma, con i suoi duecentocinquantasette impianti ogni centomila abitanti, distacca di gran lunga le altre città italiane. Sono queste le basi migliori su cui far crescere la cultura sportiva e lo sport.

A luglio di due anni dopo ci sarà un momento di incredibile gioia collettiva. La nazionale di calcio vince inaspettatamente i Mondiali in Germania e a noi, d'intesa con la Federcalcio, viene l'idea di celebrare l'evento ospitando la squadra al Circo Massimo. La nazionale arriva all'aeroporto di Pratica di Mare e io vado ad accoglierla. Da quel momento il pullman fatica a muoversi verso il centro della città. Tutte le strade sono piene di tifosi in festa. Quando il mio amico Marcello Lippi scende per primo dal pullman, al Circo Massimo il colpo d'occhio toglie il fiato. C'è davvero tutta Roma. È un'organizzazione difficile, ma capita così di rado di poter essere collettivamente felici, che bisogna rischiare e consentire alle persone di vivere a pieno questo momento.

31

Il traforo urbano più lungo d'Europa

22 dicembre 2004

L'ultimo diaframma, l'ultimo «muro» naturale è di pietra, terra e sabbia. Da una parte ci siamo noi, ci sono gli ingegneri e gli operai che da più di due anni lavorano nel cantiere. Dall'altra c'è il lungo tratto di galleria che, in leggera discesa, passa sotto Monte Mario e porta verso il Foro Italico. Il silenzio è religioso, quasi irreale, in attesa che la pala meccanica si metta in moto e faccia il suo dovere. Un colpo, due colpi, dieci, quindici, poi l'ultima resistenza è vinta e tra gli applausi di tutti i presenti il percorso che farà, una volta ultimato, il passante a nord-ovest è fisicamente delineato.

Siamo a fine marzo, il 25 per l'esattezza, e anche se di lavoro ce n'è ancora parecchio – deve iniziare la seconda fase, per raccordare le gallerie alla viabilità di superficie e realizzare i loro rivestimenti, gli impianti di aerazione e alcuni svincoli –, e come sempre mi sono arrivati diversi inviti alla prudenza, preferisco seguire il mio metodo ormai sperimentato e annuncio la data dell'inaugurazione, con tanto di orario preciso: il 22 dicembre a mezzogiorno. Quel giorno, per Roma, finirà una lunga attesa, perché è da quarant'anni, da quando cominciarono a funzionare i sottovia di corso d'Italia e del lungotevere Mellini, o se vogliamo andare ancora più indietro dalla realizzazione del viadotto di corso Francia nel 1960, l'anno delle Olimpiadi, che non si vede una nuova opera stradale di così grande rilievo. Un'opera, soprattutto, strategica per il funzionamento di tutto il nostro sistema della mobilità.

Non la prima e non l'ultima, però, perché il 25 settembre – anche qui, data annunciata fin da gennaio e lavori, realizzati con tecniche d'avanguardia, che in tutto richiedono sedici mesi – è entrato in funzione lo svincolo del Tintoretto, che arriva a sbloccare l'incrocio tra Laurentina, via del Tintoretto, via delle Tre Fontane e via dell'Atletica, liberando uno degli incroci più intasati di Roma e consentendo ai circa ventimila automobilisti che l'attraversano ogni giorno di risparmiare più o meno quindici minuti di fila. Nel dicembre del 2005, poi, sarà la volta del sottovia di Tor Vergata, che rappresenterà a sua volta un'opera decisiva per la viabilità della zona, perché separerà i flussi di scorrimento diretti verso la città dalla viabilità locale e faciliterà il collegamento tra Tor Vergata, Tor Bella Monaca e la via Tuscolana.

Detto ciò, il passante a nord-ovest ha un peso diverso, un'importanza particolare. Intanto, per prima cosa, è il traforo urbano più grande d'Europa, considerando che, se tutta l'arteria è lunga tre chilometri e mezzo, quasi tre – a voler essere precisi duemilanovecento metri, subito dopo i quattrocentosettanta metri all'aperto che iniziano da via della Farnesina – sono in galleria. In secondo luogo, considerando anche l'adeguamento in corso di via Pineta Sacchetti, l'effetto benefico e «decongestionante» per la mobilità della zona sarà notevole. Ci si potrà spostare evitando di dover percorrere il raccordo o affrontare un tortuoso attraversamento della città. Sarà possibile circolare in modo decisamente migliore, più fluido, lungo i percorsi che comprendono via Cassia, piazza dei Giochi Delfici, via Cortina D'Ampezzo, via della Camilluccia, via dei Colli della Farnesina, e sarà soprattutto più semplice passare fra i settori est e ovest della città, tra la circonvallazione Clodia, la circonvallazione Trionfale, via Cipro, via Anastasio II.

È una rivoluzione costata 125 milioni di euro – tutti del Comune, nessun finanziamento statale – e che riguarderà almeno cinquantamila passaggi giornalieri di veicoli, e nelle ore di punta quattromila veicoli l'ora. Significa qualità della vita delle persone. Significa circa venticinque minuti di tempo risparmiati. Tra andata e ritorno, ogni cittadino che deve attraversare questo quadrante guadagnerà quasi un'ora al giorno. Tempo che potrà usare diversamente, in famiglia, con i suoi bambini, per lo svago, per un appuntamento culturale. E se vogliamo si tratta, in termini energetici, di una riduzione di consumo di carburante pari a circa sei milioni e quattrocentomila litri l'anno. Vuol dire anche abbattere le emissioni e ridurre l'inquinamento dell'atmosfera. Non è dunque un paradosso: una nuova strada può migliorare l'ambiente. Un nuovo collegamento può portare più facilmente a una stazione, può far crescere l'abitudine a usare il trasporto su ferro e in generale quello pubblico, può liberare il centro della nostra città, che come in tutte le grandi metropoli è attraversato da troppi veicoli privati, è troppo congestionato.

E poi, insieme a tutto questo, un valore ancora più alto viene dalla scelta di intitolare il passante a papa Giovanni XXIII, un papa amato universalmente e in modo particolare dai romani, il papa del Concilio Vaticano II e della *Pacem in Terris*, del dialogo tra i popoli e le persone nel tempo della Guerra fredda. Quando ho avuto questa idea, ne ho scritto a monsignor Loris Capovilla, che fu suo segretario particolare e gli fu vicino come nessun altro. La sua risposta, arrivata proprio da Sotto il Monte, il paese natale di Angelo Roncalli, mi ha confortato e fatto piacere: non solo ha espresso apprezzamento, ma ha ricordato lui stesso, citando le parole pronunciate al termine della processione eucaristica del 1959 dall'Aracoeli al Colosseo, come Giovanni XXIII esortasse sempre a rintracciare ciò che unisce e a mettere da parte ciò che divide, «a cercare motivi di incoraggiamento piuttosto che a esagerare quelli di sconforto». Cosa c'è di meglio, allora, nel momento in cui uniamo due aree della nostra città – in questo senso una galleria, un tunnel, diventa in qualche modo un «ponte» con tutto ciò che esso ha di simbolico –, che intitolare a lui la nuova opera?

E così, il 22 dicembre, a mezzogiorno in punto, prende il via la cerimonia di inaugurazione. È una giornata di festa, e come in tutte le feste che si rispettino ci sono degli invitati. Già, perché pur essendo un'opera interamente a nostro carico dal punto di vista finanziario e prima ancora da quello dell'ideazione del progetto, nato negli uffici del Campidoglio grazie ai tecnici comunali, abbiamo voluto fossero presenti le massime istituzioni nazionali, perché Roma è la capitale del Paese e quel che avviene a Roma riguarda tutti, e perché su quel che ha a che fare con la vita dei cittadini deve valere la collaborazione, non la competizione. L'interesse generale, non quello di parte. Per cui con noi ci sono il presidente della Camera Pier Ferdinando Casini e il sottosegretario Letta. Tutti e tre, insieme anche a monsignor Luigi Moretti, sotto i flash dei fotografi saliamo su un pullmino che in pochi minuti ci porta dalla Farnesina alla parte opposta, alla pineta Sacchetti, e poi torna indietro. Il tempo impiegato è poco, ma il percorso che abbiamo compiuto non è affatto breve, in realtà. E le gallerie sono bellissime, spaziose, luminose. Sono allegre, per niente cupe. Mi viene in mente, mentre le percorriamo e penso a quanti romani le attraverseranno ogni giorno, Gianni Rodari: «Ogni galleria» scriveva «è una notte per gioco».

32

Una crescita continua. I numeri di Roma

18 gennaio 2005

Che ne sarà di noi? Fra dieci anni come saremo? E cosa possiamo fare, adesso, per cercare di costruire un futuro migliore? Sono domande semplici e difficili insieme, che chiunque si sarà fatto almeno una volta, provando a immaginare il domani, a capire in quale direzione muoversi. In fondo per una città non è molto diverso. Osservarne la realtà, fotografarne la situazione, può significare comprendere la sua possibile evoluzione e avere degli elementi preziosi per fare le scelte più opportune seguendo una strategia, con una visione complessiva delle cose.

È per questo che abbiamo deciso di organizzare, per l'inizio del 2005, un convegno di due giorni intitolato «Roma al 2015. Gli scenari per il futuro della città», coinvolgendo il Censis, il più prestigioso centro studi socioeconomico italiano, che ha tra i suoi fondatori Giuseppe De Rita e che è diretto da Giuseppe Roma, e il Cles, che si occupa di analizzare le dinamiche del lavoro, dell'economia e dello sviluppo e che ha come sua figura rappresentativa un economista del valore di Paolo Leon. L'obiettivo che ci siamo posti? Capire, appunto, come progettare la città da qui ai prossimi dieci anni. Mettere in luce le tendenze in atto, i punti di forza e i nodi critici, le potenzialità non ancora espresse, dal punto di vista sociale, economico e anche demografico. Sapendo che il volto, le caratteristiche e la «qualità» di Roma dipenderanno dalla capacità di pensare oggi ai problemi e alle opportunità che verranno, tenendo ben presente l'intreccio che da sempre segna il modo di essere della nostra città: quello tra storia e futuro, tra identità e dinamicità.

L'appuntamento è per il 18 e 19 gennaio all'Auditorium, di fronte a una platea composta da molti ospiti illustri, da Luca Cordero di Montezemolo a Marco Tronchetti Provera, passando dal ministro dell'Economia Domenico Siniscalco e da una ricercatrice di fama internazionale come Barbara Ensoli, dal direttore della Caritas diocesana di Roma monsignor Guerino Di Tora, da Andrea Mondello e da Giancarlo Elia Valori, che guidando la Camera di commercio e l'Unione industriali romani sono particolarmente interessati a quel che emergerà dagli studi che presenteremo e dal confronto che seguirà.

Il ritratto che emerge dalle analisi di Censis e Cles è chiaro e non lascia spazio a dubbi: è ormai finita nel dimenticatoio, una volta per sempre, l'immagine stereotipata della vecchia e sonnolenta città della burocrazia, adagiata sulla rendita del potere, sorniona e indifferente ai cambiamenti dei tempi. Roma è in movimento, si sta modernizzando con grande velocità, ha una base economica diversificata, con infrastrutture avanzate, con alta tecnologia. E prima ancora dei dati che testimoniano questa evoluzione, la cosa che conforta di più è che sono i cittadini romani i primi a cogliere e ad apprezzare le «qualità» di Roma e a guardare al futuro con una buona dose di fiducia. Il 78 per cento di loro dichiara infatti di sentire un forte senso di appartenenza alla comunità e il 76 per cento, tre su quattro, afferma di vivere bene a Roma; percentuale che arriva addirittura all'88 tra i giovani dai diciotto ai ventiquattro anni. Quando poi guardano avanti, due su tre, il 66,6 per cento, dicono che non lascerebbero mai

Roma, e soprattutto mostrano – il 65,9 per cento, che diventa il 68,9 per cento tra i giovani – di nutrire ottimismo e fiducia su ciò che sarà la città tra dieci anni. Aspetto importante è che, esaminando il perché di questi giudizi, un ruolo decisivo lo esercita la percezione di sicurezza: il 62,5 per cento dei cittadini si sente sempre sicuro, e anche qui è di grande conforto sapere che in periferia questa percentuale non scende, ma sale al 65,1. E come fosse una specie di «prova del nove», quasi il 60 per cento dei romani, poi, è convinto – anche qui si sale al 64 per cento in periferia – che la condizione socioeconomica dei propri figli sarà migliore della loro.

D'altra parte si tratta di una fiducia ben riposta e sostenuta da tutti gli indicatori. Non solo quelli illustrati nei rapporti presentati al convegno, ma quelli che da almeno un paio d'anni a questa parte sono concordi nel sottolineare come l'economia romana cresca più di quella del Paese, trainata in particolare da settori come l'Ict, le tecnologie dell'informazione e della comunicazione, la produzione di software, la farmaceutica, l'industria aerospaziale e quella meccanica, e poi i servizi alle imprese, l'intera industria culturale, dall'audiovisivo al cinema, dall'editoria ai beni culturali, e ancora la ricerca scientifica e l'istruzione universitaria, i servizi avanzati di ingegneria, tutti i settori delle industrie di pubblica utilità, dalle telecomunicazioni a quelle energetiche e idriche con i servizi connessi. E ovviamente il turismo: il settore che poteva subire gli effetti più pesanti della crisi internazionale del dopo 11 settembre e che invece ha recuperato benissimo, considerando che nel primo semestre del 2004 ci si è attestati sui livelli registrati durante il Giubileo, che l'estate ha fatto registrare un vero e proprio «boom» superando le cifre del 2000 e che i dati relativi al mese di dicembre parlano addirittura di un milione di presenze e di 425.000 arrivi: rispetto al dicembre dell'anno precedente un aumento rispettivamente del 7,5 per cento e del 9,2 per cento.

E così sarà l'Istat a certificare che l'anno che ci siamo appena lasciati alle spalle ha fatto registrare un aumento del Pil di Roma del 4,1 per cento, a fronte di un aumento di quello nazionale dell'1,3 per cento. Stesso discorso per quanto riguarda l'occupazione, cresciuta anch'essa tre volte rispetto al dato dell'Italia: 10,3 per cento contro 3,8 per cento. E il Censis, in un rapporto che precede di qualche mese quello presentato all'Auditorium, ha messo in evidenza come Roma sia la città che più contribuisce alla produzione della ricchezza nazionale, con il 6,4 per cento del totale – Milano è al 4,8 per cento, Torino al 2,1 – pari a 75 miliardi di euro. Con un commento di De Rita a dir poco lusinghiero, perché sottolinea che «Roma ha fatto un vero e proprio balzo, ha creato un terziario non burocratico ma di consumo, ha trasformato tanti quartieri in borghi vivibili e riesce a esprimere una cultura della qualità della vita collettiva che sta diventando una realtà significativa dal punto di vista economico». Non a caso, si potrebbe aggiungere, l'indagine annuale de «Il Sole 24 Ore» riguardante proprio la qualità della vita ha visto Roma scalare ben ventisette posizioni rispetto al 2001 e collocarsi all'ottavo posto, con uno storico ingresso nella «top ten» delle città italiane.

Sono risultati che ci vengono riconosciuti ormai da tutti, a cominciare dalle personalità che intervengono al convegno. Da Montezemolo, per il quale «Roma è la città che ha costruito meglio di tutte il rapporto tra industria e servizi», a Tronchetti Provera, orgoglioso di essere «milanese doc» e al tempo stesso ammirato dai «passi avanti enormi» fatti da Roma, che agli occhi degli italiani del Nord una volta era «il cuore della burocrazia e dell'inefficienza» e che ora è «una vera città industriale, con una qualità dei servizi simile a quella delle grandi capitali europee».

Del resto, a proposito di milanesi, va detto che lo stesso tipo di apprezzamento lo abbiamo avuto già un anno prima, quando proprio a Milano, il 22 marzo 2004, siamo stati invitati per raccontare i cambiamenti di Roma e il «modello romano» nel corso dell'incontro svolto a Palazzo Marino e promosso insieme al sindaco Albertini, a segnare la necessità di lasciarsi alle spalle le antiche rivalità e l'importanza di avviare una proficua collaborazione tra le nostre due città. Un atteggiamento reciproco mantenuto nel tempo, tanto che ai primi di febbraio del 2008 non avrò davvero il minimo dubbio nel sostenere di fronte ai commissari del Bureau International des Expositions, riuniti nel capoluogo lombardo, la candidatura di Milano come sede dell'Expo 2015.

Tornando al 2005 e al convegno, possiamo chiudere questi due giorni di dibattito molto soddisfatti per come è andata e fiduciosi del fatto che la direzione di marcia è quella giusta, che i numeri della crescita continueranno a essere positivi. Cosa che accade, in effetti. Mese per mese, anno per anno, in tutti i settori. Tanto che tre anni dopo la fotografia della città avrà colori ancora più accesi e vivi. Il contributo di Roma alla formazione della ricchezza nazionale sale all'8,7 per cento. Secondo i dati di Unioncamere e dell'Istituto Tagliacarne, il Pil dell'area metropolitana romana cresce del 6,9 per cento – solo Cremona fa meglio, con una crescita del 7 per cento – e quello per abitante è pari a 34.021 euro contro i 25.921 della media nazionale. Prendendo come punto di partenza il 2001, le imprese attive aumentano del 16,8 per cento – in Italia del 5,7 – e le donne imprenditrici da 144.000 che erano diventano 160.000. Il numero degli occupati cresce del 13,1 per cento contro il 6,4 per cento a livello nazionale, con

184.000 persone al lavoro in più, 110.000 delle quali sono donne. Dal punto di vista degli investimenti in questi anni non solo vengono impegnati 7 miliardi e 300 milioni di euro, ma la capacità di realizzazione passa dal 30 al 70 per cento. E per quanto riguarda il turismo, grazie alla capacità di collegarlo agli eventi, alle manifestazioni culturali e al patrimonio artistico, e al lavoro fatto insieme alla vicesindaco Mariapia Garavaglia, il 2007 si chiude con il record del superamento del tetto di venti milioni di presenze negli alberghi e di quasi ventisei milioni contando anche le strutture complementari; solo rispetto all'anno precedente, mentre nel resto del Paese non si riesce ad andare oltre un irrisorio incremento dello 0,1 per cento, Roma fa segnare un clamoroso 10,9 per cento in più. Tanto per rendere meglio l'idea, basti ricordare che nel 2000, l'anno del Giubileo, le presenze arrivarono a quattordici milioni.

È vero, i numeri tendono ad annoiare un po' ed è preferibile non riportarne troppi uno di seguito all'altro, in un testo che non sia di carattere scientifico. I numeri, però, servono anche a raccontare con qualche elemento in più di oggettività i frutti di un lavoro, di un impegno, di un modo di procedere. In questo caso, per esempio, credo possano essere serviti a mettere in evidenza alcuni risultati di quello che è stato definito da diversi osservatori nazionali e internazionali il «modello romano». Un modello fatto di sintonia e collaborazione, di «concertazione», fra istituzioni, imprenditori e forze sociali in vista di un comune obiettivo di crescita economica – lo abbiamo già detto – equilibrata, sostenibile e mai separata dalla coesione sociale. È così che Roma è cambiata e sta continuando a cambiare.

33

La prova più grande

8 aprile 2005

Un evento di massa. Come se Roma dovesse accogliere un'altra Roma. Allargando se stessa, fino a ospitare tante persone quanti sono i suoi abitanti. Forse di più. Fare previsioni, infatti, è praticamente impossibile: chissà in quanti si saranno messi in viaggio in modo non organizzato, da ogni parte del mondo e con ogni mezzo.

Certo è che in base a un primo calcolo saranno almeno in tre milioni ad arrivare in città per dare l'ultimo saluto a papa Giovanni Paolo II. Chi per vederlo per pochi secondi nella navata centrale della basilica di San Pietro dopo aver fatto una fila lunghissima, di ore e ore, che dalla piazza si estende su tutta via della Conciliazione fino al lungotevere. Chi per partecipare al funerale che si svolgerà l'8 aprile, sei giorni dopo la sua morte, con la messa celebrata dal cardinale Joseph Ratzinger. Molti per partecipare in entrambi i modi, sapendo che se quel giorno non riusciranno a entrare all'interno del sagrato o a sistemarsi lungo la via – sarà il più grande funerale che si sia mai visto – potranno assistere alla cerimonia grazie a uno dei ventisette maxischermi che abbiamo allestito a San Giovanni, al Circo Massimo, in piazza del Popolo, a Santa Maria Maggiore, alla basilica di San Paolo, allo Stadio Olimpico e in diversi altri punti della città.

Sì, perché dopo il momento del dolore e del raccoglimento, per me e per tutta l'amministrazione è iniziata, e anche in modo molto intenso, la fase dell'organizzazione dell'accoglienza, per gestire quello che assomiglierà a un vero esodo biblico, pensando a quanti pellegrini, a quanti fedeli arriveranno. Un po' come se dovessimo mettere in piedi una sorta di Giubileo in quarantotto ore, insomma. Con la prima preoccupazione che è quella di garantire ospitalità e assistenza, perché in tanti sono partiti senza nemmeno pensare agli aspetti logistici e trovare un albergo che abbia camere libere è quasi come avere in tasca un biglietto vincente della lotteria. Succede così, per esempio, a Giovanni, che con la moglie e il figlioletto di cinque anni si è mosso da Ancona la mattina presto convinto di rientrare tranquillamente in serata, ma non è nemmeno riuscito ad avvicinarsi alla basilica, per la marea di gente che c'è. Non se la sente di rimettersi in viaggio di notte, vuole anche fare un altro tentativo il giorno dopo, perciò ha accettato di buon grado il consiglio di chi gli ha detto di andare a Tor Vergata, nella stessa enorme spianata dove papa Wojtyła nel 2000 incontrò un milione di giovani, perché lì abbiamo attrezzato un grandissimo spazio per tende, roulotte e camper, e distribuiamo anche cibi e bevande. La stessa cosa facciamo nell'area della Fiera di Roma e nell'Istituto superiore delle Ferrovie in viale Trastevere. Così come dal punto di vista sanitario predisponiamo quindici posti medici avanzati, con il coinvolgimento di seicento tra dottori e infermieri e duecento ambulanze. In tutto, la sala operativa della Protezione civile cittadina mette in campo un esercito di ventimila volontari, che si affiancano alla struttura nazionale: ci sono da allestire più di tremila bagni chimici, da distribuire due milioni di bottiglie di acqua minerale e quattrocentomila volantini con tutte le informazioni per muoversi in città e raggiungere il Vaticano. A questo proposito, dalla stazione Termini partono autobus verso San Pietro a distanza anche di soli trenta secondi uno dall'altro, senza considerare le navette gratuite che da piazzale Ostiense, da piazzale Flaminio, dalla Farnesina e da altri punti della città fanno su e giù dalla stessa meta. È uno sforzo immane, al quale accompagniamo decisioni che servono a fronteggiare una situazione davvero senza precedenti: il giorno del funerale le scuole rimarranno chiuse e così faranno gli uffici pubblici, mentre all'interno del Grande raccordo anulare il blocco del traffico sarà totale.

È grazie a tutto questo che anche la giornata più lunga si svolge come deve, senza alcun particolare problema. Grazie a questo e anche – mi viene da dire soprattutto – alla capacità di accoglienza, al senso di responsabilità e alla generosa pazienza dei romani. È una partecipazione, la loro, che si incrocia e si confonde con l'oceano di persone che riempie le piazze e le strade della città. Persone di diversa provenienza, di differente estrazione sociale, di ogni età. Per tutti, le lunghe ore di attesa hanno significato sofferenza e fatica. Quasi una cerimonia penitenziale, a restituire a Giovanni Paolo II la sofferenza e la fatica offerte in questi anni, e in particolare negli ultimi giorni. Nessuno si è però spaventato. Nessuno ha avuto paura di fare un sacrificio. Questo dice già tutto sull'autenticità di ciò che è avvenuto e sta avvenendo. Non c'entra la semplice voglia di arrivare nel luogo al centro delle attenzioni del mondo. Men che meno il desiderio di apparire. Al contrario: nel tempo delle immagini televisive che entrano in ogni casa, dei mass media che raccontano in diretta tutto e in ogni particolare, queste persone affermano l'importanza di esserci fisicamente, di mescolarsi agli altri, di vedere da vicino, di portare qui il proprio corpo per poter lasciare un pensiero. Guardando le file di oggi e dei giorni scorsi, guardandole nel loro imponente insieme e poi scomponendole, osservando uno alla volta quei volti, si capisce che non c'è nulla di rituale. È invece qualcosa di grande, molto grande. È il desiderio dei fedeli di rendere omaggio alla guida della Chiesa cattolica, al pontefice che per quasi ventisette anni non solo ha attraversato, ma ha scritto la storia. E insieme a questo ci sono altri sentimenti, altre spinte, altri desideri, che hanno fatto uscire persone diverse tra loro dalla dimensione individuale per entrare in uno straordinario momento collettivo. In questa folla, gli uni a fianco degli altri, ci sono cattolici ma anche uomini e donne di altre fedi. Ci sono credenti, ma anche non credenti.

Anche tra le autorità, tra i sovrani e i capi di Stato che sono venuti a rappresentare duecento Paesi del mondo – con l'immaginabile predisposizione di imponenti misure di sicurezza – e che si ritrovano seduti uno vicino all'altro, si crea un clima del tutto particolare, quasi fossimo in una sorta di Palazzo di Vetro delle Nazioni Unite trasferito qui per l'occasione. Il presidente iraniano Mohammad Khatami saluta il re Abd Allah di Giordania e il presidente afghano Hamid Karzai; George Bush conversa con Juan Carlos e Jacques Chirac fa lo stesso con il segretario dell'Onu Kofi Annan. Tra loro c'è anche il presidente Ciampi, ovviamente. È lui, qualche ora dopo la fine della cerimonia, a telefonarmi dal Quirinale per raccontarmi di come tutti gli ospiti stranieri si siano complimentati con l'Italia e con Roma per la perfetta capacità organizzativa, per la prova di professionalità dimostrata, per il livello di sicurezza garantito. «Un evento eccezionale, eccezionalmente ben gestito» dirà poco dopo lo storico portavoce di papa Wojtyła, Joaquín Navarro-Valls.

Ed effettivamente sì, è andata bene. Anzi, benissimo. Ogni cosa ha funzionato a dovere. Roma ha smentito gli antichi pregiudizi che per troppo tempo l'hanno assediata e agli occhi di tutti si è mostrata per quel che è, per quel che è diventata: una vera capitale dell'efficienza, quando si tratta di gestire grandi eventi. D'altra parte, anche se niente è paragonabile alle ultime giornate, non è che di ciò siano mancate le prove, nei mesi e negli anni passati. Basti pensare a tutto quello che è successo tra maggio e giugno del 2002, quando in pochissime settimane abbiamo dovuto affrontare il vertice della Nato a Pratica di Mare, alle porte di Roma, un vertice della Fao durato quattro giorni e diverse centinaia di migliaia di fedeli giunti da tutta Italia per la canonizzazione di padre Pio. O ancora si pensi alla cerimonia di beatificazione di Madre Teresa di Calcutta nell'ottobre del 2003. O alla stessa firma della Costituzione europea l'anno dopo. E a maggior ragione, a giugno del 2004, all'arrivo a Roma del presidente americano George Bush: con la contestata guerra in Iraq in corso e il ricordo del G8 a Genova ancora vivo, è ovvio che la preoccupazione e l'allarme ci siano stati. Per conto mio, il dissenso rispetto alle scelte compiute dall'amministrazione repubblicana l'avevo già espresso più volte in modo chiaro ed esplicito, ma un conto è la politica, un altro conto sono le istituzioni. Un capo di Stato viene in Italia, soggiorna nella Capitale? Il dovere di un sindaco è quello di garantire tutta l'ospitalità e il supporto del caso. Coincidenza ha voluto, poi, che il giorno clou della permanenza di Bush sia stato il 4 giugno, l'anniversario della liberazione di Roma, avvenuta sessant'anni prima. Insieme al generale Edward Thomas, che guidava le truppe alleate, ho deposto una corona di fiori all'Altare della Patria e poi con altri veterani americani abbiamo partecipato al pranzo organizzato in Campidoglio, nel segno del ricordo di quei ragazzi che attraversarono l'oceano per liberare l'Europa dal nazifascismo e dell'amicizia con gli Stati Uniti. È stato un momento molto bello, intenso. Per un'occasione così avevo anche pensato – ma poi la cosa non si è riuscita a perfezionare – a un'iniziativa particolare, a una sorpresa per i romani: appuntamento a piazza Venezia e a un certo punto, dal famoso balcone, Roberto Benigni che si affaccia per leggere, al contrario di quel che accadde il 10 giugno 1940, una speciale «dichiarazione di pace».

Sta di fatto che il clima risentiva della preoccupazione per quel che sarebbe potuto accadere nel pomeriggio, nel corso della manifestazione contro la guerra. Peraltro non era certo stato rasserenato dalle parole del presidente del Consiglio Berlusconi, il quale aveva pensato bene di dichiarare: «Prevedo scontri e violenze». Per fortuna, però, la previsione non si è poi rivelata azzeccata e non è successo nulla di grave, tanto che quando tutto è finito l'ambasciatore statunitense Mel Sembler ha espresso la sua profonda gratitudine nei confronti del Campidoglio e dei romani, parlando di una «organizzazione impeccabile», e lo stesso Bush mi ha scritto una lettera per ringraziarmi dell'ospitalità ricevuta.

Insomma, con un patrimonio di esperienza così grande e con la dimostrazione di efficacia della macchina messa a punto per gestire lo straordinario evento del saluto a Giovanni Paolo II, devo dire che la prima uscita pubblica di papa Ratzinger, che dopo il conclave e l'elezione ha preso il nome di Benedetto XVI, diventa, pur nella sua eccezionalità – si tratta comunque di accogliere circa seicentomila fedeli –, una giornata in qualche modo ordinaria. Roma regge questo nuovo «urto» alla grande e conferma ancora una volta il suo speciale modo di essere. Se ripenso a coloro che qualche anno fa pretendevano di marciare nella Capitale al grido «Bruceremo il Colosseo», mi viene da dire che essere «anti-romani», ormai, coincide con l'essere «anti-italiani». E che di Roma tutti gli italiani, indistintamente, dovrebbero solo essere orgogliosi.

34

La Casa del Jazz

21 aprile 2005

Danilo Rea al piano, Roberto Gatto alla batteria, Paolo Fresu con la sua tromba, Enzo Pietropaoli al contrabbasso, Stefano Di Battista al sax e Dino Piana al trombone: tutti insieme su un palco, e per di più in un luogo così, in un parco che con la luce del tramonto acquista un fascino ancora più particolare, non si erano mai ritrovati. Questa volta, per un altro Natale di Roma davvero speciale, il piccolo miracolo si compie, e per gli appassionati che si sono dati appuntamento in questa meravigliosa villa su viale di Porta Ardeatina, tra le Terme di Caracalla e l'inizio della Cristoforo Colombo, è una grande emozione ascoltare le note di un sestetto d'eccezione, composto dai migliori jazzisti italiani. Alternano assoli fantastici e pezzi suonati insieme concludendo, sommersi dagli applausi, con uno realizzato appositamente per l'occasione, dal titolo *Cdj blues*.

Cosa significa l'acronimo? Semplice, vuol dire «Casa del Jazz». Perché è qui che ci troviamo. A Villa Osio, che a partire da oggi, giorno dell'inaugurazione, sarà il cuore pulsante del jazz a Roma, con i suoi tre edifici immersi nel verde. Il primo, di milleduecento metri quadri, è il più grande, ospita una biblioteca, un archivio audiovisivo, un bookshop e un auditorium multifunzionale di centocinquanta posti per i concerti dal vivo, le proiezioni e gli incontri. Gli altri due casali sono adibiti a sala prove e di registrazione, con una foresteria per i musicisti che arriveranno da ogni parte d'Italia e del mondo. Ci sarà spazio anche per un ristorante e per un bar. Sarà un luogo, insomma, dove gli artisti potranno esibirsi, incidere i loro pezzi e scambiarsi esperienze. E dove i giovani potranno non solo ascoltare, ma anche leggere e informarsi sul jazz, vivendolo in tutte le sue forme.

E pensare che questo, che ora è un luogo di vita e di cultura, un tempo invece è stato sinonimo di criminalità e di morte. Sì, perché il parco e la villa, progettata e costruita tra il 1936 e il 1939 da un allievo di Marcello Piacentini su incarico del banchiere Arturo Osio, negli anni Ottanta appartenevano al boss della banda della Magliana Enrico Nicoletti, che già abbiamo incontrato in quanto proprietario dell'ecomostro da noi demolito sulla Collina della Pace, alla borgata Finocchio. Grazie alla legge 109 del 1996 sull'uso sociale dei beni confiscati alla criminalità organizzata, nel 2001 Villa Osio è stata assegnata al Comune, e l'idea mi è venuta praticamente subito, dopo il primo sopralluogo. Anche se in effetti, vedendola, a tutto poteva far pensare tranne che a una possibile struttura in qualche modo «culturale».

Ricordo bene l'impressione di quel giorno. Al termine del viottolo in salita tra i pini secolari, a vigilare l'ingresso dell'edificio principale c'era una coppia di leoni ruggenti in marmo, con un porticato sorretto da quattro colonne e un pavimento di marmi policromi che sarebbe piaciuto a Caligola. Qua e là, mosaici con colori fluorescenti e le iniziali E e N ad anticipare il trionfo del kitsch che una volta varcato l'ingresso caratterizzava ogni stanza, tra enormi specchiere, vetrate che avrebbero voluto richiamare lo stile liberty sormontate da smisurati fiori di loto blu, un'intera parete della sala da pranzo raffigurante piazza Navona, i bagni prevalentemente con toni rosa confetto, rubinetti placcati d'oro e vasche idromassaggio «a due piazze». Tony Montana, il boss interpretato da Al Pacino in *Scarface*, in confronto era un esempio di sobrietà francescana.

Non sono l'unico ad aver avuto questa impressione, ripensando allo sguardo dei presenti e al mormorio di incredulità che si è diffuso in un attimo nella Sala della Protomoteca, in Campidoglio, quando alla fine di settembre di quell'anno abbiamo proiettato su un maxischermo le immagini della villa. Dopo di che, tra la platea di musicisti, addetti ai lavori, gestori di locali e giornalisti che insieme a Gianni Borgna avevamo convocato per presentare il progetto della Casa del Jazz – tra gli altri Renzo Arbore, Lino Patruno, Enrico Rava e Stefano Bollani –, il sentimento più forte è stato di gioia per la nuova creatura, per questa «riconversione» che inizierà a prendere forma con l'avvio dei lavori che dovranno riportare gli edifici alla loro linearità originaria, per poi procedere con gli allestimenti interni.

Alla fine il risultato è quello che volevamo, forse addirittura superiore alle aspettative, e le note che in questo 21 aprile vanno avanti fino a notte sono solo le prime di una lunghissima serie. Luciano Linzi, ex discografico della Warner e ora direttore artistico della Casa, come me non ha dubbi: questo sarà presto il punto di riferimento di tutto il jazz italiano e non solo, considerando i contatti che già abbiamo avuto dall'estero e l'interesse che, prima ancora di iniziare la sua attività, ha suscitato la struttura, che è davvero unica nel suo genere. L'«International Herald Tribune» dedica una pagina intera a *The House of Jazz in the Heart of Rome*. Nei primi quattro giorni di apertura al pubblico si contano diecimila visitatori, tra appassionati e semplici curiosi. I concerti e le varie iniziative richiamano sempre moltissime persone, tanto che i primi due anni faranno registrare più di quattrocento eventi e centotrentamila spettatori.

Già fermandoci qui, anche solo pensando al fatto che il «sistema delle Case» a questo punto è completo, potremmo dirci soddisfatti. Ma non è tutto. La Casa del Jazz ha un altro grande significato, che impreziosisce ulteriormente il suo valore. Oltre a essere un luogo aperto, di cultura e di socialità, è infatti un luogo della memoria. La mattina dell'inaugurazione, abbiamo scoperto una stele all'ingresso della villa che riporta i nomi di seicentotrentanove vittime di tutte le mafie. Un lungo e triste elenco che già avevamo letto un mese prima, il 21 marzo, sulla piazza del Campidoglio, in occasione della decima Giornata nazionale in ricordo delle vittime della mafia, insieme al presidente Ciampi e a don Luigi Ciotti. A Libera, l'associazione da lui presieduta, si deve la spinta decisiva – un milione di firme raccolte – che ha permesso di arrivare alla legge 109. E il giorno prima proprio a Libera abbiamo assegnato una nuova sede romana. Dove? In via IV Novembre, in un immobile sequestrato al boss della camorra Michele Zaza. Stesso «metodo» usato per Villa Osio o anche per la bisca clandestina diventata la Casa del Volontariato: una proprietà criminale confiscata e assegnata al Comune viene destinata a un fine completamente opposto.

C'è un doppio valore, nel fare questo. Quando si toglie alla mafia e alla criminalità un bene e lo si assegna a un'istituzione dello Stato, a un'associazione che contrasta le mafie e che vuole far crescere la cultura della legalità, o ancora a una cooperativa che lavora per l'integrazione sociale di ex tossicodipendenti ed ex detenuti, non solo si toglie concretamente potere e peso economico ai mafiosi. Insieme a questo si cancella un simbolo, se ne fa nascere un altro contrario. Si dice a tutti che la rassegnazione deve sparire, che deve lasciar posto alla speranza, alla volontà di lottare per cambiare. È quello che succede quando si prende la terra di Totò Riina e la si dà a una cooperativa di ragazzi di Corleone: significa rovesciare un mondo che una volta sembrava immutabile, significa far crollare un castello secolare di sottomissioni, di paure, di silenzi. Facendo questo, in Sicilia come a Roma e nel resto d'Italia, si dice a tutti, e in particolare ai giovani, che ciò che la mafia costruisce non dura, che i suoi beni sono effimeri, che la sua «cultura» non è tale, che i valori veri in cui credere e per cui spendersi sono quelli della legalità, dell'onestà, del lavoro, della giustizia, della solidarietà. Questo sarà anche il senso del viaggio a Locri che compiranno insieme a me, nel gennaio dell'anno dopo, gli studenti di dieci scuole superiori, per incontrare i loro coetanei che hanno dato vita, dopo l'uccisione del vicepresidente del Consiglio regionale della Calabria, Francesco Fortugno, a un movimento per difendere la giustizia e la legalità, contro la 'ndrangheta.

C'è un'espressione che don Ciotti usò quando si trattò di reagire alle stragi di mafia della terribile estate del 1992, alle esplosioni che uccisero Giovanni Falcone e sua moglie, Paolo Borsellino e gli otto agenti di polizia che facevano parte delle loro scorte. Proprio in quel momento, disse, era fondamentale fare la propria parte, compiere una scelta di impegno civile, per «riprendere il territorio». Era questa, infatti, «la prima esigenza per il ripristino della legalità, per poter lavorare, studiare, vivere senza dover chinare la testa o guardare da un'altra parte. Riprenderlo non in senso fisico, non solo attraverso la presenza delle forze dell'ordine, non solo garantendo la sicurezza, ma soprattutto "socializzandolo", cioè rendendolo abitato dalle istituzioni e dai cittadini».

Con Villa Osio e con gli altri beni confiscati, a Roma, abbiamo fatto esattamente questo. Abbiamo «ripreso il territorio», riportandovi cultura e vita.

35

«Dopo di noi»

16 settembre 2005

Tonino Guerra aveva voce e occhi fatti per narrare. Era sceneggiatore e scrittore. Era uomo d'Appennino e poeta di cinema conosciuto in tutto il mondo. Ti parlava al passato e al futuro, sapeva andare lontano con le parole e riusciva a guardare dentro l'animo delle persone, raccontandole. Ci sono alcune sue pagine, in un piccolo libro dedicato alle disabilità gravi intitolato *Mi riguarda*. Sono pagine in cui ricorda, con una delicatezza unica, il rapporto che legava Ennio Flaiano a sua figlia Luisa, bambina e poi ragazza senza parole e con difficoltà di movimenti. Arrivando a casa di Flaiano un pomeriggio, Guerra, senza essere visto, colse da una vetrata un'immagine dello scrittore, del padre, con in braccio la figlia. «Stava guancia a guancia col padre» scrive «e fissava teneramente il giardinetto oltre la porta aperta. Un tenero, lungo colloquio con la pelle e coi respiri paralleli. Mi sono allontanato in punta di piedi per non disturbare questo momento di grande amore e consolazione.»

È una descrizione senza tempo, che dice tanto di cosa sia la vita di chi ogni giorno è vicino a una persona disabile. Un rapporto incredibile, duro e meraviglioso, fatto appunto di «pelle» e di «respiri paralleli». Un rapporto dove si intrecciano dolore e preoccupazioni e insieme consapevolezza, piccole conquiste, grande amore.

In fondo è pensando a tutto questo, provando a «sentire» tutto questo, che abbiamo voluto la Fondazione «Dopo di noi», presieduta con particolare impegno personale e a titolo gratuito dal professor Alberto Zuliani – ex presidente dell'Istat –, e che in una bella mattina di settembre del 2005, con un'ospite speciale come Stefania Sandrelli, ne inauguriamo la sede, al secondo piano di un palazzetto storico nel cuore di Borgo Pio, a due passi dal Vaticano. È il modo che abbiamo scelto per dare risposta a un problema che ogni famiglia con all'interno una persona disabile vive in maniera angosciosa: per tanti genitori, alle difficoltà e ai sacrifici che affrontano quotidianamente si unisce infatti l'incertezza, la preoccupazione di quello che un giorno succederà al proprio figlio, al proprio caro. Al piano terra e al primo piano dell'edificio, peraltro, funzionerà una struttura residenziale per persone con la sindrome di Down, che a rotazione saranno ospitate per un periodo di tempo che concederà loro uno spazio di crescita e di autonomia, di provare un'esperienza di vita di gruppo, nella gestione della casa, nella preparazione dei pasti e nella cura personale. Una maniera, insomma, per prendere confidenza con la possibilità di iniziare un progressivo distacco dalla famiglia, senza nulla di traumatico. Anche perché una volta si parlava soprattutto di «ragazzi down», visto che, purtroppo, chi era colpito da questa sindrome non aveva, in genere, un'aspettativa di vita molto lunga. Adesso, invece, grazie ai progressi della scienza, è sempre più frequente che queste persone diventino adulte, e quindi che si presenti loro una situazione in cui devono fare a meno del sostegno più grande, quello dei genitori.

Priscilla, invece, ha dieci anni. È una bambina down, e per dormire è costretta a respirare attaccata a una macchina. Quando è sveglia sta bene, ma di notte deve fare per forza così, per evitare un arresto respiratorio. L'ho incontrata al Bambino Gesù, dove era ricoverata per una patologia che l'aveva paralizzata, dalla quale per fortuna si è poi ripresa. Eppure, anche in quella circostanza e in quella situazione, non aveva perso il sorriso. Abbiamo chiacchierato insieme, mi ha detto che il suo grande desiderio era un computer tutto suo. E allora abbiamo contattato una società che ha rapporti di lavoro con il Comune e siamo riusciti a regalargliene uno, per farla sorridere ancora di più, per aumentare il suo livello di percezione e di apprendimento.

Occuparci di situazioni di questo tipo è parte del nostro dovere, perché ha ragione il presidente Ciampi quando sottolinea, nel messaggio che ci invia per complimentarsi per l'apertura della nuova sede di Borgo Pio, che «la civiltà di una nazione si misura anche sui livelli di integrazione e di sostegno per la qualità della vita offerti alle persone disabili». È esattamente così. Noi a Roma questo lavoro l'abbiamo iniziato subito. E non è un «subito» per modo di dire: già in campagna elettorale avevo preso l'impegno di incontrare, per prima cosa, le associazioni che si occupano di assistenza ai disabili, e così in effetti ho fatto il 1° giugno 2001, in Campidoglio, insieme alla mia delegata su questi temi, Ileana Argentin. Coerentemente, con il primo bilancio del Comune, approvato qualche mese dopo a dicembre, abbiamo quasi raddoppiato la spesa per i disabili, passata da circa 36 milioni e mezzo di euro a 71 milioni e mezzo, mantenendo poi questo livello per tutti gli anni a venire.

È a partire da qui che abbiamo intrapreso un cammino che ha fatto di Roma, in poco tempo e a giudizio delle stesse associazioni del settore, la prima città d'Italia per la rete dei servizi a favore delle persone disabili. Un traguardo importante, raggiunto grazie a risultati preziosi, capaci di incidere sulla vita concreta di tanti. L'istituzione dell'Osservatorio sulle barriere architettoniche, per esempio: per il Comune una sorta di «autodiagnosi» per sapere dove sono e quindi una chiave per poter intervenire e abbatterle; per i cittadini con qualsiasi difficoltà motoria, anche temporanea, la possibilità di controllare online se un qualsiasi luogo dove vogliano andare sia effettivamente accessibile. E ancora la moltiplicazione delle residenze e dei centri diurni, questi ultimi passati dai sei del 2001 ai settantatré del 2007, compreso quello in via Fiorini, nel IX Municipio, che si chiama Primo Incontro e che apriamo nel settembre del 2003: un centro all'avanguardia, superattrezzato, per l'assistenza e l'inserimento, anche nel mondo del lavoro, di ragazzi costantemente seguiti da medici, infermieri, fisioterapisti, psicologi, assistenti sociali e domiciliari, oltre che da insegnanti per i laboratori di ceramica e di falegnameria presenti all'interno della struttura. E, a proposito di laboratori, considerando quanto sia importante non solo garantire il soddisfacimento delle esigenze fondamentali, ma anche stimolare quelle attività e quegli interessi che significano una migliore qualità della vita, gli oltre venti laboratori teatrali integrati «Pietro Gabrielli» coinvolgono duecentocinquanta ragazzi con disabilità. Così come all'interno del Bioparco è attivo il centro Durante di noi, che attraverso una serie di attività ludiche e didattiche per disabili adulti punta a favorire la loro capacità di socializzazione e di acquisizione di maggiore autonomia. Qualità della vita può anche voler dire avere la possibilità di andare, d'estate, in uno stabilimento balneare dove il mare significhi libertà e la spiaggia non sia un ostacolo, ed è per questo che nel luglio del 2003 abbiamo attrezzato sul lungomare Toscanelli di Ostia, di fronte all'ex colonia Vittorio Emanuele, la prima di quattro spiagge pubbliche dotate di una piazzola di sosta, di percorsi ad hoc – anche con informazioni tattili per i non vedenti – e di una passerella di legno che conduce fino alla riva. Tempo dopo scopriremo che quel giorno, immortalati in una foto che li ritrae nel gruppo di persone che assiste all'inaugurazione, c'erano anche il boss mafioso Vito Triassi e il genero Alfredo Colaci, a dimostrazione di come i clan di Ostia fossero evidentemente interessati a infiltrare ogni nuova iniziativa prendesse piede sul litorale. Quel litorale infestato dalle organizzazioni criminali, come denunciammo ripetutamente con Tano Grasso, mio delegato alla lotta contro l'usura.

E comunque, resta il fatto che c'è un filo rosso a unire tutte le iniziative che promuoviamo per fare in modo che Roma sia una città inclusiva. È un impegno che vale per i disabili così come, l'abbiamo visto, per i senza fissa dimora, per gli anziani, per i bambini. Portiamo avanti questo lavoro concreto sapendo che costruire il futuro vuol dire anche sensibilizzare e informare sui temi che riguardano la disabilità, su quelle barriere che a volte sono psicologiche, culturali, ma che fanno comunque sentire il loro peso per chi si trova a subirle nella vita di tutti i giorni. Perché questo è e resta il nostro obiettivo fondamentale: fare di Roma una città in cui nessuno debba restare solo o sentirsi tale. Far crescere una cultura in cui trovi radice il pensiero: non sono solo, insieme a me ci sono gli altri; non esiste solo l'«io», ma anche il «noi».

36

Livornese, italiano, europeo. E romano...

27 settembre 2005

In fondo è un modo per sdebitarci. Il più intenso e sincero che abbiamo per dimostrargli il nostro affetto e dirgli grazie, come romani e come italiani, per tutto quello che ha fatto, per tutto quello che farà. Ha innanzitutto questo significato, la cittadinanza onoraria che gli consegniamo la mattina del 27 settembre 2005. L'Aula Giulio Cesare è gremita come non mai, e d'altra parte l'occasione è di quelle che si definiscono «solenni». Stiamo scrivendo una pagina che si inserisce in una lunga storia: quella di un istituto che affonda le sue radici nel tempo in cui l'Italia, finalmente unita, trovava la sua nuova capitale. Cittadini di Roma divennero grandi italiani come Alessandro Manzoni, Giuseppe Verdi e Guglielmo Marconi. E altri, dopo di loro, nel corso del Novecento, fino ad arrivare a noi, al nostro tempo, a papa Giovanni Paolo II, a Nelson Mandela e a Kofi Annan, a Rita Levi Montalcini e al rabbino capo Elio Toaff, anch'egli livornese.

Con lui ho condiviso molti momenti, a cominciare da un'intensa e fruttuosa esperienza di governo. E forse il giorno più bello, pieno di soddisfazione e di gioia, lo abbiamo passato insieme proprio qui, sulla piazza del Campidoglio, fra un tripudio di bandiere tricolori e di bandiere blu con dodici stelle dorate. Il 3 maggio 1998, a festeggiare, con Romano Prodi, l'ingresso dell'Italia nell'euro.

Dopo un cammino lungo e difficile, pieno di ostacoli, per superare i quali erano servite la sua competenza e la sua credibilità a livello internazionale. Negli ultimi due anni, infatti, aveva girato in continuazione tutto il continente e incontrato ogni capo di Stato, ministro, commissario europeo o governatore di banca centrale servisse incontrare. Proprio poche settimane prima, a marzo, era stato in Germania, per uno dei tanti confronti che servivano a eliminare i dubbi dei partner, a consentire la partecipazione del nostro Paese alla moneta unica europea sin dalla sua creazione. Durante quel viaggio, per una volta si era soffermato, con chi lo intervistava, su alcuni aspetti personali, su alcuni ricordi, dicendo a un certo punto: «La mia vita è stata del tutto diversa da quella che potevo di volta in volta prevedere. Le vicende mi hanno travolto. Mi hanno incamminato lungo sentieri che non avevo mai supposto di percorrere». Ecco, in quel momento non poteva immaginare quel che sarebbe accaduto il 13 maggio dell'anno successivo: il voto che lo avrebbe eletto presidente della Repubblica al primo scrutinio e con una maggioranza assai ampia, nel segno di quella «pienezza di unità nazionale» che lui stesso avrebbe sottolineato rivolgendosi alle Camere riunite e che sarebbe stato il bene supremo rappresentato e perseguito negli anni successivi. Svolgendo nel modo più alto il suo fondamentale ruolo di stabilizzazione e di sintesi. Essendo costantemente, in ogni momento, il presidente di tutti gli italiani.

L'identikit ormai è più che completo: a diventare cittadino di Roma, questa mattina, è Carlo Azeglio Ciampi. Il consiglio comunale – davvero non poteva essere diversamente – l'ha deciso all'unanimità il 7 luglio. Uno squarcio di luce in una giornata che altrimenti sarebbe stata solo terribile, per l'attentato dei fondamentalisti islamici alla metropolitana e al sistema dei trasporti di Londra, con oltre cinquanta vittime, tra le quali una ragazza romana, Benedetta Ciaccia.

Quando ho telefonato al presidente per comunicargli l'esito della votazione e l'applauso convinto di tutti, mi ha detto di essere contento ed emozionato. Lo è anche di più questa mattina, quando insieme all'inseparabile moglie Franca arriva puntuale alle 9.45 in Campidoglio. Insieme a Flavia, li ricevo all'ingresso Sisto IV del Palazzo Senatorio, ai piedi della Lupa. C'è una tale familiarità, tra di noi, che appena ci ritroviamo nel mio studio, prima dell'inizio della cerimonia ufficiale, il clima è subito molto disteso. L'affaccio al balcone è un'abitudine con quasi tutti gli ospiti, figurarsi con che piacere conduco Carlo – siamo solo noi quattro, posso chiamarlo così – ad ammirare dall'alto lo spettacolo. È sereno, sorridente. Appoggia le mani alla ringhiera, guarda ammirato e silenzioso, poi racconta che aveva sedici o diciassette anni quando arrivò a Roma per la prima volta. Scelse di venire subito qui, ai Fori, e li attraversò tutti in lungo e in largo, fino a quando fu costretto a sedersi. E non per la stanchezza, ma perché era come rapito, stordito. Gli sembrava impossibile – ricorda – tanta bellezza.

Il presidente è del 1920, dunque quel suo primo arrivo a Roma è avvenuto quando l'Italia aveva già perso la libertà e già era oppressa dal peso della dittatura, ma ancora non aveva conosciuto l'infamia delle leggi razziali, non era precipitata nel tempo più buio, non era entrata in quella che sarebbe stata la guerra più distruttiva della nostra storia. Mentre intervengo in Aula Giulio Cesare per salutare e ringraziare il nostro nuovo concittadino, provo a immaginare quel tempo, e quali potessero essere i contrastanti sentimenti, le incertezze del presente e le speranze per il futuro della patria, che convivevano allora nei giovani italiani. Nei civili e in chi come lui indossava una divisa, tra chi fu pronto a rischiare la propria vita scegliendo la Resistenza e tra i tantissimi che furono altrettanto pronti – per usare una sua bellissima immagine – a dividere «il pane che non c'era» o ancora a indicare uno dei «sentieri della libertà» che, come ha più volte ricordato, attraversavano tutta l'Italia, da nord a sud, lungo le montagne, passando paesi e casolari. Coloro che allora erano costretti a percorrerli, come fece il giovane tenente Ciampi scendendo le pendici della Maiella, avevano un sogno. Quel sogno si è avverato. Quei sentieri sono diventati un ampio cammino lungo il quale l'Italia, di nuovo libera e unita, è divenuta una democrazia salda e rispettata, uno dei pilastri della nuova Europa.

Fondamentale, per riuscire, fu il comune sforzo iniziale compiuto da quella classe dirigente, così come dall'intero popolo italiano. Le normali divisioni politiche non impedirono di redigere insieme la nostra Costituzione. La Repubblica già all'indomani del 2 giugno 1946 fu di tutti gli italiani, anche di coloro che quel giorno scelsero diversamente. Di quella straordinaria generazione, Carlo Azeglio Ciampi è stato uno straordinario esempio. Non solo in quanto artefice della nostra adesione all'Unione monetaria, ma in precedenza come presidente del Consiglio in un momento particolarmente difficile per il nostro Paese, tra il 1993 e il 1994, e prima ancora come governatore della Banca d'Italia per ben quattordici anni, dal 1979 al 1993. Seguendo sempre una stella polare: quella del risanamento, perseguito con determinazione e con la ferma convinzione della possibilità di «ritrovare insieme» – sono parole sue – «la stabilità monetaria e il sentiero dello sviluppo».

Quando prende la parola dopo che gli ho consegnato la pergamena che gli conferisce la cittadinanza, il presidente ringrazia, sorride e conferma che sì, questo è stato il suo «pensiero dominante». Dice anche che nei suoi quarantacinque anni vissuti da romano la città è cambiata sotto i suoi occhi, e che ora la cosa che nota di più è come sia diventata «sempre più Capitale». Ricorda commosso due momenti cruciali, il voto per eleggere l'Assemblea costituente e i Trattati istitutivi della Comunità europea firmati qui in Campidoglio. E poi sceglie di concludere citando quello che era diventato un suo grande amico, Giovanni Paolo II, e la sua famosa esortazione: «*Damose da fa', volemose bene, semo romani*». Il presidente, ormai, ha compreso alla perfezione lo spirito di Roma. La conosce, la ama, ne sa interpretare i sentimenti. È il motivo per cui, dei suoi tanti volti, oggi vogliamo mostrargliene alcuni tra i più importanti: quello della memoria, quello dell'accoglienza e della solidarietà e quello della legalità.

Terminata la cerimonia, così, ci spostiamo da Palazzo Senatorio a Villa Paganini, sulla Nomentana, per intitolare un viale a un uomo che Ciampi conosceva e stimava: Giorgio Ambrosoli, «l'eroe borghese» ucciso da un sicario l'11 luglio 1979 mentre stava indagando sul crack della Banca Privata Italiana di Michele Sindona, in qualità di commissario liquidatore nominato dal predecessore di Ciampi, il governatore Guido Carli.

Ci dirigiamo, poi, alla Sala operativa sociale del Comune, con la signora Franca che appena siamo lì inizia, con la sua vulcanica simpatia, a fare domande su come funzionano le chiamate, su chi risponde alle emergenze, su come vengono gestiti gli interventi e cento altre cose di questo tipo. Quando entriamo in una delle stanze dove invece lavora il personale del call center «060606» il presidente per curiosità si mette un auricolare per ascoltare un cittadino che chiede informazioni, e allora lei gli fa: «Dai Ciampi» lo chiama ridendo per cognome, «siediti, anzi rispondi tu al telefono». Lui ride: «No, per carità, potrebbe sembrare uno scherzo».

Diverso, invece, è il clima della visita del pomeriggio, a Villa Osio, alla Casa del Jazz. Almeno all'inizio, quando arriviamo, quando il presidente di slancio, con commossa partecipazione, appoggia le mani sulla stele che riporta i nomi delle vittime della mafia, quasi ad abbracciarle tutte. Per diversi attimi il silenzio che avvolge questo luogo meraviglioso è irreale, quasi ci viene da trattenere il fiato, l'emozione è forte. L'atmosfera si scioglie con la visita alla nuova struttura, che a Ciampi piace moltissimo, e soprattutto quando quattro fuoriclasse del jazz come Enrico Rava, Danilo Rea, Enzo Pietropaoli e Roberto Gatto iniziano il loro concerto, che comprende anche un omaggio particolare al presidente: un accenno alla *Cavalleria rusticana* del livornese Pietro Mascagni.

Sì, perché Carlo Azeglio Ciampi è stato sempre molto orgoglioso delle sue origini e della sua città natale, Livorno. Ha sempre detto di sentirsi un cittadino «livornese, toscano, italiano ed europeo». Noi, oggi, alla fine di una lunga e bella giornata, siamo felici che a questa definizione di sé possa aggiungere: «cittadino romano».

37

Villa Torlonia rinasce

21 marzo 2006

Nel Salone d'Onore del palazzo al Foro Italico che ospita il Coni c'è un grande affresco di Luigi Montanarini, intitolato *Apoteosi del fascismo*. Non si può dire che sia un capolavoro assoluto, è vero. E anche il soggetto è decisamente discutibile, visto che si tratta di Mussolini che arringa soldati, lavoratori e atleti a torso nudo, tra bandiere tricolori e fasci littori in bella vista. È comunque un'opera d'arte che testimonia il suo tempo e che per questo non meritava di restare nascosta sotto un pesante drappo verde, come se così si potesse anche occultare e dimenticare un ventennio che è parte tragica della nostra storia. Eppure è quel che è successo, per più di mezzo secolo. Da quando gli Alleati, all'indomani della liberazione di Roma, presero possesso dell'edificio e decisero di coprire il quadro in quel modo. Fino al 1997, quando è toccato proprio a me, come ministro per i Beni culturali, decidere di riportarlo alla vista di tutti, in nome del principio della salvaguardia delle opere d'arte e nella convinzione che rimuovere i simboli degli errori storici non sia affatto, di per sé, una garanzia che essi non si ripetano, anzi.

Sempre da ministro e sempre in quel periodo, mi è anche capitato di visitare Palazzo Venezia e di chiedere, a chi mi accompagnava, dove fosse la Sala del Mappamondo, quella dove Mussolini lavorava, e come mai non fosse indicata in alcun modo. Poi, una volta entrato, ho visto con sorpresa che l'accesso al famoso balcone che dà sulla piazza, scenario di tanti discorsi del Duce e in particolare di quello che il 10 giugno 1940 segnò lo sciagurato ingresso in guerra dell'Italia, era nascosto dietro un paravento nero. Stesso discorso dell'affresco di Montanarini, insomma. Un oblio segno di una fragilità, di una fatica del nostro Paese a fare i conti fino in fondo con il passato.

Eppure il fascismo è stato condannato dalla storia senza appello e la sua condanna è scritta nella Costituzione. Sbaglia chi dice ci sia del buono, prima dell'infamia delle leggi razziali, in un regime che impediva agli italiani di scegliere liberamente cosa leggere, scrivere e pensare, e che imprigionava, quando non eliminava fisicamente, chi si rifiutava di accettare la dittatura e la fine di ogni libertà. E ancora sbaglia chi sostiene che in lotta, in quella che fu anche una guerra civile perché oggettivamente combattuta da italiani contro altri italiani, ci furono due opposte ragioni entrambe di pari dignità perché entrambe convinte di difendere la patria. Non è così. Da una parte c'erano i partigiani di ogni colore, c'erano gli ideali di libertà e di rispetto dei diritti di ogni individuo attorno ai quali l'Europa sarebbe stata ricostruita. Dall'altra c'erano le posizioni di chi stava a fianco della Germania hitleriana, di chi collaborò a rappresaglie ed eccidi, di chi scegliendo Salò scelse di fatto Auschwitz e la macchina dello sterminio del popolo ebraico. Detto ciò, il cammino della civiltà non è fatto di rimozioni, della distruzione di oggetti, della pura e semplice cancellazione di quel che è stato. Al contrario: la memoria e la consapevolezza sono elementi indispensabili della forza di una democrazia, di una comunità in grado di ritrovarsi attorno ad alcuni fondamentali principi condivisi e anche grazie a essi di guardare avanti.

Penso a tutto questo, la mattina del 21 marzo 2006,

mentre mi dirigo verso Villa Torlonia. Ho un impegno importante, alle nove e mezza in punto. Dopo decenni di abbandono, riapriamo e restituiamo ai cittadini il Casino Nobile, che si trova al suo interno e che è uno dei più bei palazzi ottocenteschi di Roma. Negli anni Trenta di quel secolo fu la sfarzosa dimora del principe Alessandro Torlonia, che diede mano libera all'architetto e pittore Giovan Battista Caretti per modificare e ampliare l'edificio di Giuseppe Valadier, fatto costruire nella «vigna» lungo la Nomentana dal padre Giovanni. E però non c'è dubbio: il Casino Nobile, anche a distanza di tempo, resta legato proprio a Mussolini, che lo scelse come sua residenza nel 1925 e vi rimase, pagando un affitto simbolico di una lira l'anno, fino al fatidico 25 luglio 1943. In pratica fu la sua casa per tutto il ventennio. Negli archivi dell'Istituto Luce ci sono diversi filmati in bianco e nero, che lo ritraggono nel parco o intento a fare evoluzioni sul suo cavallo. Fece anche costruire due rifugi, due bunker, che sarebbero dovuti servire in caso di attacco aereo o con i gas e che dimostrano quanto fosse proprio quello, il luogo fisico centrale della vita del dittatore. Lo stato di abbandono, il degrado e la *damnatio memoriae* di cui è rimasto vittima il Casino Nobile, mentre tutto attorno, nella Villa, dal dopoguerra in poi le cose riprendevano a scorrere, si spiegano proprio così, con questo suo essere uno dei simboli più forti del regime. C'è voluto un sindaco storico e critico d'arte come Giulio Carlo Argan per arrivare, nel 1978, all'acquisto del villino da parte del Campidoglio. Un primo passo, ma non ancora quello decisivo. Mentre già con Rutelli la Casina delle Civette veniva restaurata e trasformata in museo, e con la nostra amministrazione, nel marzo del 2002, dopo un lungo e complesso intervento, il Casino dei Principi riapriva i battenti per ospitare una serie di sculture di proprietà della famiglia Torlonia, il palazzo più bello e importante della Villa ha continuato a restare lì, inaccessibile e delimitato da cartelli con scritto «pericolo crolli», come un silenzioso fantasma intento a presidiare l'area, senza svelare nulla di se stesso.

Abbiamo scelto le migliori ditte e i più bravi tecnici ed esperti, i lavori sono durati venti mesi e ora i risultati sono sotto gli occhi di tutti. È una sorpresa di marmi colorati, di colonne ioniche tirate a lucido, di affreschi e mosaici restaurati, quella che si presenta ai visitatori, che venti alla volta accedono alla sala da ballo, alla Stanza di Alessandro e in quella di Bacco, la cui volta è stata ricostruita dopo il crollo avvenuto nel dopoguerra. Le aggiunte volute da Mussolini – tecnicamente veri e propri abusi, come i bagni realizzati dopo aver coperto la terrazza – sono state eliminate, tutto è stato riportato allo splendore di metà Ottocento, compreso un ipogeo perfettamente circolare, in stile etrusco, scoperto con l'occasione e utilizzato a suo tempo dai Torlonia probabilmente per riunioni segrete massoniche. Abbiamo anche deciso di lasciare alcune tracce della permanenza degli Alleati, che tra il 1944 e il 1947 scelsero l'intera Villa come sede di un comando, con un migliaio di uomini che adattarono gli edifici alle loro esigenze tirando su tramezzi e coprendo le porte di un improbabile smalto verde militare. Al piano superiore, così, si possono vedere piccoli fori nelle pareti usate per giocare a freccette e alcune figure, disegnate con pastelli e acquerelli, di danzatrici più o meno hawaiane. L'ultimo piano, adibito in origine ad alloggio della servitù, sarà dedicato a ospitare il Museo della scuola romana, con le opere realizzate a partire dagli anni Trenta del Novecento da artisti come Scipione, Mario Mafai e Antonietta Raphaël, Antonello Trombadori, Fausto Pirandello, Giuseppe Capogrossi, Corrado Cagli, Renato Guttuso.

È davvero il momento più importante, per la rinascita

di questo luogo. E non ci fermiamo qui, perché nel giro di poco, pochissimo, procediamo con il recupero della Limonaia e del Villino Medioevale, e in prospettiva, come ultimo sforzo, penseremo anche alla ristrutturazione della Serra Moresca e del teatro. Il Villino, in verità, era destinato a ospitare alcuni uffici del ministero dell'Ambiente, ma appena diventato sindaco ho concordato con il ministro Altero Matteoli un'altra soluzione – trovando in lui, devo dire, massima disponibilità – e permettendo così a Villa Torlonia di arricchirsi di un altro importante pezzo. Utilizzato, peraltro, nel migliore dei modi, perché non ci vorrà molto tempo, dopo l'apertura dell'8 maggio, per farlo diventare una ludoteca hi-tech per ragazzi da undici a diciassette anni. Una «Technotown», una piccola città multimediale con set virtuali, robotica, proiezioni tridimensionali e tappeti sensibili dove si possa venire dopo la scuola e trascorrere qualche ora all'insegna del divertimento e dell'apprendimento. Insieme agli altri, ai propri coetanei, magari anche fermandosi a cena. Già, perché come abbiamo fatto a suo tempo con la Galleria nazionale d'arte moderna e più recentemente alla Casa del Cinema, la Limonaia, nata per preservare le piante di agrumi durante l'inverno, recupererà in qualche modo questa sua «vocazione» diventando un ristorante aperto a tutti, in uno dei parchi più belli della città. L'idea è sempre la stessa: nessun «aristocraticismo», via ogni tipo di barriera. I luoghi della cultura devono essere luoghi di esistenza «globale», non separati, ma intrecciati con la vita delle persone. È così che anche questo gioiello ambientale e artistico, l'ennesimo, viene restituito in pieno ai cittadini di Roma.

38

Il nuovo Piano regolatore di Roma

22 marzo 2006

Quando la si può definire «una giornata intensa». Sì, perché il voto finale arriva dopo che la mezzanotte è passata da un po', per l'esattezza da due ore e trentacinque minuti. E dunque la data che resterà negli annali è quella del 22 marzo. Ma dopo la riapertura mattutina del Casino Nobile di Villa Torlonia, il pomeriggio e la sera del 21 – sedici ore ininterrotte di seduta, fino a notte fonda, appunto – tutta l'attenzione è rivolta a quel che succede in Aula Giulio Cesare: è in votazione il nuovo Piano regolatore della città, la manovra urbanistica che disegnerà la Roma del futuro.

Sono passati più di quarant'anni dall'ultimo Piano, quello del 1962, nato con decreto ministeriale in assenza di un sindaco in carica e arrivato a sua volta a trent'anni di distanza da quello del 1931, varato addirittura da un governatore durante il fascismo. Pensando a questi due precedenti, di una prima cosa, e non da poco, possiamo essere orgogliosi: del fatto che dopo quasi un secolo esatto il nostro sarà il primo Piano regolatore approvato in modo ampio e democratico, con un voto del consiglio comunale.

Era infatti il 1907 quando Ernesto Nathan, assunta la carica di sindaco, trovò nel suo ufficio al Campidoglio un *Progetto di Piano regolatore d'ampliamento della città di Roma* redatto l'anno prima dai tecnici del Comune. Partendo da quel disegno originario, Nathan decise di affidare la progettazione all'ingegnere Edmondo Sanjust di Teulada. Fu dal suo lavoro che nacque il Piano presentato il 22 ottobre 1908 e approvato il 10 febbraio dell'anno successivo. Per esortare i consiglieri a procedere senza indugi a un voto favorevole Nathan sottolineò, in un discorso che per il suo spirito aperto e innovatore vale la pena ricordare, come non fosse più tempo per chi amava Roma di «vivere timidamente nel presente con gli occhi rivolti al passato». «Noi invece» disse il sindaco, «nella vita breve o lunga dal destino serbataci, volgiamo lo sguardo all'avvenire, in quello di una grande metropoli ove scienza e coscienza indirizzino rinnovate attività artistiche, industriali, commerciali.» Quel Piano per la prima volta si preoccupava – sono ancora parole di Nathan – che la città non crescesse, raddoppiando la sua estensione, «senza esattezza di tracciato e senza la scorta indispensabile dei provvedimenti atti a salvare il nuovo vastissimo demanio fabbricabile». Per la prima volta si pensava concretamente a una forma urbanistica unitaria e riconoscibile di Roma, con i cinque grandi nuclei destinati ai «fabbricati» (piazza d'Armi, Flaminio, piazza Verbano, piazza Bologna e fuori Porta San Giovanni) e le zone a «villini» e «giardini». Fu dunque dato ordine e carattere più chiaro ai diversi settori attraversati dalla «febbre edilizia» del periodo precedente. Furono salvate le ville ancora esistenti attorno all'area urbana: tutte quelle lungo la Nomentana, Villa Chigi, Villa Savoia, Villa Pamphilj, la zona dei Monti Parioli. Furono insomma gettate le basi della crescita della Roma moderna.

È anche vero che quel Piano regolamentava l'uso di una superficie di 5000 ettari, mentre oggi quelli di territorio comunale interessati dal nostro sono 129.000. Per non parlare dei 559.000 abitanti di allora contro i più di due milioni e mezzo attuali. Inoltre quel Piano, ce lo hanno insegnato i migliori urbanisti, vedeva la città essenzialmente come un insieme di quartieri: i provvedimenti per le singole zone, i piani dei singoli nuclei, erano cioè più studiati e più convincenti del disegno d'insieme. Oggi invece è tutto diverso. Il nuovo Piano regolatore di Roma, della Roma del nuovo millennio, un disegno d'insieme ce l'ha. Un disegno organico e unitario. Un'esplicita visione metropolitana, basata su tre scelte chiare e su un principio fondamentale. Le scelte sono il trasporto su ferro, la tutela e la valorizzazione dell'ambiente e del patrimonio storico, e il controllo della dimensione insediativa, anche attraverso l'introduzione del criterio della demolizione e ricostruzione. Il principio di fondo è quello di riconfigurare Roma pensando concretamente alle sue tante identità, alle «tante città» da cui è composta. Non più un solo nucleo pregiato attorno al quale ruota tutto, ma uno sviluppo pianificato imperniato su nuove e diffuse centralità urbane: veri e propri «magneti» in grado di attrarre investimenti e attività, armonizzando la crescita economica con la sostenibilità sociale e ambientale, «ricucendo» centro e periferie.

Queste scelte, questi principi, sono rimasti intatti fin da quando, nel giugno del 2002, abbiamo dato il via al progetto condotto dall'assessore all'Urbanistica Roberto Morassut, riprendendo e innovando il lavoro delle amministrazioni Rutelli e sbloccando il caos normativo dovuto a un vecchio Piano obsoleto e stravolto da centinaia di varianti effettuate per quarant'anni. Pareva non si potesse guardare avanti e superare l'eredità del Piano del 1962, che, come non si è mai stancato di ripetermi l'urbanista Giuseppe Campos Venuti, conteneva almeno due errori capitali: lo sviluppo era immaginato tutto sulla mobilità su gomma e per di più era immenso, con la previsione di cinque milioni di stanze per una città che contava due milioni di persone. Eppure, per quattro decenni, lì si è rimasti. Sì, alcuni dei problemi derivanti da un'espansione urbanistica dilatata e disordinata furono affrontati a metà degli anni Settanta dalle giunte di sinistra, pur con i limiti, i ritardi e anche gli errori di quell'esperienza, che io da giovane consigliere comunale ho avuto modo di condividere. Fu allora, specie con Petroselli, che si cominciò a lavorare per sottrarre ai benefici della rendita lo sviluppo e la crescita della città, che fu effettuata la «perimetrazione» degli insediamenti abusivi, che furono risanati i borghetti portando l'acqua, la luce e le fogne dove non c'erano. Le periferie, prima dimenticate, cominciarono insomma ad avvicinarsi al centro della vita della Capitale. E tuttavia lo stesso Petroselli ritenne, a quel tempo, che la decisione di preparare un nuovo Piano regolatore non fosse politicamente matura. E le giunte successive non furono di parere diverso. Con il risultato che troppo a lungo il nuovo è stato incapace o quasi di liberarsi dell'ingombro del vecchio e Roma è rimasta troppo inchiodata al passato.

Anche questo spiega il coraggio che ci è voluto per rimettere in moto le cose e quello che abbiamo dovuto e dobbiamo avere noi per accelerare il cammino e arrivare al traguardo. Ricordo bene una delle tappe iniziali, quando sempre nel giugno del 2002, all'indomani dell'approvazione della giunta, con Morassut e Campos Venuti abbiamo illustrato il progetto e i suoi principi cardine in un'affollatissima sala del Vittoriano tappezzata di grandi mappe colorate, in cui tra disegni, prospettive, linee portanti innervate da chilometri e chilometri di nuovi treni e metropolitane era raffigurata, in pratica, la Roma futura. Senza più, tanto per cominciare, quell'anomalia «genetica» tipica di molte città italiane, cresciute in assenza del supporto fondamentale dei trasporti collettivi su ferro, e più in generale creando prima gli insediamenti e solo in seguito le infrastrutture. Il nostro Piano ribalta questo criterio: non sarà possibile far nascere nuovi quartieri in assenza di strade, ferrovie e metropolitane. È quella che è stata chiamata «cura del ferro» e che si dovrà tradurre, per essere davvero efficace, nell'ammodernamento della linea A della metro e soprattutto nel prolungamento della linea B e nella costruzione della nuova linea C. Un impegno che consentirà di avere 298 stazioni distribuite su circa seicento chilometri di metropolitane urbane, di ferrovie di superficie, di tram moderni. Insomma, non colmeremo certo il divario storico esistente con altre capitali europee come Londra o Parigi, dove dieci delle quattordici linee del metrò già funzionavano nel 1913, però faremo un importante passo avanti verso un sistema dei trasporti nel segno della mobilità sostenibile e di una migliore qualità della vita.

Cosa alla quale si accompagna, direi per definizione, la qualità ambientale. E a questo proposito il nuovo Piano ha un grande e innegabile merito: dimezza le previsioni edificatorie di quello vecchio, passando da centoventi milioni di metri cubi a circa sessanta – gran parte dei quali non cancellabili perché già avviati con programmi attuativi, il che significa che il vero dimensionamento del Piano non è superiore a dieci milioni di metri cubi –, e prevede 89.000 ettari di aree verdi. Significa che due terzi del territorio comunale sono completamente salvaguardati e non sarà possibile costruirvi nuovi edifici. Significa tutelare quello straordinario patrimonio ambientale e archeologico che è l'agro romano e arrivare a diciannove parchi regionali e due parchi agricoli a fronte dell'unico parco, quello dell'Appia Antica, di quarant'anni fa. Inoltre, i 3700 ettari di verde pubblico all'interno dei tessuti urbani diventano 7900, che vuol dire all'incirca cinquanta volte Villa Borghese. Per fare un raffronto, stavolta a nostro favore, basti pensare che il Bois de Boulogne e il Bois de Vincennes, a Parigi, non arrivano a 1800 ettari. E al di là di questo, per capirci, ogni cittadino romano avrà a disposizione, in media, ventitré metri quadri di parco o giardino.

A proposito di tutela, poi, il Piano difende anche un altro patrimonio, quello lasciatoci dal passato: con l'introduzione del concetto di «città storica», infatti, si superano le Mura Aureliane e si arriva ai tessuti urbani dell'Ottocento e del Novecento, al Flaminio, a San Saba e alla Garbatella, all'Eur. Si tratta di circa settemila ettari di territorio, rispetto ai mille precedenti, che saranno preservati e valorizzati, nel segno della qualità urbana. A questo proposito abbiamo a disposizione, con il Piano, uno strumento prezioso come la «Carta della qualità»: un censimento minuzioso, quasi ventisettemila schede che descrivono altrettanti elementi urbani, tra piazze, giardini, viali, palazzi, chiese, resti archeologici, edifici e quartieri recenti di interesse architettonico, urbano e ambientale. Sarà da qui che si potrà partire per capire, per distinguere, per comprendere se e come intervenire.

Il tratto peculiare e fondamentale del Piano regolatore, come detto, è che tutto questo avviene all'interno di un disegno d'insieme unitario, di una precisa visione metropolitana, policentrica e polifunzionale. Se infatti il sistema prefigurato nel 1962 individuava sostanzialmente tre poli – il centro storico, l'asse attrezzato a est e l'Eur – ora, invece, noi realizziamo un nuovo modello di organizzazione urbana, attraverso il disegno di diciotto centralità che finalmente distribuiscono coerentemente su tutto il territorio, anche e soprattutto lì dove mancava, e cioè nelle periferie, un mix di residenziale, servizi e funzioni moderne. Quelle che caratterizzano una metropoli come «fornitrice» di centri di ricerca, di poli scientifici e tecnologici, di università, di poli radiotelevisivi e cinematografici, di centri congressi, di attrezzature culturali e al tempo stesso di servizi legati più direttamente alla quotidianità dei cittadini, dagli uffici ai grandi centri commerciali, dalle scuole alle strutture per lo sport e il tempo libero.

Tutto questo ci permette di dire, senza presunzione, ma con la consapevolezza di quanto stiamo facendo, che vogliamo affermare un modello di sviluppo alternativo a quello troppe volte speculativo, deregolamentato e congestionante che per tanto tempo ha caratterizzato le aree urbane italiane. Dalle «mani sulla città» di un'epoca che ancora brucia e fa male, dall'urbanistica costretta a inseguire i quartieri abusivi, passiamo all'equilibrio tra sviluppo e tutela della città storica, tra modernizzazione e valorizzazione dell'ambiente e dell'inclusione sociale. Passiamo alle regole, che sono garanzia di libertà, che definiscono il quadro di coerenza generale entro cui si può sviluppare la libera iniziativa dei cittadini e delle imprese. Regole nate in questo caso nel segno della trasparenza, del confronto e della partecipazione.

Sì, perché per arrivare all'adozione da parte del consiglio comunale il 20 marzo 2003 – dopo un'altra maratona notturna, terminata all'alba –, e poi ancora nei tre anni successivi, abbiamo seguito costantemente una concezione della pianificazione condivisa e direi anche «dal basso», attraverso un meccanismo di ascolto che ha visto coinvolti attivamente, con centinaia di assemblee popolari, i Municipi e le commissioni consiliari, gli imprenditori, i comitati di quartiere, le associazioni ambientaliste e anche le scuole, soprattutto quelle delle periferie e delle aree interessate dai Programmi di recupero urbano. Sono state oltre undicimila le osservazioni «controdedotte» dalla giunta ed esaminate dal consiglio: per oltre il 25 per cento sono state accolte, totalmente o parzialmente. Non è mai successo prima, in nessuna grande città italiana, che si riuscisse a passare con questi tempi dall'adozione all'approvazione di un Piano regolatore, portando a termine una simile mole di lavoro. È il frutto di una giunta libera e di una città onesta, che ha fatto sentire le sue ragioni senza tentare di mettere in atto condizionamenti di alcun tipo. È così che siamo arrivati fin qui, che siamo arrivati all'approvazione di questo 22 marzo. Ed è così che arriveremo alla terza e ultima votazione, quella finale, il 12 febbraio 2008, con la ratifica del Piano regolatore da parte del consiglio comunale dopo che la Conferenza di copianificazione con la Regione e la Provincia ha armonizzato e reso coerenti tutti i suoi aspetti.

A volte è un'espressione di cui si abusa, ma davvero siamo riusciti a ritrovarci a un appuntamento con la storia. Una storia che non ha tanto a che fare con il passato, quanto con il futuro. Il nostro futuro, quello di Roma. Delle generazioni di romani che verranno, che vivranno nella città che stiamo disegnando, che sta sempre più prendendo forma.

E se parlando del Piano regolatore faccio un'altra eccezione ed esco dall'arco cronologico compreso nelle pagine di questa sorta di «diario», spingendomi più avanti e arrivando a tempi più recenti, è perché mi sembra, sinceramente, che molte delle polemiche seguite alla sua approvazione siano state generate da qualche pregiudizio di troppo, senza basarsi su dati di fatto, numeri e statistiche. Mi ha colpito, a questo proposito, leggere in alcuni documenti ufficiali del Comune del 2017 – retto da una giunta che certo non si può definire generosa rispetto al passato – che Roma è effettivamente la città più verde d'Europa, con i già citati due terzi del suo territorio vincolati a verde, agro romano e parco naturale. Chi ha criticato l'eccesso di «cubature» previsto dal Piano regolatore non ha mai, a mio parere, tenuto conto di questo incontestato dato. E soprattutto non ha mai considerato che oltre la metà delle previsioni edificatorie ereditate dal passato – i ben centoventi milioni di metri cubi non attuati ma vigenti, anch'essi citati prima – sono state cancellate del tutto e che la parte restante era già ampiamente avviata ad attuazione, attraverso convenzioni stipulate e concessioni rilasciate addirittura prima del 1990: un residuo non cancellabile, pena onerosi e perdenti ricorsi che avrebbero dissanguato l'erario comunale.

Sul piano del dibattito tutto è legittimo e io mi sono astenuto, nel corso degli anni, dal partecipare troppo a questo confronto, perché credo sia sufficiente la lettura dei documenti, degli atti. Per esempio le sentenze degli organi della giustizia amministrativa e civile che hanno respinto, puntualmente e invariabilmente, tutti i ricorsi presentati contro il nuovo Piano regolatore sia da operatori economici, sia da comitati locali. La più importante, che voglio ricordare, è quella del Consiglio di Stato del luglio del 2009 sul fatidico tema della perequazione, che ha giudicato la condotta del Comune perfettamente aderente all'interesse pubblico. Una sentenza che va anche a merito degli avvocati comunali di allora, come Enrico Lo Russo, Sebastiano Capotorto e i loro collaboratori.

Vorrei inoltre sottolineare come il Piano regolatore di Roma sia stato il primo importante strumento urbanistico italiano a introdurre il cosiddetto «contributo straordinario», vale a dire un prelievo aggiuntivo richiesto ai titolari della rendita urbana, commisurato al valore delle trasformazioni attuate e destinato alla realizzazione dei servizi. Una norma giusta, di tutela pubblica, largamente diffusa in Europa ma ignorata in Italia fino a quando, proprio grazie al nostro Piano, nel 2015 è diventata legge nazionale.

Arrivati a questo punto, il bello e il buono che il Piano regolatore contiene lo si potrà vedere solo se verrà ben applicato e sorretto dalle necessarie risorse finanziarie. Il brutto che la città vede e vive ancora oggi è il risultato del caos urbanistico dei decenni precedenti, che noi abbiamo voluto archiviare. Per questo, pur rispettando i pareri diversi, le opinioni contrarie e le critiche, resto convinto che abbiamo agito con saggezza e correttezza per il bene di Roma e che abbiamo aperto la strada a un futuro migliore, se solo si vorranno seguire, e innovare ulteriormente avendone la capacità, i principi contenuti in quel disegno.

39

Le periferie al centro

10 maggio 2006

L'inizio della liberazione. A guardarli, a osservare i loro sorrisi e gli abbracci appena si ritrovano in strada, è questa la sensazione che provano, la sera del 10 maggio, i cittadini del Laurentino 38. Desiderata e attesa da molto tempo, inizia la demolizione dell'XI ponte, il primo dei tre che nel giro di pochi mesi butteremo giù. Collega, o forse possiamo cominciare a dire collegava, i palazzi di via Marinetti, e come i suoi omologhi era nato per ospitare negozi e uffici, con l'idea di dar vita a un grande quartiere autosufficiente, sul modello di quelli inglesi o olandesi. In realtà, nel corso degli anni Ottanta le cose sono andate molto diversamente, i servizi non sono mai arrivati, il degrado è avanzato e ha raggiunto l'apice con l'occupazione abusiva di molti locali, anche da parte di esponenti della criminalità più o meno organizzata e di persone con diversi precedenti penali.

Quello che abbiamo trovato, dunque, è un problema ventennale, che riguarda la qualità della vita di migliaia di famiglie e che perciò va affrontato non più solo a parole, ma con provvedimenti urgenti e insieme con un disegno generale di riqualificazione dell'intera area. Siamo partiti con le cose concrete, dando il via alla «liberazione», appunto. All'alba del 19 aprile abbiamo provveduto allo sgombero di questo primo ponte, spostando quarantaquattro famiglie – italiane, ma anche marocchine, slave, ucraine – che i vigili urbani hanno censito nei giorni precedenti e che hanno accettato di buon grado il trasferimento, come sempre concordato e preparato, in un residence sulla Cristoforo Colombo, in attesa di un bando speciale per l'assegnazione di appartamenti in via di ultimazione. Ora, in questa sera di maggio, tocca alle gigantesche pinze di sei macchine demolitrici – sei «mostri» d'acciaio che si muovono tra le luci dei riflettori e i getti d'acqua di lance idrauliche che annaffiano per evitare che la polvere copra tutto – fare a pezzi colonne di cemento, schiantare muri e sradicare travi. Con centinaia di residenti che applaudono alle immagini dell'intervento rilanciate dal maxischermo allestito sul posto e vivono in diretta questo passo, che dà il segno del riscatto del Laurentino 38. Un passo seguito da altri, perché a novembre toccherà al X ponte, dopo aver trasferito una settantina di famiglie, e nel febbraio del 2007 al IX, anche qui spostando in altri alloggi circa sessanta nuclei familiari. In mezzo, a gennaio, il quartiere potrà salutare anche un nuovo parco, un polmone verde di oltre un ettaro lì dove prima sorgeva una discarica, che andrà ad aggiungersi al campo sportivo polivalente per la scuola di via Ada Tagliacozzo e che sarà intitolato a Eros Corizza, il ragazzo di qui che nel marzo del 2004 ha perso la vita in un incidente stradale sulla Pontina mentre andava in gita, in pullman, con i suoi compagni di classe.

È un impegno, quello per il Laurentino 38, che rientra in un lavoro più ampio che insieme all'assessore alle Periferie Luigi Nieri e a tutta la giunta stiamo portando avanti fin dal primo giorno del mandato. Anzi, fin dal primo giorno della campagna elettorale. Non erano solo parole, non era un semplice slogan quello che chiariva come uno dei nostri fondamentali obiettivi fosse mettere «le periferie al centro». Roma, come tutte le grandi aree urbane, non è un corpo statico e immutabile: cresce e si sviluppa con modalità che portano con sé nuove opportunità e nuovi problemi da risolvere. Negli ultimi decenni, nella città sono intervenuti sostanziali mutamenti del tessuto produttivo e sociale. La sua «forma» è cambiata e si è allargata, soprattutto nei quartieri più periferici. Proprio questa enorme espansione, spesso vissuta a un ritmo elevato e disordinato, ha causato col passare del tempo una domanda di trasformazione urbana, di qualità della vita, di identità collettiva sempre più urgente, sempre più pressante. Una richiesta composita, complessa, spesso attraversata da un diffuso disagio sociale.

Di fronte a questo c'è la risposta di fondo, complessiva, che abbiamo scelto di dare con un Piano regolatore che – l'abbiamo appena visto – ha l'ambizione di disegnare una città unita, coesa ed equilibrata nel suo sviluppo, e dunque una città nella quale le periferie scoprano e trovino una loro «centralità».

Una risposta, in questo senso, innovativa rispetto al passato, rispetto per esempio ai grandi piani edilizi pubblici degli anni Settanta e Ottanta, che cambiarono il volto delle periferie determinando la nascita di quartieri di dimensioni rilevantissime. Parliamo di interventi unitari e pubblici concepiti, come nel caso di Corviale, come delle vere e proprie città «autosufficienti», e in ogni caso come pezzi di città con una loro forte e caratterizzante impronta.

Credo si debba fare una valutazione complessiva, non solo architettonica e urbanistica, di quelle esperienze, perché furono il frutto di una stagione culturale che vedeva un grande ruolo del pubblico che, in tutta Italia – grazie anche agli strumenti allora nuovi della legge 167 per l'edilizia economica e popolare –, cercava di dare una risposta rapida ed estesa alla crisi alloggiativa. Si è parlato di «edilizia collettivista», volendo forzatamente rintracciare in certe impostazioni l'influenza dell'urbanistica d'oltre cortina di quegli anni, tutta grigiore e anonimato urbano. Questo però non credo sia completamente vero, se si considera che molti programmi, a cominciare proprio da Corviale, furono concepiti molto prima dell'arrivo delle giunte di sinistra. Inoltre va sottolineato che l'impegno finanziario e intellettuale delle amministrazioni pubbliche – attraverso le risorse e i gruppi di progettazione che annoveravano i migliori architetti e urbanisti del momento – fu davvero rilevante; e che il cattivo esito di alcune di quelle esperienze va messo in relazione soprattutto alla cronica debolezza del sistema pubblico italiano e all'incapacità di gestire adeguatamente il nuovo e immenso patrimonio pubblico, di inserirlo con efficacia nei contesti urbani garantendo tutti i servizi previsti e di preservare la legalità nelle assegnazioni degli alloggi. Ecco perché, parlando di certi quartieri, la lente di ingrandimento va rivolta non solo agli aspetti architettonici e urbanistici ma anche a quelli sociali e amministrativi, dal momento che in molti casi, prima ancora che gli edifici fossero terminati e assegnati secondo graduatoria, vi furono occupazioni illegali e che le risorse per realizzare i servizi mancarono o furono mal utilizzate nel tempo.

Detto ciò, oggi certe scelte sarebbero irripetibili sia dal punto di vista urbanistico, sia da quello architettonico e costruttivo. Ed è evidente che quegli stessi quartieri necessitano di interventi radicali e molto concreti. Interventi che, a seconda dei casi, possono prevedere parziali demolizioni e ricostruzioni, ristrutturazioni e riqualificazioni, e soprattutto strategie di incremento qualitativo e quantitativo dei servizi interni ed esterni: trasporti, verde, formazione, impianti sportivi, presidi sanitari, rete commerciale. Si tratta di lavorare ogni giorno, concretamente, in questa direzione, migliorando nei quartieri periferici l'accessibilità, le infrastrutture, il decoro e la manutenzione, la qualità ambientale e sociale. Insomma, le condizioni reali della vita delle persone.

Quelle degli abitanti di via Alì, per esempio. A Tor Bella Monaca. Li ritrovo dopo averli incontrati, insieme a tanti altri, nel primo venerdì di agosto del 2001 che apriva la serie di appuntamenti settimanali, in Campidoglio, tra sindaco e cittadini. Mi avevano raccontato quali fossero i loro problemi, insistendo in particolare su una cosa, che pesava più di ogni altra: la mancanza di illuminazione pubblica. Niente lampioni, né nella loro strada né in quelle vicine. Non ci voleva molto a capire cosa questo significasse, soprattutto dal punto di vista della sicurezza, soprattutto per una donna o per tutti i genitori con una figlia che deve rientrare a casa da sola la sera. Ci siamo messi subito all'opera e pochi mesi dopo, a novembre, lungo i trecento metri della via è arrivata la luce. E non solo lì, perché contemporaneamente abbiamo messo a punto il piano «380 strade illuminate», che prima della fine di quello stesso anno ha portato i risultati attesi dagli abitanti di Pietralata e Tor Pagnotta, di Labaro e Casalotti, di Palmarola e Spinaceto. E negli anni successivi abbiamo proceduto altrove allo stesso modo, senza sosta, sempre tra la soddisfazione e il sollievo dei residenti. Alla fine del 2003 a Case Rosse, sulla Tiburtina, dove abbiamo installato novantacinque lampioni per illuminare tre chilometri di strade prima completamente al buio. Nell'aprile successivo a Giardinetti, con i primi centoundici lampioni dei quasi duecento che in poche settimane hanno cambiato il volto di diverse vie del quartiere. E l'elenco potrebbe continuare a lungo, se è vero che in questi cinque anni sono state ottocento le strade periferiche illuminate da più di undicimila punti luce.

Il fatto di aver ascoltato le richieste degli abitanti di via Alì, peraltro, non è stato un caso, un episodio estemporaneo. Le periferie le stiamo riqualificando partendo dal basso. La parola d'ordine, non solo per quanto riguarda il Piano regolatore ma in senso più ampio, è stata ed è: partecipazione. Che vuol dire coinvolgimento, democraticità delle scelte, valorizzazione del tessuto civico e del rapporto tra cittadini e pubblica amministrazione, ma anche una maggiore efficacia dell'intervento, una più corretta risposta alle domande del territorio, una maggiore rapidità nel momento dell'attuazione delle decisioni prese. È così che sono partiti i Contratti di quartiere, programmi innovativi e condivisi di recupero urbano che già dal 2002 hanno interessato prima Centocelle Vecchia e proprio Tor Bella Monaca e poi, nel giro di pochi mesi, Garbatella, Pigneto, Tor Sapienza e il Borghetto dei Pescatori a Ostia.

È per questo, perché la partecipazione presuppone l'esistenza di informazioni complete e corrette, che abbiamo messo a punto l'Atlante delle periferie, un archivio telematico consultabile da ogni cittadino, una vera e propria banca dati multimediale frutto di rilevazioni effettuate con le tecniche più avanzate di immagine satellitare ed elaborazione elettronica dei dati. È sempre per questo che nel corso degli anni approviamo in via definitiva tutti i piani particolareggiati delle cosiddette «Zone O», i nuclei spontanei degli anni Sessanta e Settanta che non hanno ancora la ratifica urbanistica necessaria per dotarsi dei servizi primari e secondari; inoltre avviamo la storica manovra dei toponimi, i nuovi nuclei non perimetrali i cui piani particolareggiati saranno redatti direttamente dai consorzi dei cittadini sulla base delle regole urbanistiche approvate e discusse dal consiglio comunale: un'esperienza innovativa di democrazia urbanistica. E poi ci sono i Programmi di recupero urbano, gli «articoli 2» e gli «articoli 11»: interventi per migliorare la qualità della vita di oltre quattrocentoquarantamila persone che vivono nelle aree più periferiche di Roma, realizzando nuove opere e infrastrutture, sviluppando i servizi locali, portando verde pubblico e riqualificazione urbana in zone dove tutto questo manca o è insufficiente. Gli interventi riguardano circa settemila ettari di territorio comunale, da Tor Bella Monaca a Corviale stesso, da San Basilio a Labaro, da Primavalle a Palmarola-Selva Candida, a Laurentino, Acilia, Magliana, Fidene, Valle Aurelia. L'investimento complessivo è di circa un miliardo e 800 milioni di euro – per il 90 per cento provenienti da privati – ed è talmente ampio che a mio avviso non sbaglia chi fa un paragone con i finanziamenti del 2000 e parla di un autentico «Giubileo delle periferie».

Nelle zone periferiche investiamo per portare e migliorare fogne, asili nido, scuole, impianti sportivi, giardini, centri anziani e centri civici, teatri e strutture culturali, biblioteche. So che in una città come Roma sono un decimo del fabbisogno, so che chi verrà dopo di noi dovrà continuare e non mollare questo processo di incessante risalita delle periferie verso una piena dimensione urbana. So anche, però, che ogni cosa che facciamo cambia la vita materiale dei singoli e delle famiglie. E lo vedo nelle assemblee popolari cui partecipo a Castelverde, Ostia Antica, La Storta, Borghesiana, Torre Maura, Tor Bella Monaca, Quarticciolo... Un caleidoscopio di immagini e incontri con i capi di una Roma popolare fatta di comitati di quartiere e associazioni che ti levano la pelle ma sono generosi e aperti e restituiscono sempre l'energia che ti chiedono.

Interventi come quelli che abbiamo realizzato significano anche migliaia di posti di lavoro. E a questo proposito sedici bandi sono serviti a finanziare settecento imprese periferiche, sostenendo in particolare quelle «giovani», cioè costituite da meno di un anno e mezzo. Un sostegno che arriva anche attraverso gli «incubatori d'impresa», come quelli di Garbatella, San Basilio, Cinecittà e Corviale, nati per ospitare nuove realtà o comunque per assisterle a distanza con consulenze, attività formative e servizi per la conoscenza del territorio. A Corviale sono stati anche aperti un Centro di orientamento al lavoro – già a marzo del 2002, con l'inaugurazione di quello in via delle Fragole a Centocelle, abbiamo raggiunto quota ventitré, coprendo in pratica tutti i Municipi – e uno di formazione professionale, un Centro culturale polivalente e una biblioteca con all'interno un bookshop, in via Mazzacurati, di fronte al «serpentone».

Perché questo è un altro aspetto fondamentale. La qualità urbanistica, senza la qualità sociale, non può bastare. E quest'ultima passa anche attraverso la cultura e strutture che la rendano possibile. Del Teatro Tor Bella Monaca abbiamo detto. Ma ci sono anche quelli del Lido di Ostia e del Quarticciolo, che nel dicembre del 2007 inizierà la sua attività come teatro-biblioteca nello spazio recuperato e trasformato dell'ex mercato coperto del quartiere. E ci sono le nuove librerie nate nelle aree periferiche della città grazie al bando che abbiamo indetto ad aprile del 2003, stanziando 500.000 euro. Se la prima è stata aperta a dicembre di quello stesso anno al Pigneto – si chiama Il Corsaro, in omaggio a Pasolini –, con quella inaugurata il 25 ottobre 2005 a Torre Maura, che permette agli abitanti del quartiere di non dover andare fino a Centocelle per comprare un libro, siamo arrivati a sedici delle ventitré previste.

Sono tutte cose, queste, che contribuiscono non solo a «ricucire» la città unendo centro e periferie, ma anche a rafforzare la trama di un tessuto sociale che in ogni quartiere c'è, esiste ed è uno degli elementi grazie ai quali le aree più periferiche della nostra città sono ben diverse dalle *banlieues* parigine o da tante realtà degradate di altre città europee. È vero, la storia delle periferie romane, dalle borgate «storiche» alle più recenti forme di espansione avvenute fuori da qualsiasi preoccupazione sociale, è una storia complessa e particolare. Ma proprio questa particolarità, se valorizzata attraverso la partecipazione e il ruolo attivo dei suoi abitanti, può affermare un'identità capace di tradursi in concreta qualità della vita.

40

La metro fuori dal tunnel

16 maggio 2006

Il cognome, Zampetti, potrà non dire nulla di particolare. Ma il nome, Aiace, richiama quello del leggendario eroe e condottiero della mitologia greca. Ed è giusto così, sembra fatto apposta. È giusto che all'alba del 16 febbraio 1980, alle cinque e mezza in punto, sia stato proprio lui, l'ex tranviere e macchinista Aiace Zampetti, il conducente del primo treno della linea A della metropolitana che si inaugurava quel giorno. Da Ottaviano verso la nuova frontiera di Cinecittà. Tutti i vagoni, nonostante l'ora, pieni di gente, di giornalisti e fotografi accorsi per raccontare l'esordio di quella creatura che avrebbe cambiato la vita di centinaia di migliaia di romani. In mezzo a loro, il sindaco Petroselli, soddisfatto e contento. Fuori, vicino alle fermate e per le strade della città, i manifesti che avevamo scelto per annunciare che dopo tanti anni di attesa la metro era «fuori dal tunnel».

Mi vengono in mente quella giornata e quelle parole, mentre la mattina del 16 maggio, ventisei anni dopo, sto per arrivare in via Walter Tobagi, sulla Casilina, per l'apertura di uno dei tre cantieri – gli altri sono quelli tra via Teano e via Partenope, sulla Prenestina, e di via Sannio, a San Giovanni – dei lavori che porteranno alla costruzione della terza linea della metropolitana di Roma, la linea C. Nel nostro caso si tratta di un'uscita dal tunnel non in senso fisico, perché anzi l'importanza di questo momento sta proprio nel fatto che si inizia a scavare e a scendere, ma in senso metaforico: dopo anni di progetti, discussioni, riunioni e bandi, si comincia a fare sul serio, a uscire dalle sale dei convegni e a stare all'aperto, sul posto, tra macchinari, ingegneri e operai. La «cura del ferro», ideata dapprima da Walter Tocci, inizia a diventare realtà.

È stata dura arrivare fin qui, a questa prima fase, i rilievi archeologici. Ci sono volute molta determinazione, tenacia e pazienza. Se dovessi citare tutte le tappe affrontate e superate non si finirebbe più. Qualcuna però va ricordata, per dare l'idea della strada fatta. Per cominciare, nel dicembre del 2001, d'intesa con il ministero delle Infrastrutture e dei Trasporti e con la Regione, c'è stato l'inserimento della linea C quale intervento strategico di livello nazionale all'interno della Legge obiettivo, appena approvata come nuovo strumento per realizzare questo tipo di interventi, stabilendo come da essa consentito di indire una gara con alla base un progetto in parte definitivo e in parte preliminare. Cinque mesi dopo, nel maggio del 2002, è arrivata la firma in Campidoglio, sempre con Lunardi e Storace, di un protocollo, un «accordo procedimentale», che ha fissato tempi e finanziamenti certi per la realizzazione – percorso previsto da Clodio-Mazzini a Pantano, frazione al confine con il comune di Monte Compatri – del tratto centrale, sette chilometri da San Giovanni al quartiere Alessandrino. Ci sono stati, poi, diversi incontri con il soprintendente La Regina, per definire i criteri con cui rendere compatibili l'innovazione e la tutela del patrimonio, costruendo una vera e propria «metropolitana archeologica», che nelle sue stazioni valorizzasse l'immensa qualità dei reperti che di certo sarebbero venuti in superficie. Già in quel momento eravamo tutti perfettamente consapevoli, per esempio, che scendere in profondità in piazza Venezia, così come procedere lungo corso Vittorio Emanuele o nella stessa piazza San Giovanni, avrebbe significato trovare preesistenze archeologiche importanti. Il progetto esecutivo, in questo senso, avrebbe dovuto essere flessibile e tenere conto dei ritrovamenti, valutando strada facendo e mettendo in conto delle «varianti» tali da poter anche incidere su scadenze e costi, poco ma sicuro. D'altra parte un'alternativa non c'è mai stata: nessun sondaggio preventivo avrebbe potuto risolvere il problema, a meno che non si pensasse di non limitarsi ai sondaggi ma di scavare prima e a fondo, dalla superficie fino al livello delle gallerie, lungo tutto il percorso per più di venti chilometri, almeno lì dove si sapeva che sarebbero sorte le nuove stazioni, con gli effetti immaginabili sulla vita quotidiana dei cittadini. Roma non è come quelle città nelle quali basta spingere il pulsante di avvio della «talpa» e tutto si dipana regolarmente.

Altro aspetto che abbiamo avuto sempre ben chiaro è quello riguardante uno dei nostri grandi problemi come Paese: la lentezza della burocrazia, che poteva e può significare attendere per mesi una delibera del Cipe – il Comitato interministeriale per la programmazione economica – e la sua pubblicazione in «Gazzetta Ufficiale», con la conseguenza di fermare i lavori mentre invece i costi continuano a correre. Ma anche qui: bisognava allora star fermi fin dall'inizio e rinunciare a ogni possibile cambiamento? Evidentemente no. L'unica era mettersi lì con determinazione e fare il possibile per sbloccare le cose. La seconda metà del 2004, per esempio, se ne è andata così. Fino a quando l'11 novembre, dopo l'ennesimo rinvio proprio da parte del Cipe dell'annunciata approvazione finale degli atti necessari alla realizzazione della linea C, ho scritto al presidente del Consiglio Berlusconi per ribadire come Roma e i romani non meritassero ulteriori ritardi, né impegni non mantenuti, specie trattandosi di una fondamentale scelta strategica per lo sviluppo e la crescita della città, per dare risposta al problema del traffico e della mobilità.

Qualche settimana dopo, il 20 dicembre, è arrivata la notizia dello sblocco dei fondi da parte del Cipe, e noi a quel punto non abbiamo perso tempo: il 14 febbraio 2005, all'Auditorium, insieme al presidente della società del Comune Roma Metropolitane, Chicco Testa, abbiamo presentato il bando della gara e sottolineato come con i suoi 3 miliardi di euro di investimento fosse la seconda grande opera italiana, per valore economico, dopo il fantomatico ponte sullo stretto di Messina. Portarla a termine sarebbe stato un dovere, per «unire» la città, per dotarla di una rete di metropolitane degna di questo nome. A tal proposito, nell'ottobre dello stesso anno sono iniziati i lavori per la realizzazione della linea B1, per collegare piazza Bologna a piazza Conca d'Oro, con un prolungamento poi spostato ulteriormente fino a piazzale Jonio, con quattro chilometri e mezzo di binari in galleria e quattro nuove stazioni, a servire, in un tempo che alla fine sarà ragionevole e che rappresenterà un risultato troppo poco sottolineato, un'area densamente abitata che aveva un estremo bisogno di veder compiuta quest'opera. E più avanti, nel marzo del 2007, sarebbe stato pronto anche il progetto preliminare della linea D, inserita nel Piano regolatore: venti chilometri e ventidue stazioni per unire la città storica a nord con i quartieri Talenti, Montesacro e Salario e a sud con Trastevere, San Paolo, Marconi, Magliana e l'Eur.

A questo punto, per tornare alla linea C, dopo l'appuntamento dell'Auditorium sono arrivate le offerte e si è costituita una commissione di gara, con al suo interno un ex presidente e un ex vicepresidente della Corte costituzionale. L'affidamento a un unico soggetto, un «general contractor» previsto dalla Legge obiettivo e stabilito con un criterio misto tra ribasso e altri fattori come il tempo di realizzazione, è arrivato un anno dopo, nel febbraio del 2006. Senza alcun ricorso da parte delle altre imprese concorrenti, senza la minima contestazione di aspetti formali o sostanziali. Una cosa unica, per il nostro Paese. A dimostrazione della serietà del modo con cui siamo andati avanti. È così che tre mesi dopo siamo arrivati, appunto, ai primi cantieri con i primi rilievi archeologici. Con la piena consapevolezza, ripeto, che in una città con la storia e con il patrimonio ancora nascosto di Roma sarà proprio questo l'aspetto più delicato da affrontare. E che perciò, fatto il lavoro per rimettere in moto la macchina, il percorso sarà ancora lungo e difficile.

Anche per questo, mentre lavoriamo a quel che ci sarà, pensiamo al tempo stesso a migliorare quel che già c'è. A cominciare, per esempio, dai nuovi treni per potenziare la linea A. Il primo è entrato in funzione il 12 gennaio 2005. Dopo aver percorso i settecento metri che dal deposito di Osteria del Curato lo separavano dalla stazione di Cinecittà, poco prima di mezzogiorno ha aperto le porte ai pochi passeggeri in attesa – un altro treno era passato un attimo prima svuotando la banchina –, i quali, una volta entrati, si sono ritrovati di fronte il sindaco, l'assessore alla Mobilità Mario Di Carlo e i vertici di Atac e Met.Ro. Ma la sorpresa più grande, probabilmente, è stata per loro essere accolti da questo treno bianco con i sedili arancioni, senza più separazione tra un vagone e l'altro, tecnologico e silenzioso, dotato di videosorveglianza, di monitor per trasmettere immagini e informazioni e di aria climatizzata. Lo ha costruito una società spagnola, ne ho parlato anche con Zapatero quando è venuto in Campidoglio per la firma della Costituzione europea, magnificando le qualità del prototipo che ci avevano già consegnato. E oltre alla bellezza e al comfort, la cosa più importante è che nel giro di qualche mese l'arrivo di altri convogli – alla fine saranno trentanove – permetterà di rinnovare il servizio sull'intera linea e di ridurre l'attesa, nelle ore di punta, a due minuti fra l'arrivo di un treno e l'altro. Altri sei treni così, peraltro, nel giugno del 2007 andranno a rafforzare e a rendere più efficiente la linea Roma-Ostia Lido.

Lo stesso obiettivo, ovviamente, ce lo siamo posti e ce lo poniamo non solo per la metropolitana, ma anche per il trasporto di superficie, insieme al presidente dell'Atac Fulvio Vento. Con le linee degli autobus che in questi anni passeranno da 266 a 360, con il rinnovo del parco vetture che permetterà quasi di dimezzarne l'età media – più o meno da nove anni e mezzo a cinque anni e mezzo – e con il completamento nel 2007 della fornitura di quattrocento nuovi autobus a metano. E a proposito di vetture non inquinanti, con la linea 90 Express che porta dalla stazione Termini a largo Labia, a Fidene, nel marzo del 2005 ha fatto la sua riapparizione un vecchio protagonista delle strade romane: il filobus elettrico. La sua ultima corsa era finita più di trent'anni prima, la notte del 2 luglio 1972, lungo la linea del 47 che dal lungotevere Marzio muoveva verso Monte Mario. Avanzava la modernità, il tempo delle auto private si stava affermando a grande velocità, il problema dei consumi e dell'inquinamento non era ancora d'attualità e tra gli ambientalisti c'era addirittura chi trovava i fili elettrici che servivano ai filobus decisamente antiestetici e invadenti, per cui il fatto che finissero in soffitta, anzi dentro qualche deposito, non sollevò alcun rimpianto. Ora è tutto diverso, per combattere smog e polveri sottili anche questo ritorno può essere utile.

Del tutto nuove, invece, sono le 285 paline elettroniche «intelligenti» che grazie al sistema satellitare di controllo degli autobus iniziano a offrire a chi si trova alle fermate – cosa inimmaginabile solo fino a qualche anno fa, che ci colloca al secondo posto tra le città europee, secondi solo a Londra – informazioni in tempo reale, certe e precise, sui minuti di attesa, così come su eventuali deviazioni delle corse o sulla viabilità. E a proposito di fermate, proprio nel corso del 2006 iniziano a essere installate nuove pensiline coperte, fatte di cristallo temperato, resistenti e ignifughe, con un piano d'intervento che dovrà portare in pochi mesi a superare quota mille. Per di più a costo zero, perché la società che ha vinto la gara internazionale si è impegnata a installare e a curare gli impianti a proprie spese, mantenendo in cambio i ricavi degli spazi pubblicitari allestiti sulle stesse strutture. Quando prendiamo questa decisione, il nostro pensiero è rivolto ai pendolari e agli anziani che spesso attendono al freddo l'arrivo del mezzo.

Insomma, quella di sostenere il trasporto pubblico e di migliorarne in tutti i modi l'offerta, in una città che rischia di soffocare per la presenza del più intenso traffico veicolare di tutto il Paese, con una media di seicentosessanta automobili ogni mille abitanti, è una scelta convinta e strategica. Anche per questo estendiamo la limitazione e il controllo elettronico di accesso al centro storico nelle ore notturne, anche a Trastevere, San Lorenzo, Testaccio e Monti. Sono ventidue gli accessi alla Ztl, la zona a traffico limitato, disposti lungo il perimetro del centro. L'area complessiva interessata è di sei chilometri quadri, con una riduzione della circolazione all'interno della stessa di circa il 15 per cento, in base alle valutazioni effettuate. È anche grazie a tutto questo, peraltro, che a Roma, dopo tanto tempo, si registra – lo abbiamo già accennato – una riduzione dell'inquinamento da benzene, monossido di carbonio e ozono, che riusciamo anche a portare al di sotto dei limiti europei, mentre si riducono notevolmente le polveri sottili.

Non c'è dubbio: la cura del ferro e la mobilità sostenibile possono davvero essere garanzia di una migliore qualità della vita.

41

La rielezione: «Orgogliosi di essere romani»

29 maggio 2006

In camera sì, d'accordo, ormai sono rassegnato al volere dei dottori e ho accettato il fatto che non posso uscire per andare a votare al solito seggio della scuola vicino casa mia. A letto, però, no. È pur sempre un momento che ha la sua «sacralità». Quando il presidente del seggio speciale allestito per l'occasione mi consegna la scheda elettorale e una grande busta gialla in cui riporla, mi alzo in piedi e il mio voto lo do così, appoggiato al tavolino che si trova a fianco del letto. Pochi secondi, il tempo di sbarrare una casella. Una stretta di mano a lui e alla scrutatrice, una breve chiacchierata, e poi il resto della domenica – è il 28 maggio 2006 – lo passo in ospedale, nella stanza 101, al decimo piano del policlinico Gemelli. È il quinto giorno di degenza: sono ricoverato da mercoledì, per un violento attacco di calcoli renali che ha comportato infezione e febbre molto alta. Ne soffro da quando sono in Campidoglio, nelle ultime settimane i dolori sono diventati pesanti e per sopportarli mi è stato anche inserito un sondino. È proprio quello, però, ad aver causato l'infezione e la necessità di un intervento per la sua rimozione. Quello, e lo stress fisico degli ultimi giorni, perché rispetto al solito ritmo di lavoro, già perennemente frenetico, sto affrontando un impegno in più: la campagna elettorale per le consultazioni amministrative che decideranno se a essere sindaco di Roma sarò ancora io o sarà il mio sfidante di centrodestra. Così ho tenuto duro, sperando tutt'al più di crollare subito dopo il voto, come era successo con l'attacco di appendicite e l'operazione di cinque anni fa. Invece niente, non sono riuscito. Dopo una giornata nel XX Municipio, con iniziative al parco Papacci, a Due Ponti sulla Cassia, al circolo dei dirigenti Enel a Tor di Quinto, alla cattedrale de La Storta ormai febbricitante e infine all'Olgiata per un ultimo comizio portato a termine non so come, nella notte a casa sono stato malissimo e siamo dovuti correre al Gemelli.

Le campagne elettorali, si sa, sono inevitabilmente faticose, comportano un dispendio notevole di energie. Rispetto ad altre del passato, però, questa volta la mia è stata anche più breve, limitata ai trenta giorni «ufficiali» e persino qualcosa di meno, considerando che la manifestazione di apertura alla Fiera di Roma sulla Cristoforo Colombo si è svolta il 4 maggio. D'altra parte, quando la scadenza era ancora lontana, ho chiarito subito che avrei continuato a fare fino all'ultimo giorno possibile solo ed esclusivamente il sindaco e che anche dopo, a competizione iniziata, non avrei certo smesso di pensare innanzitutto al mio primo compito, quello di amministrare la città e di occuparmi di tutti i romani, senza distinzioni.

Scelta assolutamente voluta e comunque l'unica possibile, perché se mi fossi dovuto calare nella parte del candidato e concentrarmi sulla vicenda elettorale avrei dovuto farlo – cosa per me da escludere, anzi da non prendere nemmeno in considerazione – da diversi mesi, visto che già a settembre sui principali quotidiani si è cominciato a discutere attorno agli scenari non solo delle elezioni politiche di primavera, ma anche di quelle amministrative immediatamente successive. Per quel che riguarda Roma, un sondaggio della Ipsos di Nando Pagnoncelli testava due nomi: il mio e quello di Gianni Alemanno, ministro delle Politiche agricole nel governo Berlusconi. Ovvio che, nonostante io allora pensassi a tutt'altro, per esempio alla sede della Fondazione «Dopo di noi» da aprire di lì a due giorni e alla ormai imminente cerimonia per la consegna della cittadinanza onoraria al presidente Ciampi, un minimo di attenzione si era rivolta anche verso questa notizia, non fosse altro perché il solerte ufficio stampa del Campidoglio l'aveva messa in bella evidenza in apertura della rassegna quotidiana. Altrettanto ovvio che il 67 per cento delle intenzioni di voto che il sondaggio mi assegnava, contro il 33 del possibile sfidante, mi facesse piacere. Ricordo che a darmi particolare soddisfazione, però, era stato un altro dato: quello relativo al gradimento dei romani rispetto al lavoro dell'amministrazione, con il 77 per cento degli intervistati che si dichiarava molto o abbastanza soddisfatto. Un consenso che secondo Ipsos era con tutta evidenza trasversale, includendo anche l'opinione di tanti romani abituati a votare per il centrodestra. A riprova di ciò, una settimana dopo il «Secolo d'Italia», storico quotidiano del Movimento sociale e ora di Alleanza nazionale, pubblicava in prima pagina un articolo dal titolo *Il veltronismo, una sfida per la destra* in cui, riferendosi in particolare alle iniziative culturali ma allargando anche il discorso, si parlava espressamente di un sindaco «non solo imbattibile, ma anche molto bravo». E a dicembre un nuovo sondaggio Ipsos allargava la forbice con Alemanno attestando un 68 a 32 per cento e soprattutto raccontava di un giudizio positivo dei romani salito addirittura al 79 per cento, con il 61 per cento di elettori di centrodestra che dichiaravano di apprezzare il nostro lavoro.

D'altra parte negli ultimi anni le valutazioni più che lusinghiere sulla città nel suo complesso si sono davvero sprecate. Già a dicembre del 2002 Roma aveva fatto un balzo in avanti di quattordici posizioni, passando dal trentacinquesimo al ventunesimo posto, nella autorevole classifica della qualità della vita nelle città italiane stilata da «Il Sole 24 Ore». Alla fine dell'anno successivo era stato invece il Censis a inserire la Capitale al secondo posto – dodici in più rispetto al 2001 – nella graduatoria delle città in base alla «vivacità economica del territorio». Proprio mentre «Il Sole» aggiornava ancora i suoi dati sancendo lo storico ingresso di Roma nella top ten della classifica, all'ottavo posto.

Ad aprile ero comparso sulla copertina della famosa rivista americana «Time» insieme ai miei colleghi sindaci di Londra, Parigi, Berlino e Stoccolma, elogiati in quanto esempi di buon governo delle grandi città. In quel momento, nell'autunno del 2005, erano tanti i motivi per i quali potevo essere soddisfatto e non pensare alla futura competizione elettorale. Potevo continuare, al di là di quella che comunque sarebbe stata una mia ferma convinzione, a fare il mio mestiere senza starmi a preoccupare né dei sondaggi, né della lunghissima e più o meno veritiera lista di aspiranti candidati del centrodestra che a leggere i retroscena sui giornali avrei dovuto affrontare. Sì, perché a parte quello di Mario Baccini, esponente dell'Udc e ministro della Funzione pubblica, e di Alemanno, nelle settimane successive per Forza Italia si sono fatti i nomi del ministro degli Interni Giuseppe Pisanu, dell'ex presidente del Coni Mario Pescante, del giornalista Alessandro Cecchi Paone, del capo della Protezione civile Guido Bertolaso e dell'europarlamentare Alfredo Antoniozzi. E il nodo non si è sciolto fino alle elezioni politiche del 9 e 10 aprile, con l'Unione davanti al centrodestra per un soffio e la formazione, con numeri risicatissimi al Senato, di un nuovo governo presieduto da Romano Prodi, dopo il primo dell'Ulivo. Elezioni che per quanto riguarda Roma ci hanno consegnato ulteriori motivi di fiducia, perché il centrosinistra è tornato ai livelli massimi della sua storia ed è andato bene – questa per me è stata la cosa più importante – in particolare nelle periferie, con il 59,2 per cento conquistato al Tiburtino, il 58 a Tor Pignattara, il 56,7 a Cinecittà, solo per fare alcuni esempi.

Nonostante la sconfitta abbia portato a un certo punto a far circolare i nomi, come possibili candidati del centrodestra a Roma, anche di Fini e Casini e persino dello stesso Berlusconi, alla fine il 21 aprile i giornali hanno potuto annunciare che la scelta era caduta, come previsto, su Gianni Alemanno. Io, a essere sincero, in quel momento continuo a non sentire molto, psicologicamente ed emotivamente, la campagna elettorale che sta per iniziare. Un po' perché come ho detto sono assorbito dal lavoro di sindaco e un po' perché comunque sono certo che la cosa migliore da fare sia affrontarla con serenità, senza dar vita a una versione «bonsai» delle elezioni politiche che si sono appena concluse e mantenendo al contrario un profilo amministrativo e «civico». Con la convinzione che i romani sappiano bene cosa abbiamo fatto e di cosa ha bisogno la città per continuare a crescere in modo armonico, dal punto di vista economico e della coesione sociale, in centro e in periferia, come è successo negli ultimi cinque anni.

Anche i manifesti che abbiamo preparato riflettono questa impostazione, questo spirito: non ritraggono me, ma persone qualsiasi di diverse età, sorridenti, con in mano una foto che racconta i simboli della rinascita di Roma. Un signore anziano esibisce la polaroid che ritrae uno dei «Pony della solidarietà» a rappresentare la città inclusiva; una ragazza mostra dei bambini, a significare l'aumento esponenziale degli asili nido in città; l'immagine del nuovo passante a nord-ovest, simbolo con i nuovi bus e le nuove metropolitane dei grandi interventi sulla mobilità, è affidata a una giovane donna; un ragazzo fa vedere il Tevere restituito alla navigazione e un uomo di quarant'anni propone la fotografia dell'Auditorium come simbolo delle grandi opere che stanno cambiando il volto di Roma. Tutti indossano la fascia tricolore, a ribadire il concetto che ogni cittadino è in qualche modo un sindaco della città e che tutto quello che si è raggiunto è il risultato di un proficuo lavoro di squadra a cui tanti hanno contribuito. Lo slogan che tiene insieme l'intera campagna è semplice e riassume il senso di quello che siamo e che facciamo: «Orgogliosi di essere romani». Uno slogan che interpreta il sentimento dei cittadini in quel momento. Un sentimento raro, difficile da conquistare.

Il programma che abbiamo presentato alla Città del Gusto il 6 maggio non è certo, in questo senso, un «libro dei sogni», come a volte succede. È la concreta prosecuzione, delineata in trenta punti, di quanto abbiamo fatto fin qui e di decisioni già prese. Ho avuto modo di esporlo anche nel corso di un faccia a faccia con Alemanno, che si è svolto nella sede dell'Acer, l'associazione dei costruttori romani, una settimana prima del voto. Il secondo confronto, da Enrico Mentana a *Matrix*, si sarebbe dovuto svolgere il venerdì precedente al voto, ma è successo quel che è successo e invece che in uno studio televisivo mi sono ritrovato in una stanza d'ospedale. Annullata quindi la trasmissione e annullate anche, almeno per me, le manifestazioni di chiusura della campagna elettorale. Sì, non mi sono sbagliato: «le» manifestazioni. Abbiamo deciso, infatti, di non farne una sola, nella solita grande piazza del centro, ma di tenerne cinque contemporaneamente, coinvolgendo altrettante zone di periferia: via Vinci vicino al Santa Maria della Pietà, largo Nimis a Labaro, largo Brambilla a Tor Bella Monaca, largo dei Ravennati a Ostia e via Gino Cervi a Vigne Nuove. Mi è pesato molto non esserci, ovviamente. Mi ha confortato sapere che la partecipazione è stata grande e festosa ovunque, grazie anche alla presenza di artisti fantastici che avevano dato già da tempo la loro adesione e di altri che si sono aggiunti spontaneamente quando hanno saputo del mio ricovero. Carlo Verdone a Labaro e Roberto Benigni a Vigne Nuove, per esempio. Mi hanno raccontato, e poi ho letto dalle cronache dei giornali, che Roberto sul palco si è scatenato come suo solito, facendo – come direbbe lui – «schiantar dal ridere» tutti con la scherzosa confessione del suo amore per me e della nostra storia, raccontata anche dai rotocalchi rosa, «durata poco, ma intensa e passionale». E poi c'è stata mia moglie Flavia che, arrivata in motorino con Martina al Pincio, dove c'era un'altra iniziativa delle donne romane, ha tenuto l'unico «comizio» della sua vita per portare il saluto del sindaco, ed è stata bravissima. Queste cose, insieme all'affetto che mi è arrivato da ogni parte, tra telefonate e visite strappate al permesso dei dottori, mi hanno sostenuto parecchio, in questi giorni. È venuto anche Francesco Totti e ci siamo detti «in bocca al lupo» a vicenda, lui a me per le elezioni, io a lui per i Mondiali in Germania che stanno per iniziare. Una lettera, tra i vari messaggi di tanti amici da tutto il mondo, mi è arrivata da un giovane leader democratico degli Stati Uniti che mi augura di ristabilirmi in fretta e pienamente. L'ho conosciuto durante il mio ultimo viaggio a Washington, è l'unico afroamericano eletto al Senato, si chiama Barack Obama. E poi mi hanno scritto, e mi hanno mandato disegni, tanti bambini. Una di loro, di tredici anni, dal reparto di Neurochirurgia infantile ha voluto rassicurarmi dicendo di sapere bene anche lei cosa si prova quando si sta male, ma che con l'aiuto dei dottori bravissimi di questo ospedale entrambi guariremo presto.

Lunedì mattina, il 29, proprio guarito ancora non sono,

ma dopo aver insistito un bel po' e aver promesso che la sera sarei diligentemente rientrato, i dottori mi hanno dato il permesso di uscire per seguire l'esito del voto, che comincerà a essere chiaro dopo le tre, orario di chiusura delle urne. Un pranzo leggero a casa, quindi, e poi in Campidoglio, nel mio studio, ad aspettare i risultati con lo staff e un po' di assessori, quelli che non sono al Palladium, alla Garbatella, dove è riunito il grosso del comitato elettorale. È lì che telefono in viva voce, verso le sette e mezza, per dire che sì, dopo la terza proiezione che conferma il dato delle prime due, e cioè che siamo tra il 60 e il 61 per cento dei voti, possiamo annunciare di aver vinto, possiamo darci appuntamento in piazza Santi Apostoli, come cinque anni fa. Sto un po' peggio fisicamente dell'altra volta e salgo sul palco lentamente, è vero. E ho sul serio rischiato di fare la fine di Dorando Pietri, che si accasciò a pochi passi dalla vittoria nella maratona olimpica di Londra del 1908. L'importante, però, è che stasera è di nuovo festa. Una festa durante la quale riesco anche a prendere il microfono e a parlare, perché è impossibile non farsi tornare le energie, vedendo così tanta gente felice e soddisfatta. Il dato finale, 61,4 per cento contro il 37,1 per cento di Alemanno, con punte ancora più alte in molte zone di periferia, nei quartieri popolari – rispetto a cinque anni fa a San Vittorino siamo aumentati del 15 per cento, a Santa Maria di Galeria di oltre il 13, a Torre Angela e a Castel di Guido dell'11 per cento –, è straordinario. Così come è significativo il fatto che centoventicinquemila persone che non hanno scelto il centrosinistra e una delle liste che mi hanno sostenuto hanno esercitato il voto disgiunto e hanno scelto comunque me, noi. Un risultato straordinario, dicevo, ma al tempo stesso quasi «naturale», perché nato non dalle ultime settimane, ma da millecinquecento giorni di lavoro per Roma e per i romani, nei quartieri e nelle scuole, a confronto con i problemi veri e con i cittadini. Di questo lavoro possiamo davvero essere orgogliosi. E possiamo riprenderlo, possiamo continuare. Non proprio subito, visto che i medici mi hanno concesso solo un giorno di «libertà vigilata» e che domani mi toccherà sottopormi a un altro piccolo intervento per frantumare questi benedetti calcoli. Ma insieme alla nuova giunta – in realtà con pochi avvicendamenti: arrivano Jean-Léonard Touadi alla Sicurezza, Lia Di Renzo alle Politiche per l'infanzia, Dante Pomponi a occuparsi di Periferie e lavoro, Lucio D'Ubaldo a prendere il posto di Giovanni Hermanin al Personale e Gaetano Rizzo quello di Franco Cioffarelli al Commercio – possiamo continuare.

42

Il parcheggio del Pincio

25 settembre 2006

Oltre tre ore di discussione, una serie di emendamenti da approvare o respingere e poi, con trentacinque voti a favore e tredici contrari, nel pomeriggio del 25 settembre 2006 arriva il disco verde del consiglio comunale al parcheggio del Pincio: 726 posti auto dislocati su sette piani, il 70 per cento riservati ai residenti e ai proprietari di negozi, il 20 per cento ad affitto lungo e solo il restante 10 per cento a rotazione oraria, perché l'idea non è certo quella di attirare altre vetture private in centro. A partire da adesso, il tempo di bandire e assegnare la gara d'appalto, di aprire i cantieri e poi, dopo trenta mesi di lavoro, se tutto andrà come previsto, centinaia di macchine in sosta saranno tolte dalla strada e l'intera area di via del Babuino, via del Corso fino a largo Goldoni e via di Ripetta diventerà regno dei pedoni.

Sì, perché il fine non è il parcheggio in sé, ma è appunto quello di liberare completamente dalle auto il Tridente e tutta Villa Borghese, creando l'isola pedonale più grande e più bella d'Europa. È un disegno che rientra in una strategia più vasta e consolidata, andata avanti con le più importanti e recenti pedonalizzazioni della città: da piazza Capranica a piazza del Popolo, da piazza della Pilotta a piazza Sant'Ignazio. Restituire i gioielli di Roma ai romani e ai turisti: questo è stato costantemente uno dei nostri obiettivi e questo è il risultato al quale contribuirebbe in modo decisivo il parcheggio del Pincio.

Il progetto l'abbiamo presentato già alla fine di luglio del 2004, insieme all'assessore Di Carlo e a Chicco Testa, in quel momento presidente della Sta, l'Agenzia per la mobilità del Comune. C'è stata poi una battuta d'arresto, imposta non da qualche ritrovamento archeologico, perché i numerosi sondaggi effettuati fin qui hanno dato esito negativo, ma dalla questione delle rampe d'accesso, risolta insieme alle soprintendenze, scegliendo come unico passaggio per le macchine un'apertura di tre metri di larghezza e due di altezza da creare sulla seconda curva di viale Gabriele D'Annunzio, salendo dal lato del bar Canova. Adesso la strada è a senso unico a scendere, ma in funzione del parcheggio la prima parte diventerà a doppio senso di circolazione, proibendo la sosta e allargando la sede stradale.

Così come è accaduto e sta accadendo per la metro C o prima ancora per l'Auditorium, procedere d'intesa con le soprintendenze è fondamentale, perché per noi l'area del Pincio è «sacra». La sua storia affonda nella notte dei tempi. Anticamente ospitava così tante vigne che il luogo prese il nome da esse: *collis hortulorum*. Poi vennero le ville dei ricchi patrizi romani, tra i quali i Pinci. Più tardi ai piedi del colle sorse una piccola cappella, che all'inizio del XII secolo fu trasformata per volontà di papa Pasquale II nell'attuale basilica di Santa Maria del Popolo, chiamata così perché costruita con il contributo dei romani. Ancora alcuni secoli e, all'epoca di Napoleone – che a Roma non mise mai piede –, il giardino del Pincio fu trasformato in parco pubblico, diventando grazie al genio di Valadier uno degli scenari urbani più affascinanti al mondo.

Del fatto che ci stiamo muovendo nell'ambito di un patrimonio straordinario siamo perfettamente consapevoli, al punto di rispettare anche i dubbi e le perplessità di chi, come per esempio Italia Nostra, teme che il parcheggio possa arrecargli qualche danno. Si tratta di preoccupazioni legittime ma confutabili. Confutabili perché a lavori ultimati, tutto tornerà com'era, salvo l'apertura sulla rampa di destra della collina; e se ci saranno dei ritrovamenti archeologici, si cambierà in corso d'opera il progetto, inglobandoli al suo interno e rendendo anzi visitabile ciò che per secoli è rimasto nascosto sottoterra. E confutabili anche perché non si può avere così tanta paura dei cambiamenti al punto di non accorgersi dei benefici che essi apporterebbero. Il Tridente nasce dalle grandi idee urbanistiche del Rinascimento e diventa un modello dell'idea barocca e poi neoclassica della città. È giusto che questa meraviglia sia un parcheggio di lamiere? E d'altro canto: a place Vendôme non c'è forse un parcheggio? Nel cuore della Parigi storica non è stata collocata la piramide di Pei? Far scomparire le auto dalle strade dovrebbe essere un obiettivo condiviso da chi professa opinioni ambientaliste. Ma ancor di più da chi aspira a difendere la qualità del centro storico e il suo insediamento abitativo.

La verità, così a me sembra, è che siamo nel Paese con la sindrome *nimby* più acuta del mondo e che la vicenda del parcheggio del Pincio è il sintomo di un modo di affrontare le questioni pubbliche che contrappone la cultura del fare, della pazienza, della concretezza a quella del gridare, dei veti, della disinformazione. O comunque del conservare sempre tutto così com'è, a prescindere da qualsiasi altra considerazione. Alcuni affermano che nel sottosuolo di Roma non si possa fare nulla, per via dell'archeologia. Altri affermano che gli archeologi sono dei «signornò» antidemocratici. Non è vera né l'una cosa né l'altra. Chi pensa che Roma e il suo centro debbano restare senza parcheggi rinuncia a qualsiasi obiettivo di tutela dei beni culturali che stanno al di sopra del suolo. E infatti i veri esperti di tutela, cioè i corpi tecnici delle soprintendenze ai Beni culturali, non sono affatto contrari ai progetti di modernizzazione infrastrutturale, e sono da anni pienamente coinvolti nelle attività di verifica, di progettazione, di correzione in corso d'opera. Il grande compito di chi ha a cuore Roma è salvaguardare la sua storia e il suo patrimonio e insieme rispondere alla sfida dell'innovazione e della modernità alla quale una grande metropoli non può sottrarsi. È qui il senso del nostro lavoro per la città. E credo di poter dire che la crescita economica e l'aumentato prestigio di Roma a livello internazionale siano, di questo, testimonianza e dimostrazione.

Se si uscisse, quindi, da un clima di scontro «ideologico» e si privilegiasse la concretezza, sarebbe evidente a chiunque che una grande e complicata città come la nostra ha bisogno non solo di drastiche cure per l'aumento della mobilità collettiva su gomma e su ferro e per il disincentivo al traffico privato, ma anche di un coraggioso programma per i parcheggi. Perciò, se per quello del Pincio bisognerà attendere la fine di ottobre del 2007 per vedere il via delle prime operazioni di «carotaggio» del sottosuolo, in questi anni abbiamo ultimato e inaugurato 86 nuovi parcheggi e creato 9500 nuovi posti auto, arrivando a un totale di 113 strutture e di circa 12.000 posti. E a questi si devono aggiungere i parcheggi di scambio, con i 1527 posti auto dei quattro che abbiamo realizzato – compreso l'ampliamento del Galoppatoio – e i circa 13.000 posti dei 31 gestiti dall'Atac. Importante, per ottenere questi risultati, è stato il fatto di aver modificato praticamente subito la convenzione prevista per il Piano urbano parcheggi (Pup), affidando più responsabilità ai Municipi e cercando di garantire norme di maggiore trasparenza e certezza dei tempi di realizzazione, con un display luminoso in ogni cantiere a segnare il conto alla rovescia dei giorni mancanti alla conclusione delle opere. È stato così per il parcheggio da 640 posti della circonvallazione Cornelia, vicino alla stazione della metro A, inaugurato già a dicembre del 2001. E così anche per quelli di via Volsinio, nel II Municipio, e di via Stefano Jacini, nel XX, inaugurati a metà dicembre del 2002, pochi giorni prima di quello di Vitinia, nelle vicinanze della stazione della Roma-Lido, e soprattutto di quello multipiano da 1480 posti di Osteria del Curato, direttamente collegato al capolinea della metro A di Anagnina. E potrei continuare, ricordando il parcheggio del Pup in piazza Amba Alagi, nel quartiere Trieste, inaugurato ad aprile del 2003; quello di scambio in via Lucio Secondo, vicino all'altro capolinea della metro A, Battistini, a novembre dello stesso anno; quello di via Michele Carcani il mese dopo, nei pressi di Porta Portese, sempre nell'ambito del Pup; i due entrati in funzione a novembre del 2004 alla Garbatella, in via Padre Semeria e in piazza Biffi, e quello di via Guidubaldo del Monte, vicino a piazza Euclide, che con i suoi tredici piani interrati – più due in superficie – è il parcheggio più profondo d'Europa. Inoltre ci sono importanti progetti avviati, che riguardano per esempio lo snodo di Arco di Travertino. E poi piazza Cavour, oggetto di un intervento che ha almeno un triplo significato, perché realizzare il grande parcheggio interrato consentirà di ricostruire l'unità della piazza sul progetto di Nicodemo Severi, direttore negli anni Venti del Servizio giardini; di liberarne una parte dalle auto restituendola ai pedoni; di far proseguire i giardini fino all'uscita del Palazzaccio, eliminando l'anello che oggi la rende una specie di circuito di Monza.

Insomma, ciò che vogliamo e che facciamo – anche con il nuovo Piano parcheggi approvato a luglio del 2007, che diminuirà a 209 le localizzazioni rispetto alle 700 del vecchio Pup, aumentando al tempo stesso a più di 41 i posti auto – è disincentivare l'uso dei mezzi privati e favorire quello dei mezzi pubblici, togliere le macchine dalle strade e metterle in parcheggi che servano innanzitutto ai residenti. A migliorare la qualità della loro vita e a restituire a Roma tutta la sua bellezza.

43

Storie

17 ottobre 2006

Sono passate da poco le nove e mezza del mattino, è una giornata che sembra come tante altre. La cosa più originale che ho in agenda la sto facendo proprio in questo momento, prima che inizi a squillarmi il telefono, mentre mi trovo sulla piazza del Campidoglio per ricevere il presidente del Ghana, arrivato a Roma in visita ufficiale. Rispondo, è il prefetto Achille Serra: c'è stata un'esplosione nella metropolitana, sotto la stazione di piazza Vittorio. Mi dice che mi richiamerà entro due minuti per farmi sapere qualcosa di più. Due minuti terribili e interminabili, durante i quali riesco appena a scusarmi con l'ospite africano, a salire di corsa le scale dell'ingresso di Sisto IV e a entrare nella mia stanza per rispondere a un'altra telefonata, il tutto pensando quello che chiunque teme da tempo, dopo le bombe di Madrid e di Londra: sarà un attentato, sarà il terrorismo fondamentalista che stavolta ha scelto la nostra città per mostrare la sua barbarie e seminare morte. Alzo la cornetta e no, non si tratta di questo, ma di uno scontro fra treni. È comunque una cosa tremenda, si temono morti e di sicuro i feriti saranno molti. Mi precipito sul posto e pur nella concitazione si capisce che la macchina dei soccorsi è già in moto e funziona bene. L'area è transennata, ci sono i vigili urbani e c'è la polizia, ci sono tante ambulanze e soprattutto sono arrivati in pochissimo tempo i vigili del fuoco, che sono scesi immediatamente nel tunnel. Scendo anche io, voglio vedere con i miei occhi. Devo.

È un'altra situazione, ma la mente va subito a via Ventotene. L'angoscia è la stessa. È tutto un incastro di lamiere, di vetri in frantumi e di persone adagiate a terra che vengono soccorse, medicate e riportate in superficie, alcune sostenute a braccio, altre trasportate con le barelle. I primi racconti sembrano avvalorare la dinamica: un treno era fermo per far scendere e salire i passeggeri quando un altro è sopraggiunto urtandolo fino al punto di entrargli dentro di un paio di metri. Il macchinista del secondo convoglio è ferito ma miracolosamente vivo, anche se a guardare com'è ridotta la sua cabina nessuno potrebbe crederci. Per una giovane donna, invece, non c'è stato niente da fare. Probabilmente era appoggiata alla parete di fondo, magari leggeva, e non ha fatto in tempo ad accorgersi, a buttarsi a terra, a ripararsi in qualche modo.

La scena è davvero agghiacciante. Bisognerà capire cosa è successo, se è stato un guasto tecnico o se si è trattato di un errore umano, di un'incomprensione tra la centrale operativa e il conducente riguardo l'indicazione di procedere lentamente in presenza di un semaforo rosso, come sembrerà emergere nelle ore successive. Torno in Campidoglio. Sento i vertici aziendali, che escludono un problema meccanico dei convogli. Anzi, bisogna ringraziare il fatto che entrambi erano del nuovo tipo, quelli spagnoli, più forti e resistenti, non suddivisi in vagoni, cosa che avrebbe creato un effetto a catena e messo a rischio anche l'incolumità dei passeggeri più lontani. Nel pomeriggio vado all'ospedale San Giovanni, dove sono ricoverati molti dei feriti, che per fortuna non sono in pericolo di vita, anche se una giovane giapponese è in condizioni gravi. Il pensiero, però, va in continuazione a quella povera ragazza: si chiamava Alessandra Lisi, aveva trent'anni, era una ricercatrice e stava andando al lavoro nel quartiere Prati, in un centro studi sui difetti congeniti. Viveva a Pontecorvo, vicino a Frosinone, con la madre Angelamaria, il padre Antonio e il fratello Luca.

Li vado a trovare il giorno dopo, voglio portare il cordoglio e l'affetto di tutta Roma a un papà e una mamma colpiti in modo così tremendo da un dolore che le parole non possono neanche lontanamente esprimere. A pensarci bene nemmeno esiste, la parola giusta. Si perde un marito o una moglie e si è vedovi. Viene a mancare un genitore e si diventa orfani. Ma quando muore un figlio non si è e non si diventa nulla. Non c'è un termine in grado di racchiudere tanto strazio. Persino il linguaggio ha pudore, rimane muto, silente. La signora Angelamaria mi fa vedere le foto di Alessandra. Sono tante, alcune scattate durante le sue ultime vacanze. E sempre c'è quel sorriso, ci sono quegli occhi luminosi. Credere a chi mi racconta di quanto fosse brava Alessandra, di quali valori portasse con sé, di quanti progetti e sogni avesse, dopo aver visto quelle foto diventa la cosa più naturale del mondo. La mattina dei funerali, il 20, la chiesa di San Bartolomeo è piena di gente commossa e stretta attorno alla famiglia di Alessandra, che come in tutti quei giorni è di una compostezza e di una dignità più uniche che rare, grazie anche a una fede immensa che non l'abbandona mai. Vorrei fare qualcosa per loro e così, facendo leva sulla sensibilità di monsignor Leonardo Sapienza, mi adopero affinché la settimana dopo Angelamaria possa incontrare papa Benedetto XVI. È una cosa a cui tiene tanto, e riuscire a realizzare questo desiderio è per me una gioia: il dolore certo non potrà scomparire, ma le parole affettuose del papa sono per lei di straordinario conforto.

Per me, invece, il sostegno più grande, il motivo di

maggior fiducia, viene dal modo in cui la città ha reagito di fronte a questa tragedia, con una sobrietà e una partecipazione che davvero non mi sorprendono più. E comunque, se avessi avuto bisogno di un'ulteriore dimostrazione, mi è arrivata la mattina del 19 ottobre, due giorni dopo l'incidente. Alla stessa ora, alle nove e mezza, mi sono fatto lasciare alla fermata della metropolitana di piazza Vittorio. Dovendo andare a una riunione di industriali dalle parti di Anagnina, ho deciso di raggiungere così il luogo dell'appuntamento. Sono salito su un treno, senza scorta né persone al seguito, con una signora che mi ha riconosciuto e che nel modo più naturale del mondo mi ha detto: «Ma che bello, Walter, *siedite* qua vicino a me». Si è presentata come Teresa, anzi Teresina, e poi è stata la volta di Stefano, uno studente, di Anna che lavora in banca e di tanti altri, che hanno fatto a gara nell'esprimere solidarietà e comprensione per quel che è successo. Sì, il mio è un gesto che vuole avere innanzitutto un valore simbolico, di solito corro in lungo e in largo per la città con la macchina di servizio, altrimenti non mi basterebbe una giornata di quarantotto ore. Ed è anche un modo per ringraziare Roma e i suoi cittadini: le ragazze rumene che viaggiavano anche loro su quel treno e che hanno aiutato i feriti, i cingalesi della zona che hanno accolto nei loro negozi chi aveva bisogno, i tassisti che hanno fatto saltare i turni pur di assicurare la possibilità di spostarsi nell'inevitabile trambusto di quei momenti, chi passava e si è fermato a dare una mano, i soccorritori. Tutti, davvero tutti.

Roma è questo. È in momenti simili, più che mai, che dimostra cosa vuol dire essere una comunità aperta e solidale. Non mi stancherò di dirlo, e di pensare che questa è la sua più straordinaria caratteristica, che noi vogliamo far crescere e rafforzare sempre di più. È il motivo – anche qui mi ripeto, lo so – per cui resto convinto che non esiste un problema troppo piccolo perché il sindaco non possa trovare il modo di occuparsene. Specie se riguarda l'esistenza concreta delle persone. Se mette in gioco la loro stessa vita. Roma ha tre milioni di abitanti. Occuparsi di ognuno di loro con la stessa attenzione è impossibile, è evidente. Ma negli anni lo sforzo continuo e quotidiano è stato quello di esserci il più possibile. Ovunque servisse, in qualunque momento la nostra presenza fosse necessaria, esserci. Facendo sentire ai cittadini la vicinanza delle istituzioni, anche dal punto di vista umano, nel modo più immediato e sincero. E il recente esito del voto, in fondo, ha dimostrato proprio questo: i romani hanno capito e apprezzato.

Di momenti così ce ne sono stati parecchi, del resto. Alcuni – che poi racchiudono storie, nomi e vite di persone in carne e ossa, ed è questo a renderli unici – li abbiamo ripercorsi, a cominciare proprio da via Ventotene o dall'uccisione di Nicola Calipari. Altri vengono alla mente ripensando a questi anni.

Simone Renoglio, per esempio. Il vigile del fuoco, un altro, morto il 14 gennaio 2003 per salvare una vita umana. Aveva trentacinque anni, era nato e cresciuto a Ostia, aveva il mare nel sangue ed è il motivo per cui aveva scelto di entrare nel nucleo specializzato dei sommozzatori. Quella mattina un sub era rimasto intrappolato nelle acque del Tevere mentre controllava le condizioni della diga dell'Enel all'altezza di Castel Giubileo, a nord di Roma, dopo le piene dei giorni precedenti. Per cercare di salvare il collega, i tecnici della sua ditta avevano aperto le paratoie e la corrente era diventata ancora più forte, ma Simone, accorso con la sua squadra, non aveva esitato un attimo a fare quel che doveva: si era immerso, riuscendo a passare una fune e un moschettone al sub, Paolo De Iure, e consentendogli di essere tirato su in superficie ferito, ma vivo. A differenza sua, estratto in condizioni disperate dalle acque torbide del fiume e morto poche ore dopo all'ospedale Villa San Pietro, sulla Cassia, lasciando la moglie Rita e un bambino di cinque anni, Gabriele. Il giorno della cerimonia funebre, nella chiesa Regina Pacis di Ostia, il caposquadra Paolo De Santis ha commosso le migliaia di persone presenti raccontando come quella mattina i sommozzatori del turno B fossero partiti per la diga «allegri come sempre». «Pensavamo di poter imbrigliare le forze della natura» ha aggiunto, «ma non è stato così. Ci siamo trovati come soldati in trincea, piccoli piccoli come formichine, allora abbiamo deciso cosa dovevamo fare e Simone lo ha fatto più di tutti.»

Che poi, l'altruismo e la moralità di quel «dover fare» spesso arrivano anche da dove mai si penserebbe. È successo la notte del 14 dicembre 2004, vicino alla stazione Ostiense. Cinque ragazze, universitarie fuori sede, erano appena uscite da una discoteca e aspettavano un taxi quando sono state improvvisamente aggredite da due uomini che volevano rapinarle. Una, Antonella, ha provato a reagire per non farsi strappare la borsa, ma è stata colpita con due pugni al volto, cadendo a terra. A quel punto dal nulla è sbucato un uomo, piccolo, piuttosto malridotto, che gridando «Lasciatele stare» e «Scappate» ai due delinquenti e alle ragazze si è messo in mezzo, per impedire che le cose finissero nel modo peggiore. Le studentesse, così, sono riuscite a fuggire, mentre la rabbia degli aggressori si è rivolta contro di lui. Lo hanno massacrato a colpi di spranga, lasciandolo sul marciapiede in fin di vita. Qualcuno, senza il suo stesso coraggio, ha visto e pur non intervenendo ha almeno chiamato la polizia, permettendo l'arrivo dei primi soccorsi e il ricovero immediato al Cto della Garbatella. Lì si è scoperto che l'uomo che ha messo in gioco se stesso per senso della giustizia e spirito di solidarietà si chiama Natale Morea, ha cinquantasei anni, è originario di Massafra, in provincia di Taranto, e a Roma vive come può. Insomma, è un clochard, una persona senza fissa dimora, un «barbone», come si dice con un termine che non mi piace perché contiene qualcosa di sprezzante. Proprio questa vicenda, il gesto eroico – potrà sembrare retorico, ma non saprei come altro chiamarlo – di Natale, contiene una testimonianza: i più deboli, quelli come lui, i vinti dalla vita, gli uomini e le donne che vivono in solitudine e senza affetti, sono spesso i più inclini a soccorrere chi ha bisogno d'aiuto, a rifiutare l'ingiustizia, a non rifugiarsi dentro la scorza dell'indifferenza.

Una generosità così grande e spontanea andava riconosciuta e, per quanto possibile, restituita. Per questo, dopo essere andato a trovarlo all'indomani dell'accaduto, quando non era ancora cosciente, sono tornato da lui a metà gennaio, insieme alle cinque ragazze, per consegnargli le chiavi di un appartamento a Torre Angela messo a disposizione dall'Acer, l'Associazione dei costruttori, e per dirgli che non appena ristabilito una cooperativa che si occupa della manutenzione del verde pubblico gli avrebbe offerto anche un lavoro. Ed è stato bello, ricordo, vedere non solo il suo sorriso e il riaccendersi in lui di una speranza dopo tante sofferenze, ma anche, sul comodino vicino al suo letto, le lettere scritte da tantissime persone per ringraziarlo di quel che aveva fatto, con quelle colorate e piene dei disegni dei bambini a spiccare in mezzo alle altre. Come a dire che in una città che dimostra di sapersi prendere cura di ogni individuo, nella quale si cerca di far sì che nessuno si senta solo, in particolare se è in una condizione di difficoltà o se gli accade all'improvviso qualcosa che rischia di travolgergli l'esistenza, è più facile che senso civico e solidarietà siano non l'eccezione, ma la normalità.

Quel «qualcosa» che è piombato addosso la vigilia di Natale del 2003 alla signora Lucia Treccioli, la mamma di

Paola Bianchi, la ragazza che collaborava con la Rai e che amava tanto l'Africa, lasciata senza vita in un angolo buio del Gianicolo dalla persona che era con lei quando si è sentita male; che ha colpito la famiglia, moglie e due figli, di Maurizio Notargiacomo, il tabaccaio ucciso da due balordi che tentavano una rapina nel suo negozio la mattina del 16 aprile 2004 nel quartiere Giardinetti, sulla Casilina; che ha stravolto i genitori di Paolo Seganti, il giovane ucciso nel parco delle Valli l'11 luglio 2005 perché omosessuale; che il 26 aprile 2007 investirà i familiari di Vanessa Russo, la ragazza di Fidene di ventitré anni uccisa in modo assurdo, trafitta a un occhio con la punta di un ombrello, da due giovani rumene dopo un diverbio all'interno della metropolitana, sulla banchina di Termini; e che l'11 novembre dello stesso anno porterà via alla famiglia Sandri il figlio Gabriele, «Gabbo», che amava la musica e la Lazio, ferito a morte in un autogrill vicino ad Arezzo da un colpo di pistola lasciato partire da un agente di polizia, mentre era seduto sul sedile posteriore della macchina che lo stava portando a Milano, per seguire in trasferta la sua squadra del cuore.

A tutti loro abbiamo fatto sentire la nostra vicinanza e la nostra solidarietà. Non solo nel momento immediato, quello più duro e doloroso. Anche dopo, nei mesi successivi, quando i riflettori si spengono e troppo spesso succede di restare soli. È in questi momenti che può servire, e credo sia servito, istituire una borsa di studio a nome della persona cara che non c'è più, dedicarle un viale o un piccolo parco, sostenere la nascita di una fondazione che svolga attività contro la violenza e per diffondere i valori positivi dello sport in sua memoria. Sono le cose che abbiamo fatto in questi casi e che ribadiscono il senso del nostro impegno per rendere Roma una comunità unita, accogliente e solidale.

Questo impegno tante volte è servito a risolvere positivamente alcune storie, a dar loro un lieto fine. Per esempio quella che a maggio del 2005 ha visto protagonisti la piccola Maria Francesca, di cinque anni, e il suo cane Fiocco, un grande maremmano bianco scomparso mentre la mamma accompagnava la bambina a scuola, vicino a Santa Maria Maggiore, legandolo come d'abitudine a un lampione di via Manin per qualche minuto. Non trovandolo più, sono scattate le ricerche, con foto volantinate per strada e annunci di ogni tipo, mentre la piccola piangeva e si rifiutava di mangiare, disperata per non avere più con sé il suo migliore amico. Quando la notizia è arrivata a Monica Cirinnà, che dirige per il Comune l'Ufficio per i diritti degli animali, sono stato a mia volta informato e anche noi ci siamo messi in moto, insieme a vigili urbani e polizia. Fino a quando diverse segnalazioni hanno portato a rintracciare una nomade avvistata qualche giorno prima dalle parti di piazza di Spagna con un grosso cane, nomade che a sua volta ha indicato una casa in via dello Scalo Tiburtino dove Fiocco è stato ritrovato. Con le zampe infangate e il muso sporco, più grigio che bianco, destinato inevitabilmente a un bagno che non lo avrebbe fatto contento, ma pronto a tornare dalla sua padroncina, che al settimo cielo per la felicità ha potuto riabbracciare il suo – così l'ha chiamato – «fratello peloso». E concedersi di nuovo un pranzo, a base di pennette ai quattro formaggi, un uovo alla coque e una mela.

Succede anche questo a Roma. Che ci si impegni per far ritrovare la serenità a una bambina e alla sua famiglia. Che ci si occupi, visto che una cosa non esclude l'altra, non solo dei problemi più grandi, ma anche di questioni apparentemente, ma solo apparentemente, minori. Perché, l'abbiamo detto, «non esiste un problema troppo piccolo...».

Quella sera, in Campidoglio, mi portano i risultati del sondaggio che periodicamente commissioniamo per valutare la nostra attività: dopo più di cinque anni la popolarità del sindaco supera l'80 per cento, una cifra davvero incredibile. E la soddisfazione per l'operato dell'amministrazione nel suo complesso è attorno al 60 per cento. In tutto il periodo della mia esperienza di sindaco il giudizio positivo oscillerà costantemente tra il 62 e l'82 per cento. Numeri che premiano la fatica del lavoro di tutti noi. E fotografano lo stato d'animo di una città orgogliosa di se stessa.

44

I conti tornano, nonostante tutto

3 febbraio 2007

È quasi una tradizione, o almeno capita spesso, che i bilanci, le manovre finanziarie, tutto ciò che ha a che fare con le casse e i rendiconti di uno Stato o di un Comune venga approvato dopo una maratona notturna di diverse ore. Con il bilancio del Comune per il 2007, votato dall'Aula Giulio Cesare quando il 3 febbraio è iniziato da qualche ora, anche noi confermiamo questa regola. L'eccezione, semmai, è che siamo la prima città a tagliare il traguardo in così largo anticipo, considerando che per quest'anno la scadenza è fissata al 31 marzo. Un anticipo che vale doppio, perché si parla di una manovra ampia e articolata, con un valore complessivo della spesa corrente di 3,3 miliardi di euro e un piano di investimenti per il triennio 2007-09 che vale 2 miliardi e mezzo. Con un segno preciso di equità, perché è vero che l'Irpef si allinea dopo tanti anni a quella degli altri Comuni italiani e passa dallo 0,2 allo 0,5 per cento, ma è altrettanto vero che gran parte di questo aumento serve a sostenere trasporto su ferro e ambiente e che dal punto di vista sociale le tariffe rimangono invariate, l'Ici resta la più bassa d'Italia e le duecentottantamila famiglie più bisognose si ritroveranno ad avere 45 euro in più al mese, grazie a un ampio sistema di detrazioni ed esenzioni dai tributi locali – Ici e Tarsu – concordato insieme alle parti sociali.

D'altronde, se c'è stata una costante nei nostri bilanci approvati nel corso degli anni, è stata proprio questa: nonostante tutto, da una parte non diminuire mai le spese per i servizi ai cittadini e in particolare per le fasce più deboli e per le periferie, e dall'altra continuare a sostenere gli investimenti necessari ad assicurare la crescita economica e lo sviluppo infrastrutturale di Roma. Dove quel «nonostante tutto» vuol dire, essenzialmente, nonostante i tagli alle risorse che ogni anno il governo di centrodestra ha inflitto ai Comuni italiani e nonostante il particolare trattamento – quasi un privilegio al contrario – riservato a Roma, capitale per quanto riguarda gli oneri da sopportare e al di sotto di una città qualsiasi al momento di considerare gli «onori», in primo luogo i finanziamenti e i poteri per decidere su se stessa, che dovrebbero spettarle proprio per questo suo ruolo.

A ogni modo, noi siamo sempre andati avanti per la nostra strada. Sin dal primo bilancio, approvato all'alba del 21 dicembre 2001, anche in questo caso in anticipo rispetto alla scadenza stabilita, per dare alla città un segnale di serenità e di sicurezza nel clima complessivo di incertezza dopo gli attentati dell'11 settembre: una manovra da 3 miliardi e 393 milioni di euro per le spese correnti e più di un miliardo e mezzo per gli investimenti, con un ampliamento di sgravi ed esenzioni su Ici e tassa sui rifiuti per circa centoquarantamila famiglie a basso reddito. Stesso copione l'anno successivo: niente riduzione di spesa per politiche sociali e servizi e niente aumenti di tasse e tariffe, nonostante la forte diminuzione dei trasferimenti correnti da parte sia dello Stato sia della Regione – in tutto 154 milioni di euro in meno – e i vincoli pesanti imposti dalla Finanziaria del governo Berlusconi, con gli enti locali che si sono visti tagliare un miliardo e 600 milioni di euro. È la «scure» del ministro dell'Economia Giulio Tremonti, che si è abbattuta sui governi di prossimità anche alla fine del 2003 e che ha punito ancora una volta Roma più di ogni altra città italiana, visto che il taglio dei trasferimenti statali è stato questa volta di 92 milioni di euro, vale a dire il 10 per cento in meno, mentre per Milano e Napoli ci si è attestati su 16 e 12 milioni, pari rispettivamente al 3,6 e al 4,8 per cento in meno.

D'altronde, come l'assessore al Bilancio Marco Causi – che è bravissimo e fa i salti mortali per riuscire a far quadrare i conti – e il ragioniere generale Francesco Lopomo non si stancano mai di ripetermi, i trasferimenti correnti al Comune di Roma da parte di altri enti pubblici ogni anno hanno avuto il segno «meno» davanti, così che il loro ammontare complessivo, pari a 1500 milioni di euro nel 2002, è sceso in cinque anni a 1230 milioni, con una perdita di circa 270 milioni. E sempre con una considerazione «speciale», però in negativo, per Roma: i soli contributi statali assegnati nel 2006, per esempio, sono valsi 286 euro per ciascun cittadino romano, contro i 544 euro per cittadino ricevuti da Napoli, i 395 di Palermo e i 321 di Milano. Vuol dire, tanto per esser chiari, che se si volesse rispondere a un improvviso soprassalto di giustizia e di perequazione con quest'ultima, Roma avrebbe diritto a un aumento dei contributi ordinari da parte dello Stato di almeno 100 milioni di euro. Roma come Comune ordinario, si badi bene, senza considerare gli oneri aggiuntivi che nascono dalle funzioni di capitale e che ricadono sul bilancio della città e sui suoi contribuenti.

Tutte le capitali del mondo assolvono funzioni specifiche per il proprio Paese. Basti pensare al fatto che ospitano, di necessità, i cortei e le manifestazioni sindacali e politiche di portata nazionale, e che devono garantire un'attenzione particolare di vigilanza e di decoro intorno ai tanti luoghi istituzionali presenti nella città. Un esempio sono le ambasciate dei Paesi stranieri. E Roma è l'unica capitale al mondo in cui esistono non soltanto le rappresentanze estere presso il Paese ospite, ma ben tre circuiti di ambasciate: presso l'Italia, presso il Vaticano e presso la Fao. Il buon funzionamento della città capitale, delle sue infrastrutture e dei suoi servizi, ha effetti positivi per il Paese, non solo in termini di immagine internazionale ma anche perché rende migliore e più efficiente il lavoro che le strutture del governo centrale svolgono per l'intero territorio nazionale. In tutto il mondo le città capitali hanno forme di governo locale speciali e differenziate rispetto a quelle ordinarie e ottengono risorse aggiuntive giustificate dal loro ruolo e dalle particolari funzioni che svolgono.

In tutto il mondo ma non in Italia. E ciò soprattutto durante i governi che si sono succeduti fra il 2001 e il 2006, fino alla ferita più grave, quella della riduzione prima e dell'azzeramento poi dell'unico fondo aggiuntivo previsto per Roma, destinato agli investimenti e legato alla legge speciale per Roma Capitale del 1990.

Dopo la riforma nel 2001 del Titolo V della Costituzione, con l'articolo 114 a dire che «Roma è la Capitale della Repubblica» e che «la legge dello Stato disciplina il suo ordinamento», lungo la strada di una legge ordinaria per regolare questa «specialità» non si è di fatto andati avanti. Per un motivo essenzialmente politico: l'ipoteca della Lega Nord e del suo segretario Umberto Bossi, anche ministro per le Riforme, sul governo di centrodestra. Un'ipoteca, un condizionamento, talmente forte da rendere puntualmente parole al vento le rassicurazioni date più volte dallo stesso Berlusconi di voler procedere nella giusta direzione, concedendo a Roma i poteri, l'autonomia e i finanziamenti che le spettano per il suo ruolo di capitale d'Italia. Rassicurazioni datemi personalmente nel primo incontro che abbiamo avuto a Palazzo Chigi per discutere di questo, il 9 agosto 2001, grazie al solito prezioso lavoro di preparazione fatto dal sottosegretario alla presidenza del Consiglio, Gianni Letta. Rassicurazioni ripetute nel colloquio successivo il 27 febbraio 2002 e in tutte le altre occasioni di confronto che abbiamo avuto, sempre accompagnate dai complimenti e dal riconoscimento del lavoro svolto nell'organizzazione dei grandi eventi, che ci sono costati in media 55 milioni di euro l'anno.

È quindi una storia di impegni presi e non rispettati, una storia di ingratitudine verso Roma, quella scritta tra il 2001 e il 2006. Solo con la nascita del governo Prodi nella primavera di quell'anno ci si è posti sul corretto binario. La legge per Roma Capitale è stata finalmente rifinanziata, con 200 milioni all'anno per tre anni. Peccato che questo sarà, per come sono andate le cose negli anni successivi, l'ultimo intervento su quella legge, che dopo il 2008 sarà cancellata.

Per attuare la riforma costituzionale del 2001 il governo Prodi ha predisposto e presentato in Parlamento due importanti disegni di legge, i quali purtroppo non sono arrivati alla meta dell'approvazione a causa della caduta di quel governo e della fine anticipata della legislatura. In entrambi è presente un articolo interamente dedicato a Roma. Per il profilo normativo si prevede un perimetro di poteri nuovo e più largo, configurando la Capitale come una sorta di Comune a «statuto speciale» con un'ampia e decisiva autonomia regolamentare, mentre sul piano finanziario viene accolta la proposta che abbiamo fatto da tempo di coprire i costi connessi alla funzione di capitale con la compartecipazione al gettito di un tributo erariale.

Noi abbiamo fatto i nostri conti, anche con l'aiuto degli economisti dell'università La Sapienza coordinati da

Giorgio Alleva, futuro presidente dell'Istat. Nell'annuale Rapporto sull'economia romana, presentato a settembre del 2007 ai Musei Capitolini, abbiamo reso pubblica la stima del contributo che il solo settore del turismo romano produce per il gettito dei tributi statali, una cifra di un miliardo e mezzo all'anno. Basterebbe che una quota di questo gettito ritornasse alla città per poter finalmente superare l'handicap dei trasferimenti statali al Comune storicamente più bassi della media nazionale e mettere in atto tutte le azioni di manutenzione e di investimento di cui la città ha bisogno.

Basterebbe una compartecipazione all'Iva. Non si tratta di una proposta strampalata o bizzarra: in Germania le grandi città ottengono dallo Stato il 10 per cento dell'Iva versata sui loro territori. Fra l'altro, questo diventa un forte incentivo ai governi cittadini per promuovere lo sviluppo dell'economia e dell'occupazione, poiché ne ottengono un beneficio diretto. Un sindaco italiano invece, e soprattutto il sindaco di Roma, quando sostiene lo sviluppo della sua città, con la conseguenza di un aumento della popolazione residente e dell'afflusso dei turisti, deve affrontare molte spese addizionali ma non ha le fonti di entrata con cui farvi fronte.

Detto ciò, a ogni manovra di bilancio siamo riusciti a mantenere i livelli di spesa complessivamente invariati rispetto all'anno precedente e a salvaguardare in particolare i fondi per i servizi sociali e quelli per gli investimenti. In sette anni abbiamo impegnato 7 miliardi e 300 milioni di euro per gli investimenti necessari a proseguire il ciclo espansivo e a portare avanti opere pubbliche e infrastrutture, a partire dalle nuove linee della metropolitana. Molte di queste risorse sono state spese negli anni successivi – facciamo in questo capitolo una terza e ultima eccezione e portiamo lo sguardo un po' più avanti – da altri sindaci e altre giunte che hanno trovato i cantieri aperti e la copertura finanziaria già predisposta.

Siamo insomma riusciti a «farcela con le nostre forze». E questo è stato possibile grazie a una gestione quotidiana molto rigorosa delle finanze capitoline. Partendo dalle cose più piccole ma più simboliche, come una continua riduzione nel corso degli anni delle spese di rappresentanza del Comune, a cominciare dal fatto che il sindaco di Roma non ha una carta di credito comunale. Ma poi i tasti «suonati» per arrivare al risultato di «farcela con le nostre forze», non solo evitando di ridurre i servizi ai cittadini ma anzi aumentandoli, sono stati diversi.

Intanto una gestione molto attenta delle spese correnti di funzionamento. Il numero di dipendenti capitolini si è ridotto dai 26.300 del 2001 ai 24.460 del giugno del 2008. Poi una serie di regole molto precise – a cominciare da un controllo finanziario trimestrale e da una profonda riforma dei contratti di servizio – per migliorare la *governance*, l'efficienza e la trasparenza delle aziende partecipate concessionarie di pubblici servizi, perché non si può pensare di tenere sotto controllo il bilancio del Campidoglio senza fare altrettanto con i bilanci delle società partecipate. Ha inciso positivamente l'andamento dell'economia romana, che come abbiamo visto è cresciuta in questi anni più della media nazionale e ha così generato una tendenza positiva delle entrate. Ed è stata fondamentale la gestione efficiente dei tributi locali, per esempio con l'introduzione – prima grande città d'Italia a farlo – della Tari, la tariffa sui rifiuti che è andata a sostituire la precedente tassa sui rifiuti urbani, la Tarsu. A questo si è accompagnata una costante azione di semplificazione – Roma, come detto, è stata fra le prime città ad attrezzarsi per il pagamento online di tariffe e tributi – e di contrasto all'evasione. Il gettito dei tributi locali, alla fine, ha avuto un aumento strutturale di 400 milioni di euro. Così abbiamo compensato la riduzione dei contributi statali e portato l'autonomia finanziaria del Comune dal 56 al 70 per cento.

Un ulteriore contributo per far quadrare i conti è venuto dalla riduzione significativa degli oneri finanziari, e cioè delle spese per il pagamento degli interessi e per il rimborso del capitale collegate al debito del Comune di Roma. Una riduzione che ha creato risorse pari a circa 150 milioni l'anno, puntualmente destinati alla spesa per i servizi e per gli investimenti. Importante, per mettere in moto questo meccanismo di risparmio, è stata un'articolata operazione di ristrutturazione del debito finanziario, e cioè dei mutui con le banche che gravavano sul bilancio.

Il debito del Comune di Roma ammontava a 6 miliardi e 100 milioni nel 2001 e arriverà alla fine del 2007 a 7 miliardi: nessuna «voragine» quindi, ma anzi una crescita inferiore – 15 contro 20 per cento e per di più, non dimentichiamolo mai, legata agli interventi infrastrutturali che abbiamo visto – a quella del debito pubblico nazionale nello stesso periodo e un livello pro capite di 2549 euro per abitante, inferiore a quello di Milano e Torino, attestate rispettivamente su 2838 e 3190 euro. Ma si trattava, all'inizio, di un debito costituito da vecchi mutui bancari con tassi superiori al 7-8 per cento, talvolta anche al 10 per cento. I mutui risalivano agli anni Ottanta e Novanta ed erano serviti in prevalenza a coprire i deficit correnti di gestione del trasporto pubblico non solo romano ma di tutto il Lazio. Potrà sembrare incredibile, ma è proprio così: fino al 1998 il Comune di Roma aveva a suo carico il finanziamento del trasporto pubblico dell'intero Lazio. Fra il 2003 e il 2005 questi vecchi mutui sono stati sostituiti con un Boc, un buono ordinario comunale, simile in tutto e per tutto ai Btp, i buoni poliennali del Tesoro. Il tasso di interesse da pagare è sceso al 5 per cento, lo stesso livello che allora avevano i titoli pubblici nazionali, e dalla differenza fra i vecchi e il nuovo livello del tasso d'interesse sono scaturiti i risparmi. L'operazione è stata condotta seguendo alla lettera le procedure e i metodi adottati dal ministero dell'Economia nella gestione del debito pubblico nazionale, senza affidarsi a consulenze spericolate fornite dalle banche o da altri intermediari, che spesso in quel periodo hanno messo in difficoltà tante Regioni e tanti Comuni italiani.

Insomma, in questi anni è stato fatto tutto ciò che si doveva per tenere sotto controllo i conti del Comune senza rinunciare, in nome del solo rigore, a sostenere chi ha bisogno e a promuovere gli investimenti indispensabili per lo sviluppo della città. Con le risorse così ottenute è stato finanziato, in modo sostenibile, un ampliamento importante dei servizi pubblici essenziali – ne abbiamo parlato – in una città che partiva storicamente da livelli inadeguati. E tutti i relativi dati, sia per le entrate che per le spese, sono facilmente consultabili ed esposti in modo trasparente nel bilancio sociale del Comune di Roma, redatto per la prima volta nel 2006 e dopo di noi mai più elaborato e pubblicato. Peraltro, nel marzo del 2008 un ente indipendente di Milano, la Fondazione Civicum, farà un'analisi sulla chiarezza e trasparenza dei bilanci dei Comuni italiani applicando i criteri usati dalle società di revisione contabile per le imprese quotate in Borsa e inserirà nella prima fascia della graduatoria il Comune di Roma davanti a Milano, Torino e Bologna, insieme a Firenze e Trento.

Perché allora pochi mesi dopo le mie dimissioni da sindaco è scoppiata una crisi nel bilancio del Comune? Per motivi di liquidità, cioè di cassa, e non perché il bilancio fosse insostenibile o il debito troppo elevato. La crisi di liquidità era cominciata da due anni e aveva origine dalla Regione Lazio. La quale scoprì nel 2006 che negli anni precedenti la spesa sanitaria era andata fuori controllo e aveva creato un debito sommerso di svariati miliardi. La Regione è stata commissariata e sottoposta dal governo nazionale a un durissimo regime di controllo finanziario. A farne le spese sono stati i contributi che, per legge, la Regione trasferisce al Comune per il trasporto, l'assistenza, le politiche sociali e altro ancora. Il Lazio, insomma, smise di pagare il Comune. Noi non potevamo certo interrompere il funzionamento dei servizi, la città sarebbe stata messa in ginocchio. Cominciammo così fin dal 2006 ad anticipare i contributi regionali con le nostre disponibilità liquide, che sarebbero ovviamente state ristorate non appena i flussi dei pagamenti regionali fossero tornati alla normalità. A un certo punto però, dopo aver anticipato l'enorme somma di 1,2 miliardi di euro, il Comune di Roma aveva bisogno di liquidità.

Come si poteva risolvere questa crisi? Consentendo al Lazio, che intanto stava rimettendo ordine nella spesa sanitaria e in cambio otteneva risorse emergenziali dal governo, di impiegare una parte di queste risorse in settori diversi dalla sanità, come i trasporti e il sociale, ricominciando così a saldare poco a poco quanto il Comune aveva anticipato. Voglio ricordare che, quando lasciai il Campidoglio, era già pronto e firmato un decreto interministeriale che andava esattamente in questa direzione.

Il nuovo governo insediato dopo le elezioni del 2008 fece un'altra scelta. L'opportunità politica offerta dalla crisi di liquidità del Campidoglio era un'occasione troppo ghiotta per innescare una polemica contro chi era nel frattempo diventato il leader dell'opposizione parlamentare. La crisi di liquidità venne così trasformata in crisi da «extra-debito», producendo uno stigma nei confronti dei precedenti amministratori della Capitale da Romolo e Remo a oggi. Venne costruita artificiosamente una «massa debitoria» che aggiungeva ai veri debiti finanziari – i mutui, il Boc, le linee di credito per gli investimenti – tutta una serie di altre voci che in realtà erano impegni ordinari di spesa corrente del Comune. Per esempio i debiti commerciali, e cioè i pagamenti ancora da saldare alle imprese che avevano lavorato con il Comune. E poi una lunga lista di normali spese correnti. Oppure i futuri potenziali pagamenti che si sarebbero potuti manifestare se il Comune avesse perso tutte le cause e i contenziosi in corso. Si tratta in questo caso dei famigerati debiti fuori bilancio, che nascono soprattutto dalla travagliata storia urbanistica della città e dalla valutazione dei costi degli espropri. Negli anni della mia sindacatura le spese per questa voce, conseguenti a sentenze definitive della magistratura, oscillavano tra i 30 e i 50 milioni all'anno, avevano origine da contenziosi risalenti fino agli anni Sessanta e transitavano attraverso delibere da approvare in consiglio comunale, quindi con piena trasparenza e con obbligo di motivazione e rendicontazione.

Nell'accertamento della «massa debitoria» effettuato nel 2010 vennero sommariamente stimate in circa 2,1 miliardi di euro, aggiunte al vero debito finanziario e, soprattutto, sottratte a un processo di verifica pubblico e trasparente: da allora il riconoscimento dei debiti fuori bilancio del Campidoglio avviene senza passaggi in consiglio comunale, con procedimenti che restano rinchiusi nelle stanze della dirigenza amministrativa.

E infine alla «massa debitoria» vennero aggiunte tutte le somme anticipate dal bilancio comunale per i meccanismi che poco fa ho esposto; fino al lancio della mirabolante cifra di 22 miliardi di debito, ottenuta sommando anche gli interessi da pagare nei successivi trent'anni sul debito finanziario storico (con questo «metodo» il debito pubblico nazionale, aggiungendovi gli interessi da pagare nello stesso arco di tempo, oggi dovrebbe essere calcolato non al 132 ma al 257 per cento del Pil).

Intorno a queste cifre prodotte da una grande fantasia contabile fu orchestrata una dura campagna di comunicazione, mentre alcune norme legislative speciali consentirono di scorporare la «massa debitoria» dal bilancio del Campidoglio e di spostarla a carico di una gestione commissariale straordinaria. Il segnale che rivela la strumentalità dell'operazione è che mentre i piani di rientro – delle Regioni in deficit sanitario o dei Comuni in dissesto o pre-dissesto – sono meccanismi previsti dalle leggi e gestiti in via amministrativa, il piano di rientro dal «debito eccessivo» del Comune di Roma è stato l'unico nella storia ad aver avuto bisogno di un'approvazione attraverso apposite norme di legge, inserite in modo opaco nel decreto «milleproroghe» fra Natale e Capodanno del 2010.

La storia purtroppo non finisce qui. Molte delle somme spostate sulla «massa debitoria» erano impegni correnti, e così il bilancio ordinario del Comune ebbe due grandi benefici da quell'operazione: fu liberato in modo permanente dalle spese per il pagamento degli interessi sul debito storico (quello vero) e risparmiò una tantum su molti altri impegni di spesa. Il nuovo bilancio capitolino diventò così, quasi per magia, meno complicato da quadrare e più flessibile. Qualche anno dopo, nel 2014, la Ragioneria generale dello Stato ricostruisce in dettaglio l'intera vicenda in un documento ufficiale e mette in luce un dato impressionante. Le spese correnti del Comune nell'ultimo rendiconto che porta la mia firma, quello del 2007, erano di 3,2 miliardi, cinque anni dopo, nel 2012, diventano di 4,1 miliardi. Sono cresciute del 25 per cento, un fatto che è in evidente contraddizione con la campagna mediatica sul «buco» di bilancio che le amministrazioni precedenti al 2008 avrebbero lasciato. Il margine di movimento sul bilancio ordinario ottenuto dal Campidoglio grazie allo scorporo della «massa debitoria» fu usato solo per la spesa corrente e non per gli investimenti, e soprattutto per la lievitazione dei costi dei contratti di servizio delle aziende comunali, le quali intanto procedevano a un grande numero di assunzioni non sempre attraverso procedure legittime e trasparenti.

Non è un caso che a qualche anno di distanza la magistratura abbia individuato, proprio in diretta conseguenza dell'aumento di spesa, molti fenomeni di malcostume e di corruttela sanzionati in una serie di procedimenti giudiziari che si sono conclusi con la conferma delle accuse. Al di là delle responsabilità specifiche e personali, sulle quali non è ovviamente mio compito né mia volontà esprimere un giudizio, ritengo però che una valutazione storica possa ormai essere fatta: l'allentamento del vincolo di bilancio consentito al Comune grazie all'operazione *fake* del «debito pregresso» è diventato il migliore brodo di cultura di tipo «ambientale» per il progressivo e drammatico degrado delle condizioni amministrative del Campidoglio sfociato nelle inchieste sul «mondo di mezzo».

Se poi si pensa che a costruire la *fake news* sono gli stessi che hanno prodotto in pochi mesi di governo oltre 34 miliardi di crescita del debito, tutto diventa più chiaro.

45

La città dell'altra economia

29 settembre 2007

Solidale, equo, etico, responsabile, naturale. E anche: riuso, riciclo, risparmio energetico. Dalla mattina del 29 settembre 2007 queste parole, questi concetti, a Roma hanno una casa, hanno un luogo in cui materializzarsi e diventare un segno concreto, una pratica quotidiana. Un luogo particolare, suggestivo, che ha una lunga storia e che rappresenta uno straordinario esempio d'architettura industriale: il Mattatoio di Testaccio, nella parte del campo Boario.

Tutto cominciò quando, alla fine del XIX secolo, si decise di costruire un nuovo complesso per la mattazione del bestiame che prendesse il posto dei macelli esistenti, progettati sotto il pontificato di papa Leone XII. Situati alle spalle dell'attuale piazza del Popolo, erano interessati dalla nuova sistemazione viaria lungo il Tevere e furono comunque giudicati insufficienti alle esigenze di quella che da qualche anno era diventata la capitale del Regno. Per questo, nei programmi urbanistici e poi nel Piano regolatore del 1883, fu inserita la proposta di insediare un Pubblico Mattatoio nella zona di Testaccio, dove sarebbe dovuto sorgere un nuovo quartiere industriale, con le necessarie residenze «operaie». Nella seduta del 20 maggio 1887 il consiglio comunale scelse come sede un'area posta a ridosso delle Mura Aureliane, tra il Monte Testaccio e il fiume. Del progetto fu incaricato Gioacchino Ersoch, direttore della divisione III, Edilità e Architettura, del Comune di Roma. I lavori iniziarono nel maggio del 1888, con la costruzione del padiglione destinato alla pelanda dei suini, e durarono tre anni, dando vita a una struttura in quel momento tra le più moderne nel suo genere. Cosa dimostrata anche dal fatto che, al di là degli interventi di manutenzione e delle modifiche effettuate nel tempo, legate al progressivo aumento della popolazione e al maggior consumo di carne, il Mattatoio è rimasto in funzione per quasi un secolo. Fino al 1975, quando l'attività è stata trasferita all'interno del Centro carni nel quartiere Prenestino.

Ora, per il campo Boario, inizia una nuova vita. Dopo nemmeno due anni di lavori, iniziati il 15 dicembre 2005, nasce il primo spazio pubblico permanente in Europa dedicato alle economie alternative. Qui i cittadini avranno la sicurezza di acquistare merci che non sono state realizzate sfruttando l'uomo o danneggiando l'ambiente. Proprio qui, ai piedi del «monte dei cocci», quelli delle antiche anfore romane contenenti olio e grano provenienti dalle colonie dell'Impero romano, che non essendo smaltate all'interno non potevano essere riutilizzate e venivano quindi frantumate e «smaltite» così – più di cinquanta milioni, secondo le stime –, la Città dell'Altra Economia proporrà e venderà prodotti che rifiutano e condannano ogni forma di moderna schiavitù.

Commercio equo, dunque. Finanza etica, turismo responsabile, agricoltura biologica, energie rinnovabili, software libero. E anche un centro documentazione, uno spazio per seminari, mostre e spettacoli, un «biobar» e un «bioristorante». Tutto in tremilacinquecento metri quadri, duemilaquattrocento dei quali al chiuso, all'interno delle bellissime pese del bestiame e negli spazi reinventati tra il lungo portico di Ersoch e le tettoie del 1928, rari esempi romani di strutture in ghisa e ferro; spazi saldati insieme da nuove architetture realizzate all'insegna del rispetto e dell'armonia con gli edifici preesistenti, adottando criteri di eco-compatibilità, utilizzando materiali ecologici e assicurando un importante risparmio energetico attraverso pannelli solari e impianti fotovoltaici.

È un'autentica rivoluzione culturale, quella che vogliamo portare avanti. Qualcosa che peraltro non nasce dal nulla, perché da alcuni anni, sempre nell'area del Mattatoio, si svolge la Festa dell'Altra Economia. L'idea di un luogo stabile, di una vera cittadella dedicata a questi temi, alla vendita e all'acquisto di prodotti realizzati nei Paesi in via di sviluppo direttamente da cooperative di produttori, saltando la catena di distribuzione che non fa arrivare loro il giusto guadagno, ha preso forma proprio durante una di queste edizioni. Era il dicembre del 2002, ne ho parlato con padre Alex Zanotelli, al quale mi lega un rapporto di amicizia nato durante il mio primo viaggio in Africa, quando lui faceva miracoli quotidiani nella sterminata bidonville di Korogocho, a Nairobi, in Kenya. Da quel momento, insieme al Tavolo dell'Altra Economia, che comprende oltre quaranta associazioni e cooperative dell'economia equa e solidale, abbiamo lavorato al progetto, che ora è diventato realtà e che è accompagnato da altre iniziative concrete, come quella di introdurre progressivamente sempre più cibi biologici nelle mense delle scuole romane e di portare avanti campagne di sensibilizzazione e percorsi didattici tra i bambini e i ragazzi, perché facciano attenzione a non usare prodotti realizzati sfruttando il lavoro dei loro coetanei nelle aree povere del mondo.

Pensare alla crescita anche in termini di qualità e aiutare i cittadini a produrre e a consumare meglio è una scelta di modernità, e che ora ci sia un luogo unico a livello internazionale a sottolinearne il valore, è un'altra delle cose di cui Roma può essere orgogliosa.

46

La stazione Tiburtina e le altre grandi opere

2 ottobre 2007

Più che la posa della prima pietra, è l'inizio della demolizione di un vecchio edificio in mattoni rossi, di quelli inconfondibili delle Ferrovie dello Stato, con una gru dai giganteschi denti che affondano come niente fosse nel tetto e da lì scendono ai piani più in basso, staccando grossi pezzi di muratura. La sostanza, però, è la stessa: è il 2 ottobre 2007 e finalmente apre i battenti il cantiere della nuova stazione Tiburtina, quella dell'alta velocità. Vorrà dire, per essere pratici, arrivare a Milano e Venezia in tre ore e a Napoli in un'ora e dieci, con le stime che parlano di oltre cinquecento treni e settantamila passeggeri al giorno. Sarà una delle stazioni più importanti d'Italia, perché riporterà su ferro – la modalità con minore impatto ambientale ed energetico per trasportare persone e merci – gran parte del traffico che al momento verso nord è via aereo e verso sud su gomma. Sarà un'altra grande opera che renderà Roma più moderna ed efficiente, un'altra «perla» a segnare il ritorno nella Capitale della grande architettura. Il Comune ha definito il piano di assetto sulla base del quale le Ferrovie hanno indetto il concorso internazionale che ha assegnato il progetto allo studio di Paolo Desideri.

Noi, stamattina, ci troviamo nella grande spianata destinata a essere il punto d'arrivo della galleria vetrata che, a fianco del grande parallelepipedo, anch'esso di vetro, corpo centrale della stazione, si solleverà di sette metri sopra il fascio dei ventidue binari, ricucendo Pietralata e il quartiere Italia, storicamente separati dalla ferrovia. Ai binari si scenderà con le scale mobili, ma la galleria non avrà la funzione di un normale sottopassaggio con l'unica differenza di essere sospesa in aria, perché sarà un vero boulevard pedonale di trecento metri, con uffici e negozi, con bar, ristoranti e librerie. Un insieme di efficienza e leggerezza che rappresenterà la spina dorsale della nuova stazione «ponte» e al tempo stesso diventerà, con i suoi quarantottomila metri quadri, uno straordinario spazio aperto ai passeggeri e ai cittadini, agli abitanti della zona, che potranno appunto passare in pochi minuti – cosa prima impossibile, se non utilizzando in macchina il ponte di Portonaccio – da un quartiere all'altro. Insomma, stiamo davvero parlando di un'opera che contribuirà a dare forma a una visione della città che al progresso accompagna sempre l'apertura, l'unione, l'inclusione. Un'opera che è il prodotto di un'architettura capace di salvaguardare e valorizzare l'identità storica di Roma, ma al tempo stesso di introdurre un forte elemento di energia e di contemporaneità.

Per la grande architettura si tratta di un ritorno epocale, perché dopo il fascismo c'è stato un silenzio durato venticinque anni, seguito dalla parentesi delle Olimpiadi del 1960, con il Villaggio olimpico, il Palazzo dello Sport di Nervi e la Rinascente di Franco Albini e Franca Helg, e poi da altri trent'anni di immobilismo, con la qualità architettonica considerata sempre un'esigenza secondaria del costruire. Ora siamo nel pieno di una nuova stagione di creatività. C'è l'Auditorium di Renzo Piano, certo. E abbiamo già incontrato anche Rem Koolhaas con il suo progetto per reinventare gli ex Mercati generali, la Città dello Sport disegnata da Santiago Calatrava e l'innovazione del Palazzo delle Esposizioni dello stesso Paolo Desideri. Ma è davvero molto ricco, l'elenco delle opere firmate da grandi architetti realizzate, avviate o progettate in questi anni.

Potremmo iniziare dal pomeriggio del 26 ottobre 2003, quando in mezzo a moltissima gente, con tanto di maxischermi per consentire a tutti di vedere, abbiamo inaugurato a Tor Tre Teste, periferia est della Capitale, la chiesa di Dio Padre Misericordioso. È una delle cinquanta comprese nel piano che abbiamo messo a punto grazie a una proficua collaborazione con il Vicariato per creare, soprattutto in periferia, nuove parrocchie, nuovi fondamentali punti di riferimento per i fedeli e di aggregazione sociale per i giovani. Quella di Tor Tre Teste, in particolare, prima ancora del giorno dell'inaugurazione, è già stata eletta a oggetto di culto dalle più importanti riviste internazionali di architettura. E a vederla si capisce subito il perché: con il movimento creato dalle sue immense tre vele bianche ricurve, con il sorprendente e continuo gioco di spazi e luce, con l'effetto complessivo di incredibile leggerezza che riesce a dare, pur nella sua imponenza, tiene davvero fede alle parole che il suo ideatore ha pronunciato sei anni prima in Vaticano, presentando il progetto a papa Giovanni Paolo II: «Quelle vele ci condurranno verso il terzo millennio, verso un mondo nuovo». Non solo i cittadini del centro devono poter vivere la propria fede in luoghi bellissimi. Devono poterlo fare anche gli abitanti delle periferie, vecchie e nuove.

L'architetto è Richard Meier, è famoso in tutto il mondo e quando ci siamo incontrati la prima volta mi ha detto di aver guardato, come fonte di ispirazione, a Borromini: Sant'Ivo alla Sapienza per i suoi interni di luce e magia e San Carlo alle Quattro Fontane per i suoi spazi animati.

Mi ha anche confessato tutto il suo orgoglio per il fatto di essere il primo ebreo ad aver progettato una chiesa e soprattutto mi ha raccontato di avere uno stretto rapporto con la nostra città, dove si fermò due mesi nel 1959 per studiare e dove è tornato ogni volta che ha potuto, tanto da sottolineare di aver lavorato a questo progetto e di essere qui «non come un americano, come un newyorchese, ma come qualcuno che già amava Roma».

Quel «tornato», poi, ha anche un'altra fondamentale implicazione, perché proprio Meier, nel 2000, è stato scelto da Francesco Rutelli per progettare la nuova «casa» destinata a ospitare l'Ara Pacis, uno dei monumenti più belli e preziosi dell'antichità. Edificata per volontà del Senato romano tra il 13 e il 9 avanti Cristo per celebrare la fine delle vittoriose campagne di Augusto in Spagna e in Gallia, ritrovata nel XVI secolo durante gli scavi a Campo Marzio, l'Ara, un recinto di marmo finemente adornato con scene della mitologia romana, personaggi della famiglia di Augusto e una processione sacra, fu racchiusa nel 1938 in una teca di marmo e vetro progettata in tutta fretta dall'architetto Vittorio Ballio Morpurgo per celebrare l'imperatore a duemila anni dalla sua nascita, e ovviamente i fasti del fascismo. La teca, però, non la proteggeva dall'inquinamento, soprattutto quello creato dal traffico, molto aumentato nel corso del tempo, che la sfiorava sul lungotevere. Di qui la decisione di cambiare completamente l'ambiente destinato a contenerla: una struttura molto più ampia e complessa, un vero e proprio museo.

Il cammino per realizzare quest'opera, primo passo per la sistemazione di tutta l'area di piazza Augusto Imperatore, è stato però lungo e complesso, costellato da polemiche che a volte hanno avuto poco o nulla a che fare con l'architettura e più con la politica, con il candidato sindaco Alemanno a promettere che in caso di vittoria avrebbe «spostato in periferia» la teca, cosa del tutto irrealizzabile, oltre che profondamente sbagliata.

La nostra posizione, fin dal 2001, è stata invece quella di fare in modo che un progetto con autorizzazioni e pareri positivi di tutte le amministrazioni andasse avanti, con la massima apertura a miglioramenti e correzioni, in caso di disponibilità in tal senso dello stesso Meier. Alla fine siamo riusciti nell'intento, abbiamo vinto la sfida e il 21 aprile 2006 abbiamo riconsegnato ai romani l'Ara Pacis, da ammirare all'interno di una struttura assolutamente all'avanguardia, in un contesto di travertino e intonaco bianco, di vetro temperato e luce, soprattutto luce, che filtra dagli alti lucernai e irrompe dalle immense finestre che danno sul Tevere. È difficile, entrando, non provare serenità e non avere la percezione nitida che Roma sia davvero, insieme, antica e moderna, passato e futuro. D'altra parte in questa città è sempre stato così, i linguaggi architettonici si sono aggiunti gli uni agli altri, come quando di fronte al Pantheon fu eretta la fontana barocca di Giacomo della Porta o quando addirittura la potente famiglia dei Pierleoni non esitò a far costruire la propria residenza tra gli archi del Teatro Marcello. Le sovrapposizioni, le dissonanze e persino i contrasti non devono spaventare. Anche oggi, si può e si deve salvaguardare la storia e l'archeologia e insieme, con rispetto ma senza paura, aprirsi al nuovo.

A proposito di novità, poi, il Natale di Roma del 2006 è stato davvero speciale, perché, oltre all'inaugurazione dell'Ara Pacis, c'è stata anche quella dei primi otto padiglioni sui ventidue totali – dopo pochi mesi ne sono entrati in funzione altri sei – della nuova Fiera di Roma disegnata da Tommaso Valle. Si trova a Ponte Galeria, a cinque minuti dall'aeroporto di Fiumicino, e con un'area complessiva di quasi un milione di metri quadri, di cui un terzo a verde, e una superficie totale coperta di centottantaseimila metri quadri, prenderà il posto della vecchia Fiera sulla Cristoforo Colombo, ormai inadeguata a ospitare manifestazioni all'altezza del ruolo della Capitale. Avrà anche un centro congressi da quattromila posti e diventerà molto presto uno dei principali poli espositivi europei.

Il vero, nuovo, grande centro congressi, però, è sicuramente quello che nascerà all'Eur, tra via Cristoforo Colombo, viale Asia, viale Shakespeare e viale Europa, e che dopo un altro lungo e accidentato percorso vedrà la posa della prima pietra l'11 dicembre 2007. È la famosa *Nuvola* in goretex di trecentoventimila metri cubi, eppure lieve e trasparente, che galleggerà dentro una teca d'acciaio e vetro e ospiterà un auditorium sospeso di milleottocento posti e due sale congressuali. È nata dal genio di Massimiliano Fuksas, da una sua «visione» durante una vacanza in Grecia, guardando il cielo terso, completamente blu, senza nuvole, se non quelle che si potevano appunto creare grazie all'immaginazione. Dopo aver realizzato centoquaranta progetti in giro per il mondo, è la prima opera che Fuksas ha ideato per la sua città. E dell'emozione che questo gli ha procurato non ha mai fatto mistero, né nelle interviste che ha rilasciato in questi anni dopo aver vinto il concorso internazionale nel 2000, né durante le innumerevoli riunioni nel mio studio in Campidoglio, alle otto di mattina, cercando di risolvere l'infinità di problemi che si presentavano di volta in volta, a cominciare dal forfait della ditta che si era aggiudicata la gara d'appalto. E però non abbiamo mai mollato, convinti che a Roma servisse un'opera così, degna di una grande metropoli con una vocazione mondiale e straordinaria sia dal punto di vista funzionale, sia da quello artistico. Il risultato sarà un'opera che resterà nel tempo.

«Finalmente la città si è svegliata, ha cominciato a tuffarsi nel contemporaneo. Quando racconti tutte queste cose all'estero, la gente resta sbalordita. Ti senti dire: ma davvero a Roma si può fare tanto?» Non sono parole mie, anche se ovviamente le condivido in pieno e mi fanno molto piacere. Sono di un'altra grande firma dell'architettura, la francese Odile Decq, che ha vinto il concorso internazionale per ampliare e ripensare gli spazi della Galleria comunale di arte moderna e contemporanea Macro, negli ex stabilimenti della Birra Peroni, in via Reggio Emilia, quartiere Salario. Sarà un mix di vetrate e strutture in acciaio e cemento armato che andranno a quadruplicare gli attuali quattromilacinquecento metri quadri, con la creazione di quattro nuove sale espositive e di una grande terrazza giardino, una «piazza» che unirà città e museo. I lavori sono partiti a luglio del 2004 e sono andati avanti con regolarità fino a quando, nel corso degli scavi per ricavare il parcheggio sotterraneo da quasi duecento posti, non ci si è imbattuti in un grande masso di pietra e da lì in un'antica cava romana di tufo, datata VI secolo avanti Cristo. Di conseguenza, lo scavo è diventato archeologico e il cantiere si è bloccato fino ad aprile del 2007, quando finalmente è ripresa l'attività. A ogni modo, nell'attesa sono andati avanti, e abbiamo potuto fissare l'inaugurazione il 21 di quello stesso mese, i lavori per raddoppiare gli spazi museali all'ex Mattatoio, mettendo a regime un secondo padiglione e dando il via, così, a Macro Future.

Ancora un tassello e poi Roma sarà in grado di competere con New York, Londra, Parigi, Bilbao, le grandi capitali mondiali dell'arte e della cultura contemporanea. È il tassello più importante, è l'idea nata già quando ero ministro per i Beni culturali e poi portata avanti da Giovanna Melandri, che prese il mio posto e indisse la gara: è il Maxxi, il Museo nazionale delle arti del XXI secolo, che nascerà nelle ex caserme Montello di via Guido Reni, non lontano dall'Auditorium. Il progetto che ha vinto il concorso – e c'erano rivali del calibro di Norman Foster e Jean Nouvel – è di un'altra donna, la geniale architetta anglo-irachena Zaha Hadid, famosa per le linee sinuose e fluide delle sue opere e per la ricerca quasi spasmodica della sperimentazione e del movimento. E questo progetto, una «nave» di acciaio e cristallo dalle volumetrie sconfinate, in un percorso continuo e luminoso, non fa eccezione. Peccato che a non muoversi troppo, da quando i lavori sono entrati nel vivo e fino al 2006, siano stati i finanziamenti statali. Alla fine, comunque, per la città il Maxxi sarà più di uno scrigno delle cose eccellenti della contemporaneità. Sarà una fabbrica di cultura, un luogo di innovazione. Sarà, più che un museo, un cuore nuovo.

È questo il senso delle grandi opere, della grande architettura che abbiamo voluto riportare a Roma. Non basta, appunto, l'idea di una «città museo». È la qualità del cambiamento, è la bellezza che deve tornare a essere il segno distintivo di un luogo come questo. Tra il conservatorismo ideologico e l'incolta spregiudicatezza c'è una via centrale virtuosa, e noi la stiamo percorrendo. Il bello non è finito col Rinascimento. Il bello non è solo nel passato. È tra noi. Bisogna avere l'umiltà e la determinazione di cercarlo, trovarlo, realizzarlo.

47

Il diritto di vivere sicuri

30 ottobre 2007

Uno dei giorni più brutti. Quello che succede la sera del 30 ottobre 2007 è un fatto di inimmaginabile violenza ed efferatezza. Un vero, autentico orrore. E però, in qualche modo, era purtroppo nell'aria. Per ciò che è accaduto un mese prima, così come per altri episodi ancora precedenti e per una situazione complessiva che si è venuta delineando a partire dall'inizio dell'anno.

Il 26 settembre, quando ormai era notte, un piazzale sotto il cavalcavia della stazione Nomentana è stato teatro di una sparatoria, con una vittima – un'autentica esecuzione a freddo – e due feriti gravi trasportati d'urgenza al policlinico Umberto I e all'ospedale Sandro Pertini. La polizia non ci ha messo molto a stabilire che si tratta di tre rumeni e di uno spietato regolamento di conti tra bande rivali. In tanti anni non ho mai visto nulla di simile. Anche perché, in tanti anni, nulla di simile era mai avvenuto a Roma. È però vero che nei mesi precedenti il segno di un cambiamento si è visto. Anzi, più di uno. Ad agosto l'aggressione e la rapina al regista Giuseppe Tornatore, insieme a quella subita dalla consigliera municipale Carla di Veroli. E a ottobre, dopo due mesi di sofferenze, la morte di Luigi Moriccioli, il ciclista picchiato e derubato mentre percorreva la pista ciclabile di Tor di Valle. Denominatore comune dei tre episodi: il fatto che tutti gli aggressori, compresi alcuni minorenni, fossero rumeni.

Nessuna generalizzazione e men che meno un atto di accusa indistinto verso una comunità che nella sua maggioranza è composta da persone arrivate qui per lavorare e per integrarsi nel Paese e nella città che li ha accolti. Ma è un dato di fatto che l'adesione della Romania all'Unione Europea, il 1° gennaio 2007, ha comportato il massiccio ingresso in Italia di persone senza casa, senza lavoro e in diversi casi con precedenti penali in patria. Persone senza troppi scrupoli e pronte a delinquere, come è apparso presto evidente. I numeri non hanno bisogno di spiegazioni: tra gennaio e agosto, su 3557 arresti effettuati dai carabinieri, ben 2689 – il 75,7 per cento – hanno riguardato individui di nazionalità rumena.

È chiaro che è una cosa insostenibile, che la Romania si dovrà assumere le sue responsabilità oppure l'Europa dovrà discutere seriamente della situazione, perché non si può pensare di entrare a far parte dell'Unione e non farsi carico solidalmente della gestione dei flussi migratori. A giugno sono anche andato a Bucarest, a incontrare il primo ministro e il sindaco, per definire insieme un piano che agevoli il rientro in patria di quanti più cittadini rumeni possibile attraverso una serie di incentivi finalizzati a favorire le assunzioni da parte delle non poche imprese italiane che svolgono lì la loro attività. Operazione che darà i suoi frutti.

Altrettanto chiaro, al tempo stesso, è che il nostro governo dovrà prendere provvedimenti immediati, come quello che ho chiesto al ministro degli Interni, Giuliano Amato: la modifica della normativa sulle espulsioni, con la possibilità di affidare ai prefetti l'emissione diretta e immediata dei decreti; e non solo, come avvenuto finora, nei casi in cui venga messa a repentaglio la sicurezza della nazione, ma anche in presenza di forme di violenza su persone e cose. Perché il problema è grave ed è ampio, è a livello nazionale, non colpisce solo Roma. Tanto che in Consiglio dei ministri è in discussione un «pacchetto sicurezza» che il fronte compatto dei sindaci – siamo in prima linea e ci rendiamo conto meglio di altri di quel che sta succedendo – vorrebbe veder approvato il più presto possibile.

È in questo clima che si arriva al 30 ottobre. A questa sera maledetta. Giovanna Reggiani ha quarantasette anni, è una donna normale, con una vita normale. Ha trascorso il pomeriggio passeggiando in centro e facendo acquisti, terminati i quali non le resta che andare a prendere il treno della linea Roma-Viterbo, scendere alla stazione di Tor di Quinto e dirigersi a piedi verso casa, come fa abitualmente. Suo marito non c'è, negli ultimi tempi sta lavorando a La Spezia, è un ufficiale della marina. Sono le nove e mezza quando arriva al 113 la telefonata di un autista dell'Atac: un'anziana signora, da quel che gli pare di capire una rom, si è parata davanti al suo autobus gridando, piangendo e pronunciando un nome che non riesce a comprendere bene. Gli uomini della volante che in due minuti si precipita sul posto si incamminano dietro la signora, che, continuando a disperarsi, fa loro cenno di seguirla. Quando arrivano a un fossato poco distante, in un angolo buio notano quello che sembra essere, e in un attimo si rivela effettivamente, il corpo straziato di una donna. Un'ambulanza accorsa subito la trasporta, ormai in fin di vita, all'ospedale Sant'Andrea. I poliziotti seguono la testimone, ripete il nome urlando, pare dica «Mailat», o qualcosa del genere, mentre mima quel che ha visto: qualcuno ha preso sulle spalle la vittima e l'ha portata in una baracca di lamiera e cartoni lì vicino, ai bordi di un insediamento rom abusivo. L'area è completamente buia, si riesce ad avanzare solo con le torce: Nicolae Romulus

Mailat è sulla soglia, ha ancora il volto sporco di sangue e l'aria di chi è stupito di trovarsi di fronte gli agenti. Non sembra ubriaco, non oppone resistenza, e nonostante qualche tentativo di protesta di alcuni suoi connazionali rumeni viene caricato sulla volante e portato via. Ha ventiquattro anni, è arrivato in Italia da qualche mese. La polizia scientifica, intanto, trova nella baracca la borsa della donna con il portafoglio e i documenti: è Giovanna Reggiani. La sua lotta tra la vita e la morte, che ha un esito praticamente segnato in partenza per i colpi violenti subiti alla testa, dura meno di quarantotto ore, fino alle sette e mezza di sera del 1° novembre. Due giorni dopo, nel corso di una cerimonia funebre di eccezionale intensità emotiva nella chiesa del Cristo Re, i familiari – il marito Giovanni Gumiero, il padre Mario, la madre Francesca, i fratelli Luca, Maddalena e Paola – vivono il proprio dolore in modo composto e dignitoso, commovente. Da loro vengono parole che chiedono giustizia e mai vendetta, fermezza e mai intolleranza, rigore e mai odio. È la posizione giusta, guai a cominciare con una caccia indistinta: è con i rumeni che delinquono che bisogna agire duramente. Non con tutti i rumeni, perché non tutti sono uguali. Così come gli italiani, del resto.

Ma non ci si può girare attorno: la sicurezza è una grande questione nazionale, che riguarda in particolare proprio le grandi città. I sindaci, da soli, non ce la possono fare a fronteggiare gli arrivi di massa, con migliaia di persone che si adattano a vivere dove capita, spesso in condizioni inaccettabili; se vengono sgomberate dal greto del fiume si trasferiscono da un'altra parte, e fin qui non ci si è potuto far niente perché la legge non lo ha consentito. E quindi è giusto che il «pacchetto sicurezza» del governo, contenente anche le disposizioni sulle espulsioni e i rimpatri nel senso da me auspicato, diventi un decreto d'urgenza, come lo stesso Romano Prodi decide di fare proprio alla luce di quel che è successo a Tor di Quinto.

Ripeto: dall'inizio dell'anno qualcosa è cambiato, il clima complessivo è diverso. In tutto il Paese, non solo qui. Anzi, Roma continua a vantare livelli di sicurezza superiori ad altre città italiane e ad altre metropoli europee e mondiali. Lo hanno detto, ancora in questi mesi, il Rapporto annuale di Gallup Europe, il rapporto di Transcrime curato dalle università di Trento e Milano e l'Osservatorio sulla sicurezza della Regione Lazio. Lo ha ribadito anche un'indagine pubblicata da «Il Sole 24 Ore» poche settimane fa: Roma, nonostante abbia una superficie circa otto volte superiore a quella di Milano, si colloca costantemente dietro il capoluogo lombardo per numero di omicidi, rapine, furti in abitazione e borseggi. Considerando il rapporto per ogni centomila abitanti, siamo al trentatreesimo posto nel numero dei furti in casa, al trentesimo per quanto riguarda gli omicidi, al settimo per le rapine, dietro Napoli, Torino, Palermo e Milano.

Non solo: a maggio del 2006, la più ufficiale tra le fonti statistiche europee, Eurostat, ha stabilito che tra le grandi capitali Roma è seconda solo a Vienna per qualità della vita percepita dai suoi abitanti, e che per quanto riguarda l'aspetto specifico della sicurezza novanta romani su cento si sentono sicuri nel proprio quartiere e ottantanove in tutta la città. E il punto è esattamente questo: un luogo sicuro non è solo un luogo con un basso indice di criminalità. La questione della sicurezza non può e non deve essere separata dalla percezione che della stessa hanno i cittadini, perché l'insicurezza percepita non è un problema meno grave della criminalità «oggettiva». E poi, a proposito delle cifre, abbiamo il dovere di andare a vedere cosa si nasconde dietro di esse. Per il semplice fatto, pensando per esempio al termine «microcriminalità», che ciò che per la statistica è «micro» per la vita di una persona è un fatto sconvolgente, sia dal punto di vista del proprio patrimonio sia da quello delle emozioni, dei sentimenti di preoccupazione e di paura che un evento può generare. Anche perché una cosa va affermata con chiarezza: molto spesso, per non dire sempre, in questi casi a essere colpito più degli altri è chi già si trova in una situazione di difficoltà, in una condizione sociale svantaggiata. E allora battersi per la legalità significa stare dalla parte dei più deboli. Per chi minaccia il diritto dei cittadini alla sicurezza e alla legalità, per chi ruba alla società quel bene prezioso che è la serenità, c'è solo una risposta, ed è la severità con cui si deve pretendere che rispetti la legge e che paghi il giusto prezzo quando questo non accade, quale che sia la sua nazionalità.

I fenomeni di violenza e di criminalità impongono insomma una lettura del tutto nuova, fuori da ogni tipo di ideologia o strumentalizzazione. Nelle situazioni reali della vita, la parte più debole non è necessariamente identificabile seguendo gli schemi consueti. Al tempo stesso, responsabilità vorrebbe che su questi temi, su tutto ciò che ha a che fare con il diritto alla sicurezza dei cittadini, si abbandonassero le polemiche e le faziosità, e si cercassero soluzioni condivise. Non è una questione che possa essere affrontata inneggiando ai propri colori e cercando di sfruttare i problemi e il dolore di alcune drammatiche situazioni per interessi di parte.

Per quanto riguarda, per esempio, proprio i rom e gli insediamenti abusivi, diventata una questione ancora più «calda» dopo l'omicidio della signora Reggiani: chi vuole far credere che il problema sia solo nostro, o non è informato o è in malafede. Le stime parlano di centosessantamila nomadi che vivono in Italia. A Roma gli insediamenti ufficiali sono ventidue rispetto ai cinquantuno non attrezzati di dieci anni fa, per un totale di settemila persone. In questi anni abbiamo smantellato, tra gli altri, i campi abusivi di via di Tor Carbone, di viale Palmiro Togliatti e quello della Muratella, nato nel 1988 quando il sindaco Nicola Signorello decise di trasferire i rom che vivevano accampati lungo il Tevere: doveva essere una soluzione provvisoria e invece si è rimasti per quindici anni, fino all'agosto del 2003, in una situazione di totale degrado, tra cumuli di lamiere, roulotte fatiscenti e carcasse di auto arrugginite. E poi via anche i campi della Collatina Nuova, di via Marchetti, di Acqua Vergine e soprattutto di vicolo Savini, il più grande d'Europa: nel settembre del 2005 sono state trasferite ottocento persone, che vivevano in condizioni impossibili, all'interno di due villaggi attrezzati in zona Castel Romano-Pontina. Stessa sorte, ancora, per i campi di via Luigi Nono a Tor Sapienza, di Saxa Rubra e di Tor Pagnotta, di Villa Troili e di via dei Gordiani. È stato anche ampliato il villaggio attrezzato di Lombroso e creato il villaggio di via di Salone: quello che era uno dei campi rom più grandi e ingestibili è stato trasformato con prefabbricati, spazi sociali comuni e attività di gestione e controllo. Complessivamente, tra il 2001 e il 2006 sono state sgomberate 4392 persone. Solo nel 2007 anche di più: 6500. Negli ultimi due mesi, in particolare, sono state sgomberate – sempre individuando soluzioni alternative, ovviamente – 1326 persone da insediamenti abusivi e aree golenali del Tevere e dell'Aniene.

E mentre abbiamo fatto questo, abbiamo dato concretezza alla parola «integrazione»: quest'anno a iscriversi nelle 270 scuole coinvolte, da quelle dell'infanzia agli istituti superiori, sono stati 2070 bambini e ragazzi rom. Cerchiamo anche, nelle comunità rom, di favorire processi di responsabilizzazione. Con Raffaela Milano seguiamo un caso che ci viene denunciato proprio da alcuni nomadi del campo di Arco di Travertino. Due rom sono andati là a proporre la vendita di un bambino. Dal campo si sono fortunatamente rivolti a noi, che da un lato coinvolgiamo il Centro contro la mendicità minorile di via Vinovo e dall'altro ci mettiamo in contatto con la squadra mobile della polizia diretta dal dottor Intini. Il traffico viene stroncato e i responsabili arrestati.

In un altro caso, la denuncia coraggiosa di una ragazza rom consente di colpire un giro di pedofilia. È l'inchiesta «Fiori nel fango», coordinata dalla procura e dalla dottoressa Manti della polizia, che scopre come duecento bambini – in larga parte rom del campo di Tor Fiscale – fossero vittime di abusi perpetrati da dipendenti di banca, agenti di viaggio, allenatori di calcio.

Più in generale, lo scorso 18 maggio abbiamo sottoscritto con il ministro Amato il Patto per Roma Sicura, che prevede più uomini e più risorse per la Capitale e individua quattro priorità su cui continuare ad agire: insediamenti abusivi, prostituzione, abusivismo commerciale, decoro urbano. E d'altra parte è praticamente da subito che abbiamo messo al centro della nostra azione il tema «sicurezza». Lo dimostra il semplice fatto di aver istituito per la prima volta uno specifico assessorato o di aver avviato a Tor Bella Monaca, a una sola settimana dall'inizio del mandato, uno sportello per la presa in carico, dal punto di vista psicologico ma anche materiale, dei cittadini vittime di un reato.

La legalità e i diritti fondano la democrazia. Il rispetto delle leggi e delle norme che regolano le attività e i comportamenti è alla base di ogni convivenza civile. Allora servono sanzioni che abbiano efficacia deterrente e pene che siano effettive. E al tempo stesso una vera sicurezza può esserci solo se oltre a far rispettare la legge si costruisce inclusione. Il controllo del territorio non basta da solo a ribaltare situazioni ai limiti della vivibilità se l'azione di governo non si serve delle politiche sociali, urbanistiche e ambientali per far crescere un nuovo e profondo senso civico, la cura della propria città, la partecipazione attiva alla vita della comunità urbana e alle sue trasformazioni. Questo vuol dire attività di mediazione e politiche culturali che contrastino l'emarginazione; vuol dire politiche per il lavoro e altre misure concrete che vanno dal miglioramento dell'illuminazione pubblica in una strada alla restituzione di un parco o di una fontana ai cittadini. Come stiamo facendo con i progetti di riqualificazione urbana che stanno interessando in pratica tutta la città e in particolare le periferie, lo abbiamo visto.

Vogliamo che Roma sia una città accogliente e ferma. L'accoglienza è scritta nella nostra stessa identità. Come italiani sappiamo cosa vuol dire emigrare, sappiamo cosa significa cercare e trovare con fatica, dopo aver bussato a tante porte, il modo per lavorare onestamente, per riuscire a integrarsi in un Paese che ha un'altra lingua, un'altra cultura, diverse tradizioni, diversi modelli di comportamento. Verso chi arriva nella nostra città con questo spirito, con questa volontà, il nostro sostegno è pieno e niente ci convincerà a cambiare atteggiamento. Certo non riuscirà a farlo quella minoranza che invece sceglie un'altra strada, chi commette dei reati, chi viola le leggi dello Stato e non accetta di rientrare in quel patto di cittadinanza e di legalità che unisce e fa vivere la nostra comunità. Verso costoro la risposta è una sola, ed è una risposta di piena e assoluta fermezza.

Insomma, l'idea è quella di tenere insieme repressione e prevenzione. L'una senza l'altra non può bastare a costruire una città migliore, più sicura. Puntare solo sulla prima significherebbe pensare più da «sceriffi» che da amministratori, e ignorare che i crimini hanno anche delle cause di fondo, sulle quali occorre intervenire. Sbagliato, però, sarebbe anche ritenere che la seconda basti a risolvere i problemi, a diminuire ed eliminare le insicurezze dei cittadini, che su questi aspetti hanno diritto ad avere risposte immediate e molto concrete. Integrazione e insicurezza sono intrecciate, non sono un ossimoro.

48

I taxi: quando serve, linea dura

29 novembre 2007

«Quello che è successo è gravissimo. Non vi siete resi conto di ciò che avete fatto. Avete commesso il più grande errore della storia sindacale italiana.» È così, senza troppi giri di parole, che il 29 novembre, alle nove e mezza di sera, accolgo i rappresentanti dei tassisti nella Sala delle Bandiere.

Dire che sono furioso – e sinceramente ce ne vuole, per farmici diventare – è dire poco. È dalla mattina del giorno prima, da trentasei ore consecutive, che il centro di Roma è paralizzato per colpa loro. Ovviamente si può ed è pienamente legittimo, nei tempi e nei modi previsti dalla legge, proclamare uno sciopero. Non è invece consentito, specie quando si è un servizio pubblico, bloccare all'improvviso una città intera con forme di lotta assolutamente inaccettabili. Scioperare significa astenersi dal lavoro. Non lasciare di punto in bianco i clienti in mezzo alla strada per andare a occupare con un mare di macchine bianche piazza Venezia e tutta la zona sotto il Campidoglio, esponendo striscioni pieni di insulti, costringendo gli autobus a lunghe deviazioni, rovesciando cassonetti, inveendo contro gli automobilisti che hanno diritto di passare e di uscire dal traffico impazzito. E tutto questo per che cosa? Perché si è in disaccordo non con una delibera già approvata, ma con una proposta sulla quale si è stati invitati da mesi a riflettere: un aumento delle tariffe del 18 per cento e il rilascio di cinquecento nuove licenze.

È un atteggiamento arrogante e prevaricatorio, quello dei tassisti. Assunto anche perché c'è chi sta strumentalizzando l'intera categoria, composta da tanti lavoratori onesti, per fini politici. E comunque è una cosa che non sta né in cielo né in terra. Per cui ho deciso, tanto per cominciare, di non far partecipare il Comune all'incontro che si è svolto in prefettura nel primo pomeriggio, dopo di che ho annunciato chiaro e tondo che fino a quando non fossero spariti i blocchi e la situazione non fosse tornata alla normalità, non ci sarebbe stata più alcuna trattativa. Ho fatto poi capire che insistendo su questa strada, andrà a finire che le licenze non saranno più cinquecento ma mille. E se ciò non bastasse a far intendere che la pazienza si è esaurita, vorrà dire che diventeranno duemila. È una battaglia di principio, l'illegalità non si può legittimare in alcun modo. E se alla fine i tassisti si rendono conto che se non sgomberano l'intera area, in Campidoglio non metteranno piede e noi andremo avanti comunque, è perché abbiamo mantenuto una posizione ferma e trasparente.

Del resto loro stessi sanno benissimo che non ho mai avuto un atteggiamento ostile nei confronti della categoria. Al contrario: andando a riavvolgere il nastro di questi anni, non c'è stato momento in cui non sia valsa la linea del dialogo, del confronto per arrivare a soluzioni concordate, per mettere d'accordo le più importanti e ragionevoli richieste dei tassisti con il fondamentale diritto dei cittadini ad avere un servizio migliore, più efficiente, degno di una grande capitale europea. Perché non è possibile che a Londra ci siano 83 taxi ogni diecimila abitanti, a Barcellona addirittura 99, e a Roma si sia fermi a 21.

Già nell'ottobre del 2001 abbiamo siglato un protocollo d'intesa che mancava da tempo, per un incremento delle tariffe del 12 per cento, per adeguare le piazzole di stazionamento dei taxi e per iniziare una lotta dura nei confronti dell'abusivismo, insopportabile specie all'aeroporto di Fiumicino e alla stazione Termini e da stroncare perché dannoso non solo per i tassisti, ma per l'immagine complessiva di Roma. Una volta fatto tutto questo, il protocollo stabiliva anche che sarebbero state avviate le procedure necessarie alla concessione di trecento nuove licenze. Un tema da sempre indigesto ai tassisti, ma decisivo per migliorare l'offerta nei confronti di cittadini e turisti. Un tema rispetto al quale non si può dire che da parte nostra ci sia stato un comportamento autoritario e impositivo, se è vero che nella primavera del 2004 ci si è ritrovati a discutere della stessa cosa. Alla base dello sciopero dei tassisti del 3 maggio di quell'anno c'è stata infatti la protesta contro il pronunciamento dell'Antitrust nazionale, che ha sottolineato come i taxi a Roma siano troppo cari rispetto alla media nazionale, e contro un progetto di riforma dell'assegnazione delle licenze messo a punto dall'Agenzia di controllo sui servizi comunali. Su entrambe le questioni l'amministrazione ha assunto un ruolo di mediazione, scegliendo la linea del dialogo e della concertazione, riconosciuta anche dai rappresentanti sindacali e capace di portare, alla fine, all'accordo firmato il 30 luglio in Campidoglio: pubblicazione entro fine anno del bando – l'ultimo era addirittura del 1990 – per l'assegnazione delle trecento nuove licenze, estensione di duecentocinquanta chilometri delle corsie preferenziali, nuove colonnine telefoniche, aree sosta più moderne e ulteriore intensificazione della lotta all'abusivismo attraverso controlli più stretti sull'ingresso delle auto a noleggio nella Ztl.

Rispetto della legalità, chiarezza e trasparenza sono stati, del resto, obiettivi perseguiti costantemente nel corso dei due anni successivi, sia con i parcheggi riservati ai tassisti e la supervisione di una sala operativa centrale all'aeroporto di Fiumicino, sia con l'applicazione di una tariffa unica da e per lo stesso Leonardo da Vinci e lo scalo di Ciampino, operando per mettere fine alla triste abitudine di considerare un malcapitato cliente straniero appena atterrato come un «pollo» da spennare.

È stato comunque a luglio del 2006 che si è avuto il riconoscimento più evidente, da parte dei tassisti, di come l'atteggiamento mio e dell'amministrazione nei loro confronti sia sempre stato assolutamente aperto e disponibile. È successo quando il governo Prodi ha varato un decreto incentrato tra le altre cose sulla liberalizzazione delle licenze dei taxi. In tutte le città italiane la protesta è scattata immediatamente, con forme di sciopero selvaggio che a Roma si sono tradotte nell'occupazione di piazza Venezia e di via dei Fori Imperiali e nel sostanziale blocco del traffico causato dalla scelta di migliaia di auto bianche di procedere a passo d'uomo o poco più. Una situazione insostenibile, la cui soluzione non poteva che conciliare due esigenze fondamentali: da una parte ampliare il servizio, cosa indispensabile in una città come la nostra che si sviluppa a livelli record e che ha visto aumentare in modo esponenziale l'afflusso di turisti; e dall'altra ascoltare le ragioni della categoria, cercando un punto di mediazione che tenga conto anche di alcune richieste dei lavoratori.

Se c'è la giusta disponibilità da entrambe le parti, il confronto e la ricerca di una soluzione condivisa non devono mai spaventare. A Roma abbiamo sempre proceduto in questo modo e i rappresentanti sindacali dei tassisti lo sanno. Proprio per questo sono stati loro a chiedermi di partecipare, cosa che ho fatto volentieri, alla trattativa iniziata il 7 luglio con lo stesso Bersani, ministro dello Sviluppo economico, che alla fine ha portato a rivedere il decreto nel punto più discusso dai lavoratori, quello del cumulo delle licenze. Quando però a un certo punto, a metà mese, il negoziato si è interrotto e sono riprese forme di lotta illegittime e anche violente, con l'aggressione a due giornalisti, ho detto chiaramente ai tassisti che i loro metodi erano inaccettabili e che si stavano mettendo tutti contro. Niente cumulo delle licenze, va bene, ma turni allargati per avere più macchine in strada e un monitoraggio serio per un maggiore controllo, questo sì.

Chiuso l'accordo tra i ringraziamenti dei dirigenti della categoria, ci siamo immediatamente mossi per applicare il decreto e definire le modalità – affidate proprio ai Comuni – con cui aumentare il più possibile il numero dei taxi in strada. Perché poi è sempre stato questo, al di là degli aspetti tecnici con cui arrivarci, l'obiettivo perseguito dal governo. Un numero elevato di nuove licenze – nel frattempo abbiamo stabilito di concederne quattrocentocinquanta – era la grande preoccupazione della categoria? E allora abbiamo lavorato sulla rimodulazione dei turni e il prolungamento dell'orario di servizio, grazie alla possibilità di affidare la macchina a collaboratori familiari e dipendenti. Risultato, con l'accordo siglato il 30 agosto: definitiva conferma della tariffa predeterminata da e per gli aeroporti di Fiumicino e Ciampino, potenziamento del servizio alla stazione Termini e soprattutto duemilacinquecento taxi in più ogni giorno, con un controllo affidato a un sistema satellitare simile a quello degli autobus.

È proprio su questo aspetto del controllo, però, che le cose sono iniziate a cambiare già dopo un paio di settimane, perché i rappresentanti dei tassisti hanno assunto un atteggiamento di assurdo rifiuto, bollando questa misura come illecita violazione della privacy. Resto stupito da un no a questa proposta, che nasce in noi per l'allarme da quanto accaduto poco tempo fa. È ancora vivo infatti il ricordo di Filippo Spugna, «Latina 48», rapinato dai due clienti che aveva caricato alla stazione Tiburtina la notte del 16 dicembre 2005 e lasciato agonizzante in una strada di Settecamini, per poi morire all'ospedale Sandro Pertini quasi due mesi dopo. Non era rintracciabile da nessuno.

Niente, nemmeno il pensiero che un sistema di controllo dei mezzi potrebbe aumentare la sicurezza del personale, ha indotto a una maggiore ragionevolezza i rappresentanti della categoria.

Noi abbiamo cercato fino all'ultimo di trovare un'intesa. Abbiamo proposto di diluire nel tempo il rilascio delle licenze, di emetterne seicento ogni due anni, in modo da monitorare la situazione. Ma Roma, che in quel periodo vedeva aumentare notevolmente ogni anno il numero dei turisti e che è una città territorialmente immensa, aveva bisogno di un adeguamento del numero dei taxi, fermo a molti anni prima.

I rappresentanti dei tassisti sono un mix di dirigenti di organizzazioni sindacali e di presidenti di cooperative: una confusione che spesso porta a far prevalere l'interesse dei singoli su quelli della categoria. Categoria composta per la stragrande maggioranza da bravissime persone che lavorano, magari da generazioni, per mantenere la propria famiglia. Il loro settore è obiettivamente reso fragile dalla concorrenza degli abusivi, che illegittimamente pretendono di svolgere le stesse mansioni dei tassisti, e dall'assenza di una seria regolamentazione dei noleggi con conducente.

Ho sempre detto ai tassisti che loro sono il primo biglietto da visita della città, e dunque che la qualità del servizio racconta immediatamente la sua capacità di accoglienza. Per questo abbiamo sempre cercato di trovare soluzioni che privilegiassero il mezzo pubblico rispetto al mezzo privato, che con le pedonalizzazioni e le corsie riservate favorissero autobus e taxi a scapito dell'auto privata. Ma in questa trattativa si fanno strada due elementi di confusione. Il primo è quella commistione di interessi che nel corso del tempo i tassisti hanno cominciato a mettere a fuoco. Il secondo è l'intervento strumentale della politica, che cerca di cavalcare questa fase per mere ragioni elettorali. Credo che poi quanto è accaduto abbia dimostrato ai tassisti che davvero si è trattato soltanto di una strumentalizzazione.

Sta di fatto che di fronte ai continui e reiterati rifiuti, anche un santo avrebbe perso la pazienza, soprattutto in una situazione in cui per l'appunto si facevano sempre più evidenti gli interessi e le manovre politiche messe in atto dall'opposizione capitolina, in particolare dal gruppo dirigente romano di Alleanza nazionale. La nostra risposta, quindi, è stata l'unica possibile. Non si vuole permettere di verificare l'effettivo aumento di duemilacinquecento taxi al giorno nelle strade di Roma, come stabilito dagli accordi? Bene, vorrà dire che ci saranno duemilacinquecento nuove licenze. Ci saranno uno, due, tre o quattro giorni di sciopero? Pazienza, i cittadini capiranno chi è dalla loro parte e chi invece sta portando un'intera categoria in un vicolo cieco e impopolare. Se qualcuno ha scambiato per debolezza la propensione al dialogo e la ricerca, anche nelle situazioni più difficili, di soluzioni concordate, ha davvero sbagliato. E anche di grosso.

Così, all'inizio di novembre, abbiamo annunciato le prime mille nuove licenze. Con le altre pronte ad arrivare tra il 2008 e il 2009. Dopo un'infinità di tavoli di confronto, con qualcuno che ci ha anche mosso l'obiezione di essere troppo attenti al dialogo, è giunto il momento della decisione. E il fatto che non sia stato, il nostro, un atto di imperio, ma la logica conseguenza di una presa di posizione pretestuosa della controparte, è dimostrato dall'accordo firmato a fine mese con sette sigle sindacali, che hanno accettato le misure adottate.

È con questi precedenti, quindi, che si arriva alla partita dell'autunno del 2007. Riaperta, in realtà, già a luglio, quando è apparso chiaro che i nuovi turni integrativi studiati per risolvere l'emergenza della stazione Termini non hanno prodotto risultati. Di qui la scelta di dare il via libera ad altre cinquecento licenze a fronte di un aumento non da poco – il 18 per cento, appunto – delle tariffe. E di qui il caos scatenato dai tassisti, con il blocco della città e gli atteggiamenti intolleranti e persino violenti che mi hanno portato a rifiutare di incontrarli fino alla sera del 29 novembre, quando la situazione è tornata normale. Quel che dico loro, arrivati a questo punto, è semplice: licenze e tariffe formano un pacchetto unico, prendere o lasciare. Non si può scegliere solo una parte, quella più conveniente, e lasciare l'altra.

Prendono. Alla fine, dopo una decina di giorni, firmano l'intesa e prendono. Roma arriverà ad avere duemila taxi in più, raggiungerà quota settemilaottocento circa, che porta la nostra città non più così lontana dagli standard europei. Roma è, non dimentichiamolo mai, la seconda area metropolitana più grande d'Europa. La linea netta ha sconfitto le strumentalizzazioni e gli interessi corporativi, tenendo insieme le ragioni dei lavoratori e i diritti dei cittadini.

I taxi sono un servizio essenziale per la città e i tassisti lavoratori che non devono essere strumentalizzati ma rispettati. Rispettati dalle istituzioni e dai loro stessi rappresentanti.

49

Un lungo saluto

13 febbraio 2008

«Una giornata particolare.» Se si trattasse di un film si potrebbe anche definire così, il momento che sto vivendo. Se non fosse che i giorni, a dire il vero, sono almeno tre e sono consecutivi, dal 12 al 14 febbraio. Con l'aggiunta di un altro, un paio di settimane dopo.

Il fatto è che sta succedendo una cosa che solo fino a qualche tempo fa non avrei mai immaginato. E nemmeno voluto. Mi ritrovo, io che potendo avrei messo la firma per abolire il vincolo dei due mandati perché già l'orizzonte del 2011 mi sembrava troppo ravvicinato, a dover lasciare il lavoro che sto facendo da sette anni, a dimettermi da sindaco. Scrivo «dover» perché in effetti è di questo che si tratta. Il 14 ottobre si sono svolte le primarie che hanno dato vita al Partito democratico, sogno e obiettivo della mia carriera politica, e dopo essermi candidato a guidarlo il 27 giugno con il discorso del Lingotto, a Torino, ne sono stato eletto segretario.

Nelle mie intenzioni non sarebbe cambiato nulla, se non il fatto di organizzare l'attività di ogni giorno in modo tale da riuscire a portare avanti entrambi i compiti. Le continue e crescenti difficoltà del governo dell'Unione, però, si sono via via acuite con il passare dei mesi, e il 24 gennaio Romano Prodi, dopo il voto negativo del Senato sulla fiducia, è stato costretto a dimettersi. Il tentativo del presidente del Senato Franco Marini di costituire un governo in grado di riformare la legge elettorale è durato pochi giorni, fino ai primi di febbraio, dopo di che al capo dello Stato, Giorgio Napolitano, non è restato altro che decretare, il 6 febbraio, lo scioglimento delle Camere, preludio a nuove elezioni. Con il segretario del Partito democratico, come da statuto, candidato premier.

È evidente che la decisione da prendere è difficilissima. Ma non perché mi metta a pensare a quale sia la scelta migliore per me, a cosa sia più opportuno per il mio destino personale. No, la questione vera è interrompere a metà questo secondo mandato da sindaco, è lasciare Roma quando ancora c'è molto lavoro da fare, perché tanti sono i progetti avviati che aspettano solo di essere conclusi. Al tempo stesso come posso non ascoltare la domanda che viene da tutta una comunità politica con la quale ho da sempre intrecciato la mia vita? E ancora di più: come potrei sottrarmi alla responsabilità di servire il mio Paese, cercando di garantirgli nei prossimi anni quella stagione di riforme di cui ha un gran bisogno e che il governo dell'Unione non è riuscito ad avviare per le troppe divisioni che hanno lacerato la maggioranza che lo sosteneva? Dunque, a me toccano le dimissioni, anche se per affrontare una sfida che ovviamente rappresenta un onore, un impegno in cui investirò tutte le energie a mia disposizione. La nascita di una forza che raccolga tutte le culture democratiche è stata il sogno politico della mia vita. Ne parlavo dalla fine degli anni Ottanta e avevo sostenuto battaglie politiche spesso laceranti, anche dal punto di vista umano. Avevo vissuto con entusiasmo la stagione dell'Ulivo e considerato un errore tragico l'interruzione di quell'esperienza. Ora sta nascendo quel Partito democratico. Tutti rivolgono lo sguardo a me, indicandomi come uno tra i pochi in grado di essere punto di riferimento di identità diverse. Non posso tirarmi indietro. So benissimo che in questo momento il centrosinistra è – lo hanno dimostrato le elezioni provinciali – ai minimi termini. E so benissimo che in questi anni, mentre l'Unione litigava, Berlusconi ha riacquistato una forza enorme. Farò tutto quello che posso per insediare nella società italiana la più grande forza di sinistra riformista che il Paese abbia mai avuto. Piantare le sue radici è il dovere che sento. Aveva vaticinato che questo sarebbe accaduto, un giorno a casa sua, Vittorio Foa. Non posso tirarmi indietro.

Questa però è un'altra storia. In Campidoglio, intanto, è scattata la corsa contro il tempo per chiudere il maggior numero di provvedimenti possibile, a cominciare dal Piano regolatore, che il 12 febbraio deve essere sottoposto alla terza e ultima votazione in consiglio comunale per la definitiva approvazione. Alla fine ce la facciamo. Con i miei sentimenti che però sono contrastanti, perché posso salutare il raggiungimento del risultato inseguito così a lungo, certo, ma devo anche annunciare che il giorno successivo mi dimetterò. D'altra parte è dalla mattina che convivo con una morsa allo stomaco che non se ne vuole andare. Da quando Paola e Silvia – insieme a Simonetta, le mie storiche segretarie – hanno cominciato a svuotare armadi e scaffali e a riempire gli scatoloni con una montagna di documenti e di libri. Mentre loro vanno avanti, prima di andare nella Sala della Protomoteca per la consegna dei premi Campidoglio ho qualche minuto di tempo per affacciarmi al balconcino sui Fori e inizio a realizzare materialmente, fisicamente, che stiamo per andare via, che sta per concludersi una fantastica storia amministrativa e umana durata sette anni, che mi ha cambiato in profondità come mai nessun'altra cosa prima. Forse è perché ho ancora negli occhi la vista sui Fori e nell'animo il peso di questa improvvisa consapevolezza, ma subito dopo, al momento di prendere la parola per ringraziare i presenti e soprattutto i premiati – da Tullia Zevi a Franca Valeri, dall'ex prefetto Achille Serra a Fiorella Mannoia –, mi capita una cosa che in pubblico ho sempre saputo evitare: mi commuovo, mi accorgo di avere gli occhi lucidi, mi si incrina la voce. Succede, in particolare, quando consegno il premio alla dottoressa Anna Locasciulli, che si occupa di bambini malati, e ricordo quante persone, in questa città, ogni giorno praticano la solidarietà e si impegnano per rendere più vera quella che da sindaco è stata da sempre la mia, la nostra ossessione: fare in modo che a Roma «nessuno resti solo».

Il giorno seguente, il 13 febbraio, è quello delle dimissioni. Di fronte al consiglio comunale, come è giusto che sia. Prima, però, l'ultima riunione di giunta, per approvare le delibere che restano e per i saluti con gli assessori. All'inizio si scherza, io tiro fuori il librone che per loro è stato un incubo, quello con l'elenco di tutti i lavori in cantiere, di tutte le iniziative avviate e da concludere, con relativo cronoprogramma, e li «minaccio» dicendo che lo porterò via con me per continuare a interrogarli anche quando sarò distante. Poi è il momento dei regali. Mariapia Garavaglia mi porge un piatto d'argento con incise le firme di tutti i presenti e questo, per la mia attuale vulnerabilità alle emozioni, è un colpo basso, perché a casa conservo gelosamente una scatola, anch'essa d'argento, firmata dai colleghi radiocronisti della Rai di mio padre. Gliela donarono quando passò dalla radio alla televisione. La sua «squadra», come questa è stata la mia. Per ognuno di loro ho anche io un pensiero, piccolo ma mirato. A D'Alessandro ed Esposito, all'assessore alla Mobilità Mauro Calamante e a quello per le Periferie Pomponi, regalo una cravatta, perché è una vita che li prendo in giro per le loro, quasi sempre improponibili. A Marco Causi un libro sul presidente Ciampi e a Jean-Léonard Touadi la biografia di Barack Obama. Alla vicesindaco Garavaglia un libro del cardinal Martini e a Roberto Morassut il dvd di *Novecento* di Bernardo Bertolucci.

Dopo di che, arriva il momento di spostarsi in Aula Giulio Cesare. È davvero gremita, e l'applauso caloroso che accompagna il mio ingresso è di quelli che non si dimenticano, devo proprio dirlo. Applaudono anche i consiglieri seduti sui banchi dell'opposizione, che d'altro canto, a parte qualche passaggio più turbolento, hanno sempre avuto un atteggiamento corretto, critico ma non distruttivo. Parlo e mi scorrono nella mente tante immagini di questi anni. Quelle belle sono per fortuna la stragrande maggioranza, non comincio nemmeno a elencarle, non finirei mai. I momenti più brutti, invece, sono sicuramente due, uno all'inizio, l'altro alla fine del cammino: la tragedia di via Ventotene e l'omicidio della signora Reggiani. E potrei anche aggiungere l'incidente della metropolitana di piazza Vittorio, in cui ha perso la vita la povera Alessandra Lisi. È doveroso ricordarli. È anche giusto sottolineare che in ogni occasione, che sia stata lieta o meno, l'idea che abbiamo cercato di trasmettere è identica alla realtà che abbiamo provato in tutti i modi a costruire: quella di una città moderna, forte ed efficiente, e al tempo stesso solidale, umana, non cinica. Qualche mio gesto potrà essere sembrato persino strano, ma anche andare a trovare un'anziana signora che compiva cent'anni, magari arrivando a casa sua dopo aver incontrato gli industriali o l'architetto che ha progettato una grande opera, è stato un modo per dire che una comunità è fatta di esseri umani, la cui vita e la cui storia fanno una città.

In fondo, anche le mie due ultime uscite pubbliche da sindaco raccontano proprio questa idea e questa realtà. La mattina, all'Ara Pacis, ho partecipato a un convegno sulle nuove metropolitane, mentre nel pomeriggio, dopo il consiglio comunale, saluto insieme alla Caritas l'apertura del nuovo Emporio della solidarietà, sulla Casilina Vecchia. Modernità e giustizia sociale: questo vuole essere Roma, questo è stato il senso del nostro impegno per accorciare le disuguaglianze, per contrastare il degrado e garantire la sicurezza, per assicurare crescita economica e qualità della vita.

E comunque, non è ancora finita. L'ho detto che a essere «particolare» non è una sola giornata. Il 14 febbraio, prima saluto in Campidoglio i dipendenti comunali e i rappresentanti delle parti sociali, poi vado al Palladium a incontrare la stampa, i cronisti romani che per anni, ogni giorno, hanno raccontato questa avventura. Consegniamo loro una cartellina con l'elenco delle «Cento cose» più importanti fatte per Roma e un'altra lista con quelle iniziate e da accompagnare al traguardo, rispettando i tempi già stabiliti. Racconto anche il mio sogno: mi piacerebbe che nella nostra città nascesse un palazzo delle «United Religions» simile a quello di vetro delle Nazioni Unite a New York, un luogo dove possano ritrovarsi i rappresentanti di tutte le religioni del mondo, per dialogare e comprendersi. Ne ho già parlato con il segretario generale dell'Onu e con papa Benedetto XVI e l'idea è piaciuta molto, chissà che il mio successore non possa portarla avanti. Magari insieme all'altra idea che mi accompagna da tempo, della quale ho iniziato a discutere con vari esponenti a livello di Stato, Regione e Vaticano: un grande ospedale dedicato ai bambini, in periferia, che possa essere un vero polo di eccellenza europeo, comprendente al suo interno anche una scuola, un'area verde e strutture in grado di ospitare i genitori che devono assistere i loro figli nel momento più difficile.

E poi – non in cartellina perché ha le dimensioni di un

elenco telefonico, ma in sala a disposizione di tutti – ci sono molte copie di un dossier che dà conto del lavoro dell'amministrazione, dei risultati raggiunti in ogni possibile ambito, dal primo capitolo sulle politiche sociali all'ultimo sulle iniziative, grandi e piccole, che sono servite a «fare comunità». Tante sfide vinte e una che meriterebbe di essere continuata con ancora più energia, perché per far crescere tra i romani il senso delle regole e del loro pieno rispetto c'è ancora strada da percorrere.

A ogni modo, di quel che è diventata Roma possiamo essere davvero orgogliosi. «Viva Roma», non a caso, è il titolo scelto per la manifestazione al PalaLottomatica del 24 febbraio. Le mie dimissioni, per legge, sono diventate irrevocabili. Francesco Rutelli è il candidato sindaco del centrosinistra. Per me è l'ultimissimo commiato. Inizia il viaggio elettorale che mi porterà in pullman – l'autista aspetta fuori la fine dell'iniziativa, si partirà subito – in tutte le province italiane in vista del voto di aprile. Tutti si emozionano nel vedere il video realizzato da Roberto Malfatto che ripercorre i momenti significativi di questa straordinaria esperienza. E l'emozione si fa ancora più grande, impossibile da nascondere, quando fra i tantissimi ospiti che abbiamo invitato per l'atto finale di quello che è davvero un «lungo saluto» ne chiamo sul palco due. Lei è una donna minuta, di una certa età. Lui è un omone più giovane, grande e grosso, che letteralmente la sovrasta. Lei è Carla Zappelli, la mamma di Valerio Verbano, il ragazzo di sinistra ucciso da estremisti di destra al quale abbiamo intitolato – l'abbiamo visto – una via della città. Lui è Giampaolo Mattei, fratello di Virgilio e Stefano, un ragazzo di ventidue anni e un bambino di soli otto, che nel 1973 persero la vita nell'incendio appiccato alla loro abitazione da estremisti di sinistra che in un modo vigliacco, oltre che inumano, pensavano di colpire così, in maniera «esemplare», una famiglia con il «torto» di avere un padre che era anche segretario della sezione locale, a Primavalle, del Movimento sociale. Con lui facciamo nascere un luogo di memoria, di impegno contro il terrorismo.

Vite diverse, idee opposte, specie a quell'epoca. Ma alla fine, storie e destini tragicamente simili, nell'abisso di dolore in cui tutto è precipitato. Mentre parlo dal palco non so se lo faranno, ma li invito ad abbracciarsi. Lo fanno. Quell'abbraccio resta, nella mia memoria, il simbolo più forte e bello di questi incredibili sette anni di vita e di lavoro civile. L'applauso e la commozione di tutti sono il simbolo di come l'odio e la violenza possano e debbano essere superati, sono il segno di cosa è diventata oggi Roma: una città moderna che cresce e insieme una comunità aperta e solidale, unita da quell'invisibile filo che sono le relazioni umane.

Una grande giornalista, Miriam Mafai, già a metà del mio primo mandato, all'inizio del 2004, ha scritto di voler dar conto non solo dei grandi impegni presi e mantenuti, dall'Auditorium al Piano regolatore, quanto dell'«attenzione costante ai tanti piccoli interventi che possono fare di Roma, grande città internazionale, una città più umana: la casa offerta a un barbone vittima di una violenza, una libreria inaugurata al Pigneto, un kit a prezzo ridotto per l'inizio della scuola, l'abbattimento delle antenne abusive nei pressi di una scuola, l'aumento dei posti negli asili nido, il miglioramento dei pasti che i nostri bambini consumano nelle mense scolastiche». «Le grandi metropoli moderne» continuava «rischiano, crescendo e dilatandosi oltre misura, di diventare un agglomerato di quelli che Marc Augé ha definito "non luoghi". Io, che ricordo con nostalgia la nostra città ricca non solo di ville e giardini, ma con spazi liberi, in ogni quartiere, per il gioco dei bambini, le chiacchiere delle madri e l'ozio dei vecchi, spero di poter tornare a vedere qualcosa di simile. Non come segno di arretratezza, ma come segno di una comunità che, nel farsi moderna, non smarrisce i valori della solidarietà, il piacere e il gusto del tenersi per mano, per andare avanti insieme.»

Ecco, questa è Roma. Questa deve essere Roma.

Ringraziamenti

Vorrei ringraziare tutte le persone che hanno lavorato in quegli anni lontani in Campidoglio. In particolare il mio pensiero va a chi, tra gli assessori, non c'è più: Gianni Borgna, mio amico fraterno di sempre, Mario Di Carlo, Mariella Gramaglia, donna straordinaria. Ai prefetti, ai responsabili delle forze dell'ordine. E poi le segretarie di sempre e le persone, a me carissime, che hanno condiviso ogni mia esperienza politica e istituzionale, i funzionari del Campidoglio, degli assessorati, i consiglieri comunali, i presidenti e i direttori delle aziende municipalizzate, i presidenti di municipio, i dipendenti delle aziende e i vigili urbani. Ringrazio tutti i cittadini, le associazioni di quartiere, i comitati di quartiere. Un pensiero alle famiglie alle quali ho cercato di stare vicino in momenti difficili. E ancora un grazie a tutti i dipendenti comunali e a chiunque abbia lavorato con passione e onestà per far grande la nostra città. Non faccio nomi, per non tralasciare nessuno. Per il libro un grazie a Massimo Turchetta, Manuela Galbiati, Francesca Salsi. E, come sempre, grazie a Rosaria Carpinelli.

Indice

Finito di stampare nel mese di maggio 2019
presso Grafica Veneta S.p.A.
Via Malcanton 2 – Trebaseleghe (PD)

Printed in Italy

DT 0104689683
ROMA
VELTRONI WALT
RIZZOLI
MONDADORI LIB